爱上生命的不完美　成大事者不纠结

人性的光辉
全集
LINCOLN THE UNKNOWN

［美］戴尔·卡耐基 著

曹顺发 译

北京燕山出版社
BEIJING YANSHAN PRESS

献给我的父母

目录 CONTENTS

本书的写作过程及原因 / 001

第一篇 贫困的出身

在学校就读期间，林肯头戴一顶松鼠皮帽，下身穿着鹿皮马裤。不过那马裤裤脚高出鞋面几英寸，露在外面的小腿被冻得发紫。

第一章 家族风流韵事 / 002

第二章 幼年丧母 / 010

第三章 欠缺的教育 / 017

第四章 勇气和信心 / 024

第五章 难忘的初恋 / 033

第六章 求婚 / 043

第七章 逃婚 / 051

第八章 悲剧性婚姻 / 059

第二篇 不懈的奋斗

再过七年，林肯将与世长辞。但正是在这七年之中，他取得的成就和获得的声誉注定会让他流芳百世。

第九章 家庭生活 / 066

第十章 贫困律师 / 075

第十一章 刻薄的妻子 / 080

第十二章 政治挫败 / 087

第十三章 密苏里协议 / 093

第十四章　大辩论 / 102
第十五章　总统候选人 / 114
第十六章　告别家乡 / 120
第十七章　入主白宫 / 130

第三篇　伟大的总统

最后，斯坦顿、西华德以及多数起初诽谤、鄙视林肯的人也都开始敬重起他来。当林肯处于弥留之际，曾经责骂林肯为"一个令人不快的白痴"的铁人斯坦顿说道："躺在这里的是世人曾见过的最完美的领导人。"

第 十 八 章　内战开始 / 136
第 十 九 章　纸上谈兵的将军 / 142
第 二 十 章　双重打击 / 148
第二十一章　内阁的矛盾 / 156
第二十二章　解放黑人奴隶 / 169
第二十三章　葛底斯堡战役 / 178
第二十四章　传奇将军格兰特 / 190
第二十五章　连任总统 / 201
第二十六章　宽大的受降 / 211
第二十七章　泼妇总统夫人 / 215
第二十八章　遇刺身亡 / 225

第四篇　永远的怀念

在成群结队的悼念者的目送下，载着林肯遗体回到伊利诺州的火车缓缓驶离。葬礼仪式预定在纽约举行。日夜兼程赶往此处的火车鱼贯而入，给这座城市带来历史上最多的人群。

第二十九章　悲痛的葬礼 / 238
第 三 十 章　刺客逃亡 / 243
第三十一章　真假凶手 / 256
第三十二章　总统夫人的归宿 / 264
第三十三章　戏剧性盗尸案 / 275

本书的写作过程及原因

数年前,我曾下榻在伦敦的黛萨特酒店。某个春日,我一如往常边吃早餐,边翻阅《晨报》,期望从其中几个专栏中筛选到一点美国新闻。在通常情况下,我一无所获,可就在那个幸运的早晨,我像个走运的淘金者,意想不到地有了重大收获。

当时,被誉为"下议院之父"的前议员T.P.奥康纳在《晨报》主持一个名为"名人与回忆"的专栏。就在那个早晨以及接下来的几个早晨,"泰伊·派伊"专栏专为亚伯拉罕·林肯而设。该栏目并不针对林肯从事的政治活动,而是其生命中的个人生活,即他的无数次失败、他的贫困、他对安·拉特利奇的无限爱恋,以及他跟玛丽·托德的悲剧性婚姻。

我带着浓厚的兴趣读完了整个系列,感到非常惊讶。我曾在中西部度过我生命中的前二十年。那地方跟林肯生活过的地方不算太远。此外,我一直对美国历史怀有一种浓厚的兴趣,当然有理由认为自己对林肯的生平再熟悉不过了。但是,我很快便觉得不是那么一回事儿。事实上,作为一名美国人,我竟然是在远道前往伦敦,且在阅读过一位爱尔兰人在英国报纸上撰写的系列文章后才意识到,林肯一生的事迹完全称得上是整个人类史册中最为动人心弦的故事之一。

难道无知得如此可悲的只有我一个人吗？我曾纳闷过。不过，我并没有纳闷多久，因为不久之后我跟不少国人探讨这一话题，结果发现大家对林肯的了解都不过尔尔，他们对林肯的认识也不外乎是：他出生在一个小木屋里，跋涉数英里去借书，平躺在壁炉前挑灯夜读；他劈过圆木，当过律师，讲过不少非常逗乐的故事；他说男人应该脚踏实地，他被赞誉为"诚实的亚伯"；他跟道格拉斯法官展开多次辩论，当选了美国总统，戴丝绒礼帽，解放了黑奴，在葛底斯堡发表了演说；他还宣称自己希望弄明白格兰特将军喝的是什么牌子的威士忌，以便给手下的其他将军也一人送去一桶；他是在华盛顿的一家剧院遭到了布斯的暗杀；等等。

在《晨报》这些文章的激发下，我去了大英博物馆下设的图书馆，阅读了不少有关林肯的书籍。我越读越被吸引，最后竟着迷不已，于是决定亲自写一本有关林肯的书。我知道，要写出供学者和历史学家参考的学术专著，自己并不具备那种强烈的动机、适合的气质、足够的水平或能力。此外，我觉得再写那类书籍也没有太大的必要，因为现存于世的许多书籍已相当优秀。然而，在阅读过诸多有关林肯的书籍之后，我倒真觉得有必要为林肯写个小传，给当今劳碌奔波、行色匆匆的普通大众简明扼要地讲述林肯生命中那些最为有趣的事例。我尝试着写出这样一本书。

这一工作始于欧洲，在那儿我为此折腾了一年的时间，之后又在纽约花了两年的时间。可我最后还是把所有的草稿撕得粉碎，扔进了垃圾篓里。然后，我去了伊利诺伊州，就在林肯曾梦想并为之奋斗的地方写作有关他的故事。我花了数月时间生活在这样一群人中：他们的父辈曾与林肯一道丈量土地、搭建篱笆、赶着生猪去集市；我花了数月时间潜心钻研那些陈旧的书籍、信件、演说、被人几近遗忘的报纸以及发霉的庭审记录，旨在真正读懂林肯其人。

我在彼得堡小镇度过了一个夏天。我去那儿，就因为那地方离刚修复的新塞勒姆村仅一英里之遥。林肯度过的其人生中最快乐的时光以及性格形成的黄金时段就在这个新塞勒姆村。他在此地经营过一个小作坊，开过一家杂货店，学过法律，做过铁匠，当过斗鸡、赛马比赛的裁判，坠入过爱河，还为爱伤心欲绝过。

即便是在其鼎盛时期，新塞勒姆村的居民也从未超过一百人。它存在的时间总共没超过十年。林肯离开村庄不久，此地便荒芜了。蝙蝠和燕子在腐朽的木屋里筑巢，牛群在那片土地上吃草，长达半个世纪之久。

然而在几年前，伊利诺伊州征用了那片土地，并将其改成一个公园，还仿造了一些一百年前模样的木屋。所以，现今的新塞勒姆村看上去还颇有几分林肯时代那荒芜村庄的模样。

在林肯曾经学习、摔跤、恋爱过的地方，那些白橡树依旧矗立在那儿。我曾天天带上打字机，从彼得堡驱车前往那里。本书有一半的章节就是在那些树下完成的。在那么美丽的地方从事写作真是惬意极了！流淌在我面前的是蜿蜒的桑加蒙河，四周环绕的那些树林和干草地，由于山齿鹑的叫声而变得极富音乐感。冠蓝鸦、金翼啄木鸟、红雀等在树间一闪而过。我觉得林肯就在那儿。

在桑加蒙河两岸的北美夜莺在树林欢唱、空中明月映衬着拉特利奇小酒店的夏夜，我常独自前往那儿。面对此情此景，我意识到，约一百年前，差不多也是在这样的夜晚，年轻的亚伯和安·拉特利奇手挽着手，在月光下走过这地方，一边聆听夜莺的歌唱，一边怀着注定绝无可能实现的梦想。然而，我却坚信，正是在新塞勒姆这个地方，林肯才体会到了无比幸福的滋味。

就在准备写作有关林肯心上人去世的那一章节时，我将一张折叠桌和一台打字机放进车里，然后沿着乡村小路，经过一个猪圈和一个牧场，驶往掩埋安·拉特利奇的那个静谧而隐蔽之地。现在，那地方已经完全荒芜，杂草丛生。要想靠近她的坟头，非得砍掉旁边那些杂草、灌木及藤蔓植物不可。在林肯曾哭泣的那个地方，我写下了他那悲伤的故事。

本书的多数章节是在斯普林菲尔德写成的。其中一部分章节是在林肯旧居的客厅里写成的，他在那里度过了十六年的心酸人生。一部分章节是在他第一次起草就职演说的书桌上写成的，余下的那些章节则是在林肯出庭及与玛丽·托德争吵的地方写成的。

戴尔·卡耐基

第一篇
贫困的出身

由于家里太穷而买不起算术书，林肯就跟同学借来一本，将其中的内容抄写在一张张如信头大小的纸片上，然后再用麻绳缝在一起，因此就有了自制的算术书。

林肯曾向那位少校的女儿求过婚，但少校对此皱起眉头，以示反对。为什么呢？少校的女儿，嫁给一个呆头呆脑且没土地、没钞票、没前途的男子？绝对不行。

第一章 家族风流韵事

他一直认定的理论是,出于种种原因,非婚生子常常比合法生子更强壮、更聪慧。就他的个案而言,他坚信他的善良和优秀品质就来源于他那心胸宽广而又默默无闻的弗吉尼亚母亲。

在哈罗兹堡——当时人们称之为哈罗德要塞——曾有这样一名妇女,名叫安·麦克金迪。据一些史书记载,为肯塔基州带来第一批生猪、第一批鸭子和第一台纺纱车的就是这个叫安·麦克金迪的女人和她的丈夫。还有史书声称,安·麦克金迪还是那片黑暗而血腥的荒野之地中第一个制作出黄油的女人。但真正使她获得声誉的还是如下这一事实,即她创造了一种经济和纺织业发展的奇迹。在大灰狼捕杀羊群的那片神奇的印第安人之地,没人种植棉花,也买不着那玩意儿。因此,要找到织布用的任何原材料几乎是不可能的。在当时,采用荨麻和水牛毛这两种普通而廉价的材料,聪明无比的安·麦克金迪创造了一种可以纺线并制作成"麦克金迪布"的方法。

这可是个了不起的成就。不少家庭主妇从一百五十英里之外赶到她的木屋,跟她学习这门新手艺。她们一边纺织,一边闲聊。她们谈论的主题并非总是荨麻和水牛毛。她们的交流常常蜕变成了流言蜚语,安·麦克金迪的木屋很快成为其所在村落公认的丑闻交流中心。

在那个年代，通奸可是要被定罪的，养私生子也在不端行为之列。很明显，就安·麦克金迪那空洞的心灵而言，发现某个倒霉姑娘的韵事并跑去大陪审团那儿告发，一生中没什么比这件事更能带给她刺激和难以抑制的快感。哈罗兹堡的《季度庭审会》屡次记录着"由安·麦克金迪告发"的某个可怜姑娘因通奸而遭起诉之事。一七八三年的春季，在哈罗兹堡审理的十七桩案子中，其中八件便是通奸案。

在这些起诉中，一七八九年十一月二十四日大陪审团审理其中一件之后的记录如下：露西·汉克斯犯通奸罪。

这可不是露西第一次被定罪，她的第一次是在数年前的弗吉尼亚州。

这是一件陈年往事，旧的记录信息少得可怜，只有几条干巴巴的事实，而无事实背景。不过，仅从那些事实以及别的信息来源，仍然可以还原出一个可信的故事来。不管怎么说，那个故事的基本要素总是存在的。

汉克斯家族曾住在弗吉尼亚州一片狭长的地带上，两边分别靠着拉帕汉诺克河以及波托马克河。同住在这片狭长地带的还有华盛顿家族、李氏家族、卡特家族、方特勒罗伊家族，以及不少其他的权贵家族。这些贵族跟周围邻里的那些贫穷而大字不识几个的家族，如汉克斯家族等都属于基督教徒。一七八一年十一月的第二个星期天，华盛顿将军带着其令人翘首以盼的客人拉法耶特将军来到教堂，露西·汉克斯当时也在现场。一个月之前，这位杰出的法国将军协助华盛顿俘虏了驻守约克镇的康华里斯勋爵及其军队，人人都渴望着能够目睹这位将军的风采。

那天上午，在唱完最后一首赞美诗并祈祷完毕之后，该教区的教徒们一边成单列前行,一边跟这两位战斗英雄一一握手。

不过,除军事策略及国家事务之外,拉法耶特将军还有一个嗜好,那就是对漂亮的年轻女士情有独钟。每当被介绍给一位吸引他的女性后,他习惯性地亲吻对方以示赞美。就在那个特殊的上午,他在基督教堂前就曾亲吻过七位姑娘,由此引发的热烈反响,大大超过了教区牧师以洪亮的声音诵读《路加福音》第三章的情形。那些曾被亲吻过的七位姑娘中就有露西·汉克斯。

这一亲吻引发了一连串事件,对美国未来的改变之大,绝不逊色于拉法耶特为我国打赢的诸多场战斗,想必还要大得多。

在那天的集会上出现过一个富有的贵族单身汉。此人对贫困潦倒、大字不识几个且地位远低于他的汉克斯家族早有耳闻。但是,就在那天上午——当然,此事也许纯属想象——他认为拉法耶特在亲吻露西·汉克斯时,相比对另外几位姑娘所倾注的热情和爱意略多那么一点儿。

这位种植园主非常敬仰那位法国将军的军事天才以及对漂亮女性的鉴赏力,于是他开始对露西·汉克斯想入非非起来。他后来细想了一下,结果明白了这一点:世上最著名的佳丽中有些跟露西一样出身寒门,有些美人的背景甚至比她更加低微。比如说汉密尔顿夫人;比如说身为某贫困潦倒的裁缝私生女的杜巴丽夫人,她几乎不识字,却差不多是跟路易十五比肩统治过法国。这些历史先例能让人望梅止渴,因而也有助于那位单身汉的种种欲望变得更加有尊严。

前面说的是星期天的事儿。在随后那个星期一,那位单身汉翻来覆去地把这件事儿思忖了一整天。星期二大清早,他便策马来到汉克斯家族的泥地木屋里,将露西雇为他那种植园农舍的用人。

他家里已经有了不少的奴隶,压根儿就用不着再请别的什么用人。

尽管如此，他还是雇用了露西，给她一些室内的轻松活儿，而且没有要求她跟那些奴隶有什么往来。

在当时，弗吉尼亚州不少富有的人家习惯把自家的少爷送去英国接受教育。露西的这位雇主曾求学于牛津大学，还将其爱不释手的大量书籍带回了美国。一天，他信步走进书房，发现露西手持抹布坐在那儿，凝神翻看着一本历史书中的一幅幅插图。

用人能做这事儿的可不常见。尽管如此，他不仅没有责怪她，反而关上书房的门，坐下来，把附在插图下面的那些解说词一一读给她听，还给她讲解了其中的一些含义。

显而易见，她听得津津有味。最后，让这位单身汉惊讶不已的是，她竟然告诉他，说她很想学习文化。

当今的我们很难理解，在一七八一年那样的时代，一个用人有如此志向是何等令人惊讶。当时的弗吉尼亚州根本没有任何免费学校，在交易达成后会签上自己姓名的业主不足一半，而转让土地的女性基本上也只会画个符号以代表自己的签名。

然而，这里竟有一名有志学习文化的女用人。在当时的弗吉尼亚上流社会人看来，这一想法即使不被认为有"革命"之企图，至少也会认为是个危险的信号。但她的想法却吸引住了她的雇主，于是他主动提出当她的私人教师。那天晚上吃过晚饭后，他把她叫进自己的书房里，开始教她学习英文中的二十六个字母，几个晚上后，他手把手地教她如何握住鹅毛笔，还告诉她怎样将那些字母进行组合。经过他长时间非常出色的教学，她还真给他长了脸！露西的一份手迹被留存至今，它显示出她书写时大胆而充满自信，同时也表明其拥有丰富的精神、独特的个性和良好的品格。她不仅写过"赞许"这个单词，而且拼写得准确无误。在连乔治·华盛顿等人的拼写也难保万无一失的时代里，这可算得上是个不小的成就。

在结束当晚的阅读及拼写课程之后，师徒二人在书房并肩而坐，望着火炉中的火苗，欣赏起从树林边上升起的明月。

她爱上了他、信赖他，只不过是对他的信赖过火了一些……紧接着是她为期数周的惴惴不安。她茶饭不思，也很少合眼。焦虑使得她看上去骨瘦如柴。当她发觉连自己都无法怀疑的事情真相时，她向对方说出了实情。有那么一小会儿，他想到过跟她结婚，不过也仅限于那么一小会儿。家庭、朋友、社会地位、各种复杂的关系、难以入目的场景……不行。再说，他开始对她产生了一些厌恶之感，于是给了她一些钱后，便将她打发回家去了。

在随后的数月时间里，人们纷纷对她指指点点，且唯恐避之不及。

一个星期天的早上，她竟"恬不知耻"地抱着自己的婴儿去了教堂，由此引起了轩然大波。正在做礼拜的淑女群情激愤，其中一位在厅堂起身，强烈要求"把那个婊子赶出去"。

这一羞辱足够让人难以忍受了。露西的父亲不想再让女儿受到任何侮辱，于是，这个汉克斯家族将其屈指可数的几件家产装上一辆马车，沿着荒野上的小道，穿过坎伯兰峡口，最后定居在肯塔基州的哈罗兹堡。那儿没人知晓他们的家事，要隐藏露西孩子父亲的身份就有效得多。

即使在哈罗兹堡，露西跟先前在弗吉尼亚州一样漂亮，一样能够吸引男人。追求她、赞美她的人不计其数。她再度坠入情网，这次的迷失来得更容易些。有人发现了她的秘密，还口口相传开来。如前文所述，这事儿在安·麦克金迪家又被转述了一番，露西被大陪审团裁定犯有通奸罪。不过，法官认为露西不在起诉之列，于是将传票揣进兜里，没有过问露西的事儿，便出门猎鹿去了。

裁定是在一月份做出的。在次年三月份，法庭再次审理此案。其间，某个妇女出庭时,对露西展开了更多的攻击和诽谤,并要求将这名荡妇拖进法庭,当面回应对她的种种指控。于是,另一张传票又发了出去。不过,傲骨凛然的露西当场将传票撕了个粉碎,继而朝传票送达人的脸上扔去。到五月份时,法庭会再次审理此案。若不是某个了不起的小伙子出现在现场,露西无疑会被强行带到法庭上去。

这位小伙子名叫亨利·斯帕罗。他策马来到镇上,在露西家的门前拴好马匹,径直走进屋去。

"露西,"他或许就是这样对她敞开心扉的,"我他妈的才不在乎那些女人是如何非议你的。我爱你,也非常愿意娶你为妻。"无论如何,他曾请求过露西嫁给他。

不过,露西并不愿意马上嫁给他,她不想让镇上的人说斯帕罗是被迫成婚的。

"咱俩就再等上一年吧,亨利。"她坚持道,"在此期间,我想证明给每个人看看,我也一样会过体面的生活。如果一年后你还打算娶我,那就过来吧,我一定会等着你的。"

一七九〇年四月二十六日,亨利·斯帕罗出示了那张结婚许可证,之后再也没人提起过什么传票的事儿。差不多一年之后,他俩结为了夫妻。

这桩婚姻让安·麦克金迪家的那群婆姨一边摇头,一边饶舌:他俩的婚姻可长不了,露西还会故伎重演的。这话被亨利·斯帕罗听见了,其他任何人也都听见了。亨利·斯帕罗想保护露西,于是建议再往西部迁移,去一个更友好些的环境中开始他俩的全新生活,她却拒绝了那种传统的逃避方式。她说自己不是人们认为的那种烂污女人,言语间,她理直气壮。她不打算逃走,她决定就在哈罗兹堡继续生活下去,非跟世俗搏斗到底不可。

她照那样去做了，还养育了八个孩子，并在其所在的社区洗清了一度曾被视为粗俗笑料的名声。

后来，露西有两个儿子成为了牧师。她的一个外孙，即她那个私生女的儿子，还成为了美国的总统。他的名字叫作亚伯拉罕·林肯。

我之所以讲出这个故事，旨在揭示出林肯那些更为直系的祖先。他本人也很珍视那位受过良好教育的弗吉尼亚外公。

作为律师事务所的合伙人，威廉·H.霍恩登跟林肯合作长达二十一年之久。他也许比世上任何人更了解林肯一些。非常幸运的是，此人在一八八八年出版了一部林肯的三卷本传记。在有关林肯的大量作品中，该传记算得上是最有分量的著作。现在，笔者便摘录其第一卷之第三页至第四页中的内容如下：

关于其祖先和家族根源，我仅记得林肯先生曾提到过一次。大约是在一八五〇年前后，当时我和他乘坐他那辆轻便马车前往伊利诺伊州的蒙纳德县。我们即将参与辩护的那场诉讼，可能直接或间接地触及到遗传特征这个话题。在途中，我第一次听到他聊到了自己的母亲。他详细讲述到了她的特点，或提到或列举了从母亲那里传承下来的那些品行。除此之外，他还说道，他的母亲是露西·汉克斯和一位受过良好教养的弗吉尼亚农场主或种植园主的私生女。他辨析道，正是最后那一点造就了他的分析能力、逻辑推断力、精神活动力、宏伟志向，以及他有别于汉克斯家族成员及后代的那种品质。就遗传特征一事的讨论，他一直认定的理论是，出于种种原因，非婚生子常常比合法生子更强壮、更聪慧。就他的个案而言，他坚信他的善良和优秀品质就来源于他那心胸宽广而又默默无闻的弗吉尼亚母亲。尽管追忆使他痛苦,但这仿佛使其母亲的形象活生生地出现在眼前。随着轻便马车一路颠簸前行,林肯还哀婉地补充道:"愿上帝保佑我的母亲!无论是现在的我,还是我希望成为的人,都得益于她。"他紧接着又陷入沉默之中。我俩的思想交流就此打住,在继续行进中,我俩再没有任何交流。林肯显得哀伤而专注。他沉浸在思索中,冥思的无疑是他刚揭示过的自己的身世。此番举动犹如在他周围筑起了一道屏障,我不便再随意穿越。他那番话和忧伤的语调给我留下了深刻的印象。这次经历让我没齿难忘。

第二章 幼年丧母

　　由于农垦生活的艰难困苦,她注定会在九年后,即在她年满三十五岁的那年离开这个世界。无论她住在何处,有关她私生女身份的闲言碎语都会紧追不放。

　　林肯的母亲南希·汉克斯,是在她叔叔和婶婶的抚养下长大成人的,极可能没上过一天的学。我们知道她不会书写,因为她的签名是用符号来替代的。

　　南希·汉克斯深居昏暗的森林里,交友甚少。她在二十二岁时嫁给了肯塔基州一个最无文化、身份最低贱的男人。此人是个毫无情趣、愚昧无知的散工和猎鹿人,名叫托马斯·林肯。不过,那些边远的丛林居民纷纷称呼他为"林可憨"。

　　托马斯·林肯是个流浪汉、闲逛者、窝囊废,在饥饿难耐之时,会跑到各地打打零工。他修过马路、砍伐过灌木、捕捉过熊、开垦过林地、种植过玉米、搭建过木屋等。据史料记载,他曾在三个不同的地方持枪看守过犯人。在一八〇五年,肯塔基州的哈尔丁县曾雇他追捕并鞭挞那些桀骜不驯的奴隶,付给他的报酬是每小时六美分。

　　托马斯·林肯对金钱的观念非常淡漠。他曾在印第安纳州的一家农场上待过十四年,在此期间,他连每年土地租金所需缴纳的十美元都付不起。曾有段时间，他家的生活可谓捉襟见肘，因此妻子只能用荆棘中的刺来别上自己的裙子。可他却跑到肯塔基州伊丽莎白镇的一家店铺，靠赊账买回一条丝质吊带长裤。之后不久，他还在拍卖会上花三美元拍下一把剑。即便是光着脚，他也许还穿着那条吊带裤，佩戴着那把剑呢！

婚后不久，他便搬到了镇上，靠做木活儿过日子。他找到了一个建造作坊的活儿，可他不是没把木材刨得整整齐齐，就是切割得长短不一。于是，雇主断然拒绝为他那笨拙的活儿支付工钱，为此还引发了三场官司。

托马斯·林肯来自森林，尽管有些呆笨，但他很快便意识到自己只能属于森林，于是他又带着妻子回到森林边上一个贫瘠且乱石林立的农场，之后再也没有为搬去某个村庄而轻率地放弃过那片土地。

离伊丽莎白镇不远处有一大片没有树木的土地，人称"荒地"。印第安人世世代代在那里点火，烧掉那里的森林、灌木和树丛，以便那些无需人为打理的牧草能借着阳光得以生长，水牛可以来这里打滚、觅食。

在一八〇八年的十二月，托马斯·林肯以每公顷六十六点六六美分的价格买下了"荒地"上的一个农场。那个农场上有个供猎人暂住的棚子，即用野苹果树围起来、看上去很粗糙的木屋。半英里之外，诺林溪南岔口的水静静流淌着，春季的山茱萸在那儿竞相开放。夏季时分，山鹰在头顶上懒懒地盘旋着，那些高高的草丛在劲风中不断翻滚，犹如绵延不尽的大海中的碧波一般。稍有一点儿判断力的人都绝不会选择在那个地方居住。可想而知的是，冬季一到，那地方便成为了全肯塔基州最为孤寂而荒凉的地区之一。

然而，时至一八〇九年的隆冬，就在人烟稀少的荒地边缘的那个供猎人暂住的木棚里，亚伯拉罕·林肯降临到了这个世界。某星期天的早晨，林肯在一张铺满玉米皮的木板床上出生。屋外正刮着风暴，二月的寒风借着木屋上的缝隙，将雪花吹进棚里，继而飘落到盖在南希·汉克斯和婴儿身上的那张熊皮上。由于农垦生活的艰难困苦，她注定会在九年后，即在她年满三十五岁的那年离开这个世界。她未曾尝到过幸福的滋味。无论她住在何处，有关她私生女身份的闲言碎语都会紧追不放。在使她受尽折磨而后来又成为圣洁之所的地方，一个感恩的民族为她建起了一块大理石墓碑。她在那天早上岂会预知自己的未来，又岂能看到那块墓碑，真是令人遗憾之极！

在这个荒野之地，流通于当时的纸币到底价值几许颇值得怀疑。大多数纸币可谓一文不值。于是，生猪、鹿肉火腿、威士忌、浣熊皮、熊皮及农产品等常常用作交换物。牧师有时收取威士忌当作其提供服务的报酬。一八一六年的秋天，亚伯拉罕年仅七岁，父亲托马斯·林肯用他肯塔基州的那个农场换取了大约四百加仑的玉米威士忌，然后全家搬往印第安纳州一个阴暗、荒凉且寂静的森林地区。离他们最近的邻居是一名捕熊的猎人。那地方四周是非常茂密的森林、灌木和低矮树丛，凡要穿林而过的人不得不拿刀斧砍出一条路来。这就是被邓尼斯·汉克斯描述为"灌木丛中的洗礼"的地方。亚伯拉罕·林肯随后将在此地度过他生命中的前十四个年头。

全家刚到此地之时，正好迎面赶上那里正下着的第一场雪。托马斯·林肯匆匆搭建起一个时称"三边帐篷"的屋子。现在的人管这个叫棚屋。这种建筑没有地板、没有门，也没有窗户，除了三边的遮挡和用杆子、灌木支撑起的屋顶外，什么都没有。帐篷的第四边完全敞开着，任凭寒冷的风雪和冰雹恣意侵入。就现今的印第安纳州的农夫而言，他们连自家的牛群、生猪等牲畜都不会关进如此粗糙的棚屋过冬。可是，托马斯·林肯却觉得这棚屋对他和他的家人来说已经不错了。因此，全家人在那里度过了一八一六年至一八一七年间那个漫长的冬天。那可是我国历史上最严酷、最要命的冬天啊。

整个那年冬天，南希·汉克斯和她的孩子们就睡在那里面，像狗一样蜷缩在棚屋一角乱扔着的一堆树叶和熊皮里面。

说到食物，他们一家没有黄油、没有牛奶、没有鸡蛋、没有水果、没有蔬菜，甚至连土豆也没有。他们基本靠吃野味和坚果勉强度日。

托马斯·林肯尝试着养过生猪，不过森林里的那些熊饥饿难忍，竟把它们一个个活活地给吃掉了。

在印第安纳州的那些岁月里，亚伯拉罕·林肯所忍受的艰难困苦，远非他后来解放的那些成千上万的奴隶可比。

在那个地区，牙科医生一说可谓闻所未闻，连离他们最近的医生也住在三十五英里之外。于是，当南希·林肯患上牙疼病时，托马斯·林肯老爹或许就是按照其他拓荒者的方法予以处理的。他把山核桃木做成销子状，将带尖的那部分靠在疼痛的臼齿上，然后用石头敲打那木销。

在中西部的早年间，拓荒者们受到一种莫名其妙的疾病的侵扰，人们称其为"乳毒病"。这种病对牛群、绵羊、马匹具有非常大的致命性，有时甚至让一个个社区看上去毫无生命迹象。没人知道这种病因何而起。一百年以来，这种病也让医学界深感困惑。直到二十世纪初，科学研究才表明，其毒性来自吃过一种名为白色蛇根草的植物的动物。那种毒是通过牛奶传播给人类的。白色蛇根草在林地牧场和背阴的沟壑里生长得非常繁茂，时至今日，这种植物仍在夺走人类的生命。伊利诺伊州农业部门每年都在各县法院张贴公告，告诫人们要铲除这种植物，以防后患。

一八一八年的秋天，这种可怕的病魔降临到印第安纳州的巴克汉地区，将众多家庭洗劫一空。南希·林肯曾前往半英里外那名捕熊猎人比特·布鲁纳的家，去帮助照顾他的妻子。布鲁纳太太离开人世之后，南希随即觉得自己身体不适。她头晕，腹部出现一阵阵钻心的疼痛。由于她呕吐得非常厉害，于是被人抬回家中，躺在那可怜的树叶和熊皮的床上。她的四肢冰凉，五脏六腑却跟火烧火燎一般，她一个劲儿地喊叫着水、水、水。

托马斯·林肯对这种迹象的预兆可谓深信不疑，于是在他妻子生病的第二个夜里，当他的棚屋外有只狗发出长长的哀嚎之声时，他便放弃了所有希望，还说她难逃此劫。

到后来，南希连把头移开枕头的力气都没有，只能悄声低语。她曾把亚伯拉罕和他的妹妹招呼到跟前，试图说点什么。兄妹俩弯腰凑近她，想听清她会嘱咐什么话。她恳请兄妹俩要善待对方，按照她所教他们的方式生活，还要信奉上帝。

这番话成了她的临终遗言，因为她此时的喉咙以及整个肠道系统已经处于初期的麻木状态。她陷入了长时间的昏迷，最后在患病第七天后的一八一八年十月五日离开了人世。

为了让妻子能够紧闭双眼，托马斯·林肯在她的两个眼睑上各放了一枚铜币。然后去林中砍下一棵树，再切成粗糙且凹凸不平的板子，用木销将其固定在一起，最后，他将饱经风霜、疲惫至极、满脸愁容的露西·汉克斯的女儿的身躯放进那口粗制的棺材里。

两年前，他曾用雪橇带着她来到这个居住地，这下他还是用雪橇将她的身躯拖到离家半英里之外的一个树木茂密的小山顶上，入土时既无葬礼，也无别的任何仪式。

亚伯拉罕·林肯的母亲就这样诀别了人世。她的长相如何，是个什么样的女性，我们或许永远都无从得知，因为她那短暂生命的多数时间都是在暗淡的森林中度过的，给见过其面的屈指可数之人也仅留下过些许模糊的印象。

亚伯拉罕·林肯去世后不久，一位传记作者开始收集有关总统母亲的信息。至此，这位母亲已经去世长达半个世纪之久。该作者采访了见过林肯母亲的那几个为数不多的在世老人，可他们对她的记忆犹如一场逝去的梦。几位老人就连对她外貌的描述都说法不一。一位将她描述为一个"健壮、矮胖的女人"，另一位又说她"身材消瘦、娇小"。有一名男子说她长着一双黑眼睛，另一位又将其眼睛描述成淡褐色，还有一位确信她的双眼是淡绿色的。跟她在同一屋檐下生活长达十五年之久的堂兄邓尼斯·汉克斯曾写道，说她留有一头"浅发"。在进一步思索之后，他又改口说她的头发是黑色的。

在她去世后的六十年里，她的安息之地连一块石碑都没有。因此，人们迄今为止也只知道她坟墓的大致位置，也就是埋在曾经养育过她的叔叔和婶婶的旁边，人们却难以核实到底哪一座坟墓才是她的。

在南希去世前不久，托马斯·林肯又建了一个木屋。这个木屋有四壁，但是屋内既没有地板，也没有门或者窗户。一块脏兮兮的熊皮挂在入口处，里面漆黑一片、肮脏不堪。托马斯·林肯多半时间在森林里狩猎，留下两个没妈的孩子打理家务。萨拉负责煮饭，亚伯拉罕负责生火、添柴以及到一英里之外的地方担回泉水。由于没有任何刀叉，一家人都是用手抓着吃。因为取水十分困难，外加没有肥皂，因此他们的手指很少是干净的。南希生前可能自制过柔软的碱液肥皂，但她去世时仅剩的那一点或许早已用完。两个年幼的孩子根本不知道如何再做一些肥皂，而托马斯·林肯又不愿去做。于是，一家人也就一如既往地生活在贫苦而肮脏的环境中。

在那为时数月漫长而寒冷的冬季，一家人不曾洗过澡，也很少换洗早变得油腻而破烂的衣服。他们那几张铺着树叶、兽皮的床越发肮脏。没有阳光温暖那个棚屋、为其杀菌消毒,仅有的那点光线则来源于壁炉上或许以猪油为燃料的那盏灯。从别的边疆拓荒者的准确描述中,我们不难想象出那个没有女人持家的林肯小屋会是啥样儿——臭气熏天,里面爬满了跳蚤、虱子和臭虫。

就这样熬过了一年之后,就连父亲托马斯·林肯都无法再忍受下去了,于是他决定再讨个老婆回家帮助料理家务。

十三年前,他曾经向一个名为萨拉·布什的肯塔基女人求过婚。她当时拒绝了他,后嫁给了哈尔丁县监狱的一个看守,不过那名看守后来去世了,还给她留下了三个孩子和不少的债务。托马斯·林肯觉得这是个重新求婚的绝妙时机,于是便去溪流边上,把全身上下洗了个遍,还用沙子将自己那双手和脸搓洗得干干净净,然后将那把剑别在腰上,穿过茂密而阴暗的森林返回肯塔基州。

托马斯·林肯一到伊丽莎白镇,又买了一条丝质的吊带裤,一边吹着口哨,一边沿街行走着。

那是一八一九年,有不少大事正在发生,人们都在谈论世界的进步。一艘蒸汽动力船已经成功地横渡过了大西洋!

第三章 欠缺的教育

林肯于一八四七年当选为国会议员。在填写个人简历时,他遇上了"你是什么学历"这一栏。对此,他仅用了"欠缺"二字予以回答。

到十五岁时,林肯已经学会了英文中的二十六个字母,且能勉强读懂一点儿文字,但压根儿不会写作。一八二四年的秋天,一位落后地区来的巡游教书先生沿着鸽子溪来到他们的定居点,还开办了一所学校。林肯和他的妹妹每天穿过四英里的森林,早出晚归,去向那位名叫阿泽尔·多尔西的新来老师求学。多尔西办的是一所人称"哇哇叫"的学校。孩子们要大声朗读,多尔西认为,通过那种方式,他就能够辨别出孩子们是否在真正用功读书。他手握一根杖条,在教室前后来回走动,一见哪个学生闷着不吭声,便会一棍子打过去。知道老师对哇哇叫声有这样的优惠,每个孩子都试图比自己的同学嚷得更响亮。那喧闹声儿在老远的地方都能听见。

在该学校就读期间,林肯头戴一顶松鼠皮帽,下身穿着鹿皮马裤。不过那马裤底部高出鞋面几英寸,露在外面的小腿被风雪冻得发紫。

林肯上课的地方就在一个简陋的木屋里,老师站着时差不多可头顶天花板。里面没有任何窗户,墙体四周各横着一根木头,缝隙处用一张油纸遮挡着,以便让些许光线进入。地面和座位都是由劈开的木头做成的。

林肯阅读的课文均选自《圣经》的一些章节,从他的书写练习本可以看出,他模仿的全是华盛顿和杰斐逊的字迹。他的书写也颇像那两位伟人的笔迹,即非常清晰可辨。人们对此非常赞赏,那些不识字的邻居常常步行数英里,请求亚伯拉罕帮他们写信。

林肯在学习方面投入了极大的兴趣和热情。在学校的时间不够用,他就把学习资料带回到家中。当时的纸张非常稀缺而昂贵,于是他用木炭在木板上写字。有时候,他还在木屋四壁的平滑表面处做算术。每当一个空白的表面写满了数字和文字之后,他就用小刀子将其彻底清除,然后在上面重新写字。

由于家里太穷而买不起算术书,林肯就跟同学借来一本,将其中的内容抄写在一张张如信头大小的纸片上,然后再用麻绳缝在一起,因此就有了自制的算术书。就在林肯去世之时,他的继母还保留着这本算术书的一些残余部分。

此时,林肯开始表现出某种与落后地区学生完全不一样的气质。他希望就不同的主题写出自己的观点。有时候,他还朗诵诗句。他甚至将自己写的诗句和散文送到邻居威廉·伍德那里,请他评判。他熟记并背诵自己创作的韵文,他的散文也受到了人们的关注。一位律师被林肯所写的关于国内政治的文章所感染,于是将其寄出去发表了。俄亥俄州的一家报纸还专门刊登过林肯撰写的一篇有关禁酒的文章。

但这些都只是后话。他写第一篇作文的灵感源于玩伴们的残忍游戏。他们常常抓来一些乌龟,然后在龟背上放上一些燃烧的炭火。林肯恳请玩伴们停止那样做,还光着脚跑上前去踢掉了炭火。他的处女作便是希望人类善待动物的呼吁。这个小男孩已经流露出了一个成熟的人对痛苦者所持有的那种深深的同情。

五年之后，林肯时断时续地就读于另一所学校，用他的话来说，上过"一点点学"。林肯受过的正式教育就此打住了，加起来总共不到十二个月时间。

林肯于一八四七年当选为国会议员。在填写个人简历时，他遇上了"你是什么学历"这一栏。对此，他仅用了"欠缺"二字予以回答。

在被提名为总统候选人后，他曾说过："当我成年时，我所知甚少。但无论如何，我总算是学会了读、写、算三项，仅此而已。之后我再没有上过学。迫于压力，我不时学了一点知识。现今取得的那点小成绩便得益于这些教育。"

都有谁当过他的老师呢？就是那些四处漂泊、相信巫术且认为地球是扁平的愚昧教书先生。然而就在那些支离破碎且非正规的求学期间，林肯培养出了一种任何人皆可从大学教育中获得的无价之宝：对知识的热爱和对学习的渴求。

阅读为林肯打开了一个全新而神奇的世界，一个他过去连做梦都没有梦过的世界。在四分之一个世纪中，阅读一直是他生活中的主要兴趣所在。他的继母曾带过来如下五本书：《圣经》、《伊索寓言》、《鲁滨逊漂流记》、《天路历程》和《水手辛巴德》。幼年的林肯对这些无价之宝如饥似渴地研读。他将《圣经》和《伊索寓言》放在伸手可及之处，随时翻阅，以至于他的行文风格、谈吐方式以及陈述论点的策略皆受到这两本书的深刻影响。

不过，仅有上述那几本书还不够。林肯渴望读到更多的书籍，可他却没钱购买。于是，他开始跟别人借书、报纸以及任何其他印刷品。他沿着俄亥俄河下游走去，从一名律师的手中借到了一本《印第安纳州修订法》。之后，他第一次读到了《独立宣言》以及《美国宪法》。

林肯曾经常帮助附近一位农夫干些掘树桩、锄玉米之类的活儿。他从此人手里借到了两三本传记。其中一本是帕尔森·维姆斯撰写的《华盛顿传》。林肯对该书痴迷不已，经常会读到深夜才肯罢休。在入睡之时，他将该书放进木屋的墙缝里，以便在次日第一缕光线照进屋子时可以继续阅读。某天夜里，一场突如其来的暴风雨将那本书淋了个透湿。由于主人拒绝收回那本破书，林肯不得已，只好替人家收割了三天的牲畜饲料，并一一捆扎好作为赔偿。

不过，在林肯借的所有书中，让他最受益匪浅的莫过于《斯科特教程》。这本书不仅让他领略到了公众演讲术的诀窍，而且还使他了解到了西塞罗、狄摩西尼等人物的著名演说以及莎士比亚剧本中的主要人物。

他常常手捧着《斯科特教程》，在树下来回踱步，高声朗诵《哈姆雷特》中各个人物的台词，不断重复安东尼面对凯撒尸首时所做的演说："朋友们、罗马人、同胞们，请听我言：我来此与其说是赞美凯撒，还不如说是埋葬他。"

当他碰到特别吸引他的某一段落时，如果手头没有纸张，他便会将那一段写在一块木板上。最后，他索性自制了一个粗糙的剪贴本。他用鹅毛笔蘸上野果汁，在那上面写下自己尤为喜爱的那些词句。他随身带着那个本子，不断研读，直至能将那些长长的诗句和演说词熟记于心为止。

每当他去田间劳作时，他总是带着那个本子。趁着马在玉米垄旁休息之际，他便坐在篱笆边读上一会儿。午间时分，家人都坐下来吃饭，可他却一手拿着玉米团，一手拿着书本，仰坐在一边，双腿高过脑袋，沉浸在书本的字里行间。

当法官开庭时，林肯常常走上十五英里，去各沿江城镇聆听律师们如何作辩护。后来，当林肯跟其他男人一起在田间地头劳作时，他总是不时地放下锄头和草叉，爬上一个篱笆，把他从罗克波特镇或者布恩维尔镇律师们那儿听到的演说给在场的人复述一番。在别的时候，他还模仿鸽子溪小教堂那些冥顽不化的牧师们在星期天洗礼、布道时发出的尖声。

亚伯去田间地头干活时，兜里常揣着一本《奎因笑话集》。每当他跨坐在一根木头上朗读其中部分段落时，森林中总会回荡起听众们发出的一阵阵哄笑声。可惜的是，玉米垄间的杂草开始丛生，田地里的麦苗渐渐枯黄起来。

雇用林肯的那个农夫抱怨不断，说他偷懒："简直太懒了。"林肯承认这一事实。"我的父亲教过我怎样干活，"他说道，"可他却没有教过我如何热爱干活。"

托马斯·林肯老爹发出过一道道死命令：停止所有这一切愚蠢的行为！但这"愚蠢行为"却从没有停止下来过。亚伯不停地讲出各种笑话，发表不同的演说。有一天，老人当着众人的面朝林肯脸上一拳挥去，将他打翻在地上。亚伯哭了，无声的。父亲和儿子之间由此产生了终生都不曾弥合的疏远情结。尽管林肯在父亲年迈之时给予过经济方面的支持，但在老人一八五一年处于病榻之际，他也未曾前往父亲身边看过他一眼。"即便我俩现在再见面，"林肯说，"到底是痛苦还是愉快，我都无从回答。"

一八三〇年的冬天，"乳毒病"再次爆发，再一次把死亡撒向印第安纳州的整个巴克汉地区。

带着满心的恐惧和沮丧，习惯流浪迁徙的托马斯·林肯变卖了自家的生猪和玉米，以八十美元的价格处理掉了他那满地树桩的农场，自做了一辆笨重的篷车，载上全家人及家具，将鞭子交给亚伯，让他吆喝着牛群，朝着伊利诺伊州的一个河谷地带走去。印第安人称那个河谷为桑加蒙，意为"不缺吃的地方"。

在长达两个星期的时间里，他们驾着沉重的牛车吱吱嘎嘎地翻越印第安纳州一座座小山，穿过一道道茂密的森林，牛群缓慢向前行进，之后穿越了伊利诺伊州一个个沉寂、凄凉且荒无人烟的大草原。这些大草原此刻铺满了枯萎的金色牧草，它们在那一年夏日阳光的照耀下长到了六英尺高。

在温森斯那地方，林肯第一次见到了一台印刷机，他时年二十一岁。

到迪凯特之时，林肯家的迁徙者们露营在法院门前的广场上。二十六年之后，林肯还准确地指出了他家牛车停靠的位置。"当时，我并不知道自己竟会成为一名律师。"他说道。

赫恩登如是记录道：

> 林肯先生曾经向我描述过这段旅程。他说，当时冬天的霜期尚未逝去，那些路面上的冰雪白天会融化，可一到夜晚又重新凝结上。这就使得旅程，尤其是赶着牛群的旅程显得更让人疲惫不堪。当然，那时候没有桥梁，除非通过迂回的小道，否则这一行人就只得涉水趟过一条条溪流。每天开始旅程之时，路上还结有一层薄冰，因此牛群在薄冰上每迈开一步，都会踏碎那么一小块。随同这一家子颠沛流离的还有一只宠物狗，它蹦蹦跳跳地紧随在牛车之后。有一天，这小家伙掉队了，直到他们一家趟过了一条溪流，它才赶了上来。因为不见它的踪影，一家人回头望去，结果那只狗站在溪流对面的岸上，不停地跑来跑去，边跑边

发出不安的哀鸣。溪水涌流在踏碎的冰层上，那只可怜的小动物不敢贸然下水。由于急着赶路，多数家庭成员认为，让牛群和牛车返回小溪对岸去搭小狗不划算，于是决定丢下小狗继续前行。"但是，就连扔下一只狗的想法，我都不能容忍。"林肯说道，"于是，我脱下了鞋和袜，涉水回到溪流的对岸，怀抱着颤抖的小狗成功返回到家人这一边。小狗欣喜若狂的跳跃以及流露出的深深感激之情，都让我觉得先前忍受的冰冻再值得不过了。"

就在牛车载着林肯一家人穿过大草原之时，国会正在为州政府是否有权脱离联邦政府这一问题展开火药味十足的辩论。就在那场辩论中，丹尼尔·韦伯斯特从议会席上起身，以其深沉、富有磁性的声音发表了一场演说，该演说后来被林肯称为"美国历史上最光辉的典范"。这就是著名的《韦伯斯特答海恩》。演说结尾处的遣词让人难以忘怀，后来被林肯引为其政治信仰："自由与联盟，现在与永远，一个国家，不可分割！"

这一关系到国家分裂与否的风暴式问题，在三分之一个世纪后注定将会被解决，但不是由强悍的韦伯斯特，不是由天才的克莱，也不是由著名的卡尔霍恩，而是由身无分文、名不见经传的林肯。不过，此刻头顶浣熊皮帽、身着鹿皮裤的他正一边笨拙地驱赶着一辆牛拉车直奔伊利诺伊州，一边兴致勃勃地吟唱不雅的歌词：

  嗨，哥伦比亚，幸福之乡呀，
  你要没醉，那我他妈的醉了。

第四章 勇气和信心

每逢星期六晚上,一个有组织的"文化社"就会集中在拉特利奇旅馆的餐厅。林肯总是积极参与,他发现自己拥有通过演讲去影响他人的非凡能力。

林肯一家安顿在伊利诺伊州迪凯特附近的一块林地上。那片林地沿悬崖延伸开来,下面的桑加蒙河可以尽收眼底。

亚伯帮着家里砍伐树木、搭建木屋、清除灌木、开垦林地,靠耕牛开辟出了十五公顷的草地,继而在上面种上了玉米,搭起了篱笆,还将自家的财产都圈入那片草地之中。

到第二年,亚伯去周边一些地方当雇工,为别的农夫干点零活儿,比如犁地、叉干草、劈围栏木、宰杀生猪等。

亚伯拉罕·林肯在伊利诺伊州度过的第一个冬天是美国最冷的冬天之一。大草原上积雪厚度达十五英尺。牛群死去,鹿和野火鸡几近灭绝,甚至还出现了有人被冻死的情况。

就在那年的冬天,仅为换取一条经白核桃树皮浸染的褐色牛仔裤,林肯答应给别人劈出一千根围栏木。他每天得步行三英里赶到打工的地方。有一次,就在他划船横渡桑加蒙河时,他划的那艘独木舟翻了,他也因此掉进了冰冷的河水中。他还没走到离他最近的房子,即沃尼克少校的家,双脚早已冻僵了。整个一个月,他都没法行走,于是便躺在沃尼克少校家中的壁炉旁讲故事,还阅读了一卷《伊利诺伊州法律》。

在此之前,林肯曾向那位少校的女儿求过婚,但少校对此皱起眉头,以示反对。为什么呢?少校的女儿,嫁给一个呆头呆脑且没土地、没钞票、没前途的男子?绝对不行。

没错,林肯的确没有任何土地,但那并不能说明什么,因为他不想拥有土地。他在农场上待过二十一年之久,吃尽了开荒种地的苦头。他厌恶那折磨人的苦力活儿,还有那种枯燥乏味的生活。他渴望出人头地,希望跟外面世界的人接触,想谋得一份工作,以便跟人打交道,在自己周围聚集一群人,让他们听他讲的笑话后大笑不止。

在印第安纳州生活的时候,亚伯曾帮人将一艘平底船沿江漂到新奥尔良。那次经历让他多快乐呀!新奇、刺激、惊险。一天夜晚,船就靠在杜赫尼夫人种植园旁的岸边,一帮黑人手持刀剑、棍棒爬到了船上。他们打算杀掉所有船员,抛尸江中,继而将货物沿江漂到这群强盗所在的新奥尔良总部去。

林肯抓起一根棍子,借助他那长长的手臂,将其中三名打劫者打进河里,然后将其他强盗追到了岸上。不过,在那场打斗中,其中一个黑人的刀划着了林肯的额头,他右眼上方留下的那个刀疤从此伴随其一生。

这下,父亲托马斯·林肯没法再将自家的亚伯小子强行留在农场上开荒种地了。

见识过一次新奥尔良后,亚伯这下又找到了一份在船上干活的差事。每天的工资五十美分,外加奖金。亚伯、继母带来的兄弟和一个堂弟一起砍伐树木,剔成原木并将其漂到一个锯木厂,造出一艘长达八十英尺的平底船,再装上香肠、玉米、生猪等商品,沿着密西西比河漂到下游去出售。

林肯在船上煮饭、掌舵、讲故事、玩七分牌游戏,还高声欢唱:

> 裹头巾的土耳其人真傲,
> 四处横行,胡须还上翘,
> 除他本人,谁都看不到。

这次漂流经历给林肯留下了深刻而永不磨灭的印象。赫恩登如是描述道:

> 在新奥尔良,林肯第一次亲眼目睹了人类奴隶制的恐怖画面。他之前曾看过《戴镣铐受鞭笞的黑奴》。面对这种非人道的惨景,他内心的公平正义感不禁反抗起来,他的所见所闻唤醒了他内心的良知。毋庸置疑,诚如他的一个同伴所言:"就在当时当地,奴隶制给他的灵魂打下了烙印。"一天早上,就在他和两个朋友在城中闲逛时,他们途经一个奴隶拍卖会。一个活泼而俏丽的混血姑娘正被拍卖。那姑娘被迫让那些竞价者左瞧右看。开价的人还不停地掐她身上的肉,让她像一匹马似的在屋里蹦来跳去,以便展示她的行走姿态,好让打算掏钱购买商品的开价者——按拍卖师的话说——"得到满足"。整个拍卖过程非常令人作呕,林肯怀着"难以抑制的憎恨"离开了现场。他一边叫走同伴,一边说道:"上帝啊,兄弟们,我们快离开这个地方吧。我一旦有机会就会抗击它(他指的就是奴隶制),我将毫不留情。"

派林肯前往新奥尔良的雇主邓顿·奥夫特非常赏识他。奥夫特喜欢林肯讲的笑话、故事以及他的诚实为人。他把林肯请回伊利诺伊州，去砍伐树木，还在新塞勒姆建造了一个木房杂货店。新塞勒姆是一个由十五到二十座木房组成的小村庄，那地方坐落在蜿蜒流淌的桑加蒙河边的悬崖峭壁之上。林肯负责打理那家杂货店，还管理一个面粉磨坊以及一个锯木厂。林肯在那里一待就是六年，而这六年对他的未来产生了巨大的影响。

在那个村庄里有一个凶狠、好斗、胡作非为的流氓帮，人称"克拉里家的林中小子们"。这伙人喜欢吹嘘，说他们是伊利诺伊州最能喝酒、最会骂人、最能摔跤、最能打架的一帮人。

从本质上看，这伙人并不是什么坏人。他们非常忠义、坦诚、大方且不乏同情心，只是过于爱显摆而已。于是，当说话不把门的邓顿·奥夫特来镇上，并宣称他杂货店的店员亚伯拉罕·林肯力大无比之后，"克拉里家的林中小子们"高兴得不亦乐乎。他们想给这个自命不凡的新来者一点颜色看看。

可是，那场比武的结果恰恰与他们的预料相反。林肯这个年轻的"巨人"，在赛跑和跳高等赛事上都赢了对方。凭着他那修长的手臂，林肯在实心球的比赛中也打败了对方所有人。此外，林肯还能讲出一些那帮人一听就懂的笑话，让他们一听那些林中趣事便爆笑数小时。

有一天，全镇的人都汇集到一棵白橡树下，观看林肯跟"克拉里家的林中小子们"的头儿杰克·阿姆斯特朗摔跤。就这伙人而言，林肯的技能在新塞勒姆已达到了很高的水准。当林肯把阿姆斯特朗摔倒在地后，他的确取得了人生中的重大胜利。从那一刻起，"克拉里家的林中小子们"为他送上了友谊，真心实意地效忠他，并请他担任赛马、斗鸡比赛的裁判。当林肯失业、无家可归时，他们还曾带他回家，为他提供食宿。

在新塞勒姆这个地方，林肯还发现了他多年以来一直在寻找的机会，一种战胜恐惧以及在大庭广众之下演说的机会。原先在印第安纳州时，他唯一有过的类似经历不过是在田间地头跟一群人数不多的劳动者讲话。但是，在新塞勒姆这个地方，每逢星期六晚上，一个有组织的"文化社"就会集中在拉特利奇旅馆的餐厅。林肯总是积极参与，并在其活动中处于领导地位，他讲故事，朗诵自己所写的诗句，就诸如桑加蒙河的航行等话题做即兴发言，甚至还就各种各样的时政问题展开争论。

这类活动可谓无价之宝。它拓宽了林肯的精神境界，激发了他的雄心大志。他发现自己拥有通过演讲去影响他人的非凡能力。这一发现增强了他的勇气和自信心，这是别的任何活动都不曾带给他的。

数月之后，奥夫特的商店倒闭了，林肯再度失业。一场选举即将来临，全州上下燃起一股政治热情。于是，他打算充分发挥一下自己的演说能力。

在当地教师蒙特·格雷厄姆的帮助下，林肯花了数周时间准备他的第一次公开演说。在那次的演说中，他宣布自己打算进入该州的立法会。他说他拥护"州内诸种改进措施……桑加蒙河的航行……更好的教育……公平"等。

在其演说的结尾处，他说道："我生长在最为贫寒的社会阶层。我没有任何富裕或者颇具影响力的亲朋好友给予我举荐。"他结束演说时采用了如下一句博取同情心的话语："如果智慧的善良之人认为不让我脱颖而出更合适，我无怨无悔，我曾遭遇过的类似失望可谓不胜枚举。"

几天后，一名骑马人带着一条惊骇人心的消息冲进了新塞勒姆，说印第安人的酋长布莱克·霍克正率领其骁勇的手下一路杀戮而来，他们烧掉房屋、掠走妇女、屠杀居民，让其红色恐怖笼罩着整个巴洛克河沿岸。

慌乱中，雷诺兹州长立刻招募志愿兵。"无业且无钱的公职候选人"林肯投身了那支存在了三十天的军队，还被选为队长，于是他试着说服"克拉里家的林中小子们"参加军事训练。让林肯不曾想到的是，他们竟对他的命令回顶了一句："见你的鬼去吧。"

赫恩登说，林肯总是把他参与的这场抗击布莱克·霍克的战斗视为"度假和偷鸡摸狗行动"。事实也不过如此。

后来，在一场国会演说中，林肯声称他并没有攻击过任何一名红皮肤的印第安人，他只是"朝野洋葱头冲锋"而已。他声称自己没见过任何印第安人，却"跟苍蝇进行过好多场殊死的搏斗"。

从战场归来之后，"林肯队长"再度投入到了政治竞选中。他挨门逐户地跟选民们握手、讲故事，认同每个人的见解，且在有人群之时、有人群之地发表演说。当竞选来临时，在整个新塞勒姆投下的二百零八张选票中，尽管他获得了二百零五张，但还是惨遭淘汰。

两年后，他再度参选。这次他获胜了，但只得穿着借钱买来的服装前去参加立法会。他先后于一八三六年、一八三八年和一八四〇年连续三届成功当选。

在当时的新塞勒姆，有个不成器的男子杰克·科尔索。在他外出钓鱼、拉提琴、朗诵诗歌期间，他的妻子只能靠接纳一些寄宿客人来补贴家用。镇上的多数人都认为杰克·科尔索一无是处，因而对他不屑一顾。不过，林肯倒是非常喜欢他，还跟他交朋友，并且深受此人的影响。在见到科尔索之前，林肯对莎士比亚、彭斯等人物毫无概念。他们只不过是些人名而已，而且还是些模糊的人名。不过，当林肯坐着聆听科尔索朗诵《哈姆雷特》，背诵《麦克白》之后，他第一次意识到英语这门语言竟然可以奏出那么美妙的交响乐来。这门语言是何等的壮美！其带给人的美妙体验和情感碰撞是何等的强烈啊！

莎士比亚令他敬畏不已，罗伯特·彭斯则赢得了他的热爱和同情。他甚至与彭斯有一种强烈的同命感。跟林肯一样，彭斯也出生在一个木屋里，那木屋不比迎接亚伯来到这个世界的那个木屋好多少。彭斯也曾是一名耕田人，但却是一位把捣毁田鼠窝视为一场小小的悲剧，值得用诗歌去描绘且使之成为永恒之事的耕田人。通过阅读彭斯和莎士比亚的诗歌，亚伯拉罕·林肯面前呈现出了一个极富意义、有情感的和美丽的世界。

然而在林肯看来，所有这一切中最令人吃惊的是：莎士比亚和彭斯都没有上过大学，他俩所受的教育也并不比他更多。

林肯有时还斗胆想象，父亲托马斯·林肯是个文盲，也许他那未曾接受正规教育的儿子可以干出一些更文雅的事来，也许他没必要继续留在杂货店当店员，也没必要干铁匠这门营生。

从那时起，彭斯和莎士比亚便成了林肯最喜爱的作家。他阅读莎士比亚作品的时间，比阅读所有其他作家作品加在一起的时间还多。这些作品对他的行文风格产生了深刻的影响。就连林肯入主白宫之后，当南北内战的重负和焦虑在他脸上凿出一道道沟痕之时，他都会挤出不少时间去研读莎士比亚的作品。尽管他日理万机，但还会跟一些研究莎士比亚的权威人士探讨莎翁的剧本，还就对某个段落的理解与他们进行通信联系。就在他遇刺的那个星期，他还跟朋友们大声朗诵过两小时的《麦克白》呢。

那个得过且过、家住新塞勒姆的钓鱼者杰克·科尔索,竟将自己的影响送进了白宫……

新塞勒姆村的创建人兼拉特利奇旅馆的主人是一位南方人,名叫詹姆斯·拉特利奇。此人有一个无比动人的女儿,名叫安。林肯第一次见到那姑娘时,金发碧眼的她年仅十九岁。尽管她当时已经跟镇上最富有的一位商人订了婚,但林肯还是不由自主地爱上了她。

安已经答应嫁给约翰·麦克内尔,双方约定在她上完两年大学之后便完婚。

林肯刚到新塞勒姆不久,一件离奇的事件发生了。麦克内尔卖掉了自己的店铺,说他要回纽约州去把包括他父母在内的家人接到伊利诺伊州来。在离开之前,他向安·拉特利奇坦言相告了这一件事。这事几乎让对方惊呆了。然而,她少不更事,加上倾心于对方,于是相信了他的那套说辞。数日之后,他离开了新塞勒姆,一边向安道别,一边承诺会常给她写信。

林肯那会儿是镇上邮政所的所长。驿站马车每周送来两次邮件,当时的邮件极少,因为按照里程长短,一封信的收费在六点二五美分至二十五美分之间。林肯将信件放进头上那顶帽子里四处发送。凡碰上他的人通常会问有无自己的邮件,而林肯则会取下帽子逐一查看。

安·拉特利奇每星期两次都找他打听有无来信。过了三个月之后,她才收到了第一封来信。麦克内尔给出了这样的解释,他说他在经过俄亥俄州时因患伤寒病倒了,而且这三个月一直卧床不起,其中部分时间还处在昏迷状态,因此没能尽早回信。

又过了三个月时间,她收到了对方的第二封来信。收到这封来信比不收到更糟糕。信中的话语非常冷淡而且闪烁其词。说他的父亲病得非常严重,父亲的债主们缠得他脱不开身,而且还说连他自己也不知道何时才能返回。在此之后的数月时间里,她期盼着收到对方的来信,可什么也没有等到。他到底是不是真的爱她?她这下开始怀疑起来。

见她焦虑不安的样子,林肯主动提出前去寻找麦克内尔。"算了吧,"她回答道,"他知道我住的地方。如果他不愿给我写信,我确信自己也不必麻烦你再去找他。"

之后,那位姑娘将麦克内尔离开时跟她说过的话如实禀告了父亲。麦克内尔曾承认自己多年来都是隐姓埋名生活的。他的真名不是新塞勒姆人皆所知的麦克内尔,而是叫麦克那马尔。

那他为什么一直玩这种骗人的把戏呢?他的解释是,他父亲在纽约州的生意失败了,因此负债累累,而作为家中长子的他,只得隐姓埋名来到西部赚钱。他害怕自己一旦采用真名,他的家人就可能获知他的去向,接着会跟过来,而他就不得不赡养那一大家子人。他不想让自己正在起步的生活受到任何类似负担的拖累,因为那会让他的成功再往后拖延数年。这便是他采用假名的原因。不过,现在他已经积累了一些财产,于是打算把父母接到伊利诺伊州来,跟着他一起享享清福。

这事在村子里一传开,随即引起了轩然大波。人们称这是个弥天大谎,还把麦克内尔当成了大骗子。这事态已经够糟的了,可闲言碎语更是火上烧油。他是个——鬼知道他是个什么人。也许他早就结婚了,也许他是在躲避另外两三个老婆呢。谁知道啊?也许他抢劫过银行,也许他杀了人,也许他是这种人,也许他是那种人。鉴于他已将安·拉特利奇抛弃,那她应该为此感谢上帝才是。

这便是新塞勒姆人的定论。林肯没说什么,但却想了许多。最后,他一直期盼并祈祷的机会来到了。

第五章 难忘的初恋

从安去世之日起,林肯完全变了一个人。虽然笼罩在他心里的郁郁寡欢短暂消失过,但后来却越发严重,最后他成了伊利诺伊州最为忧伤的人。

拉特利奇旅馆其实不过是一个粗糙不堪、饱经风霜的木屋而已,跟沿西部边境而建的众多其他木屋没什么分别。陌生人见到那种木屋准保不会多看它一眼,可是林肯的双眼和他那颗心却被它强烈地吸引着。在他看来,那旅馆就是他的世界,而且高耸入云。每当他跨过那道门槛,他的心不由得怦怦直跳。

他从杰克·科尔索那儿借来一本莎士比亚的戏剧作品,直挺挺地躺在店里柜台上。他一页一页地翻动着,一遍一遍地阅读下面的诗句:

好轻柔啊!那扇窗里射出的是什么光?
是来自东边的光,朱丽叶就是那光源。

他合上那本书,再也读不下去了,再也理不清思绪。他在那儿躺了一个小时,梦想着、回味着前一天晚上曾说过的那些甜美的话语。这时的他只为一件事儿而活着,就是为他跟安在一起的那几个小时而活着。

在那些年代里，缝被聚会非常流行。安经常参与这种聚会，她那几根纤细的手指用针可谓神速而娴熟。清晨，林肯经常骑马带她前往缝被聚会的举办地。有一次，他竟然擅自进入男士不便入内的那栋房子，还在安的身边坐了下来。她的心怦然直跳，脸颊立刻泛起红晕。激动之下，她的针脚变得既无规则，也无套路。那些年纪更大、更明眼的妇人都注意到了这一点，她们笑而不语。多年以来，那床被子的女主人一直将其收藏着。在林肯就任美国总统之后，她曾骄傲地将那床被子示众于来访者，还一一指出总统前恋人那些不规则的针脚所在。

在无数个夏夜里，林肯跟安并肩漫步在桑加蒙河的堤岸上。两岸的夜莺在树上欢唱，萤火虫则在夜空中织出一道道金色丝线。

到了秋天，当橡树红如火焰、山核桃果啪嗒啪嗒掉落之时，他俩穿行在树林里。在冬天，下过第一场雪后，他俩穿过森林。这时——

  棵棵橡树、桉树、胡桃树，
  身披贵人也买不起的白貂；
  就连榆树上最不堪的枝条，
  也铺满珠宝，达一寸之高。

对他俩而言，这时的生活带着一种神圣的柔情，一种全新而且非比寻常的意义。当林肯起身深情地凝视着她那双蓝蓝的眼睛，她的心便会欣然歌唱；当林肯轻轻触碰到她的双手，他自己的呼吸则会骤然暂停，并惊讶地发现原来这世界还有如此幸福之事……

此前不久，林肯曾跟一个酒鬼合伙做生意。这个酒鬼是一个牧师的儿子，名叫贝利。新塞勒姆这个小村庄的商业气数似乎快到尽头，那儿所有的商店都处在垂死挣扎中。然而林肯和贝利两人却不明就里，买下了其中三个木屋结构的商铺，做了些加固处理后便开始了自己的创业。

有一天，一名打算迁往艾奥瓦州的搬家人，将一辆遮掩得严严实实的马车停在了林肯－贝利店铺门前。因为沿路的地面松软，几匹马也疲惫不堪，这人决定减轻车载货物，于是将一桶个人财物变卖给了林肯。林肯并不想要那些东西，可他怜悯那些马匹，于是就给了那人五十美分，连看都没看一眼就将那桶推进了商店的后屋。

两周之后，林肯将桶里的东西全部倒在地上，随意看看自己都买到了些什么。在那堆杂物下面，他居然发现了布莱克·斯通撰写的一套《法律评论全集》，随即阅读起来。当时的农夫们正忙于田间劳作，顾客非常稀少，他因此就有了不少闲暇功夫。他越读兴致越高，他还从没对任何书籍如此痴迷过，于是一口气将其四卷本通读了一遍。

林肯当即做出了一个重大的决定：他要成为一名律师。他要做安·拉特利奇引以为荣的那种丈夫。她赞同他的所有计划，还打算等他一完成法律学习就跟他结婚，然后让他在这个行当中扬名立万。

读完布莱克·斯通的四卷本之后，他穿过大草原，前往二十英里之外的斯普林菲尔德，去跟一名律师借阅法律书籍。那名律师是他在抗击布莱克·霍克之战时结识的。在返回途中，他手捧一本敞开的书，边走边研读起来。当他碰上一段难懂的文字时，便放慢脚步，认真思索，直到悟出其中的含义为止。

他不停地研读，又啃完二十页至三十页内容，然后继续深入下去，直到天黑看不见、繁星闪烁之时，他才发现有些饿了，这才加快步伐。

这下，他不停地研读借来的那些书籍，毫无心思顾及其他任何事务。白天，他躺倒在店铺旁边一棵榆树的阴凉处阅读，晚上则去箍桶匠的店里，将随地散乱的废料收成一堆点燃，借着火光阅读起来。他经常大声朗读，时不时合上书本，记录下所学内容的要义，对其进行修改，替换词句直到连小孩也能明白其意为止。

这时的林肯无论去哪儿——或在河边散步，或在林中徜徉，或在去田间地头劳作的路上，他的腋下总夹着一本奇蒂或者布莱克·斯通的著作。某天下午，雇林肯砍柴的那位农夫竟发现他坐在柴火堆上学习法律。

蒙特·格雷厄姆曾告诫过林肯，说他如果想在政治及法律方面有所建树，那他非得熟知语法不可。"可我从哪里才能借到一本语法书呢？"林肯问道。

格雷厄姆说，六英里之外有个名叫约翰·万斯的人，他就有一本《柯卡姆语法》。林肯戴上帽子，随即起身踏上了借书的旅程。

他颇为神速地掌握住了《柯卡姆语法》中的那些规则，这简直让格雷厄姆惊讶不已。三十年之后，这位校长说过，他所教的学生不下五千人，而"在追求知识和文学方面最勤奋、最好学、最锐意进取的年轻人"莫过于林肯一人。

"我很了解他，"蒙特·格雷厄姆说，"为表达某一观点，他会花上数小时在三个方案中择出其优者。"

掌握《柯卡姆语法》之后，林肯接下来研读了吉本的《罗马帝国衰亡史》、罗林的《古代历史》、一本美国军事传记，还有杰斐逊、克莱和韦伯斯特的传记，以及汤姆·潘恩的《理性时代》。

尽管林肯一身"滚圆肥大的蓝色棉袄、笨重靴子、外衣和袜子不搭调、上身长三英寸、下身短一至二英寸"打扮，但行走在新塞勒姆村的这位出类拔萃的年轻人不仅快乐地学习、研究、做梦、讲故事，还在"所到之处交了一群朋友"。

与其同时代的已故著名林肯学者阿尔伯特·J.贝弗里奇,在其所著的标志性传记中说道:"他的智慧、善良和知识不仅吸引了人民,他那奇异的着装、未经雕饰的笨拙行为也让他独树一帜,他那略微显短的裤子尤其引人置喙、发笑。'亚伯拉罕·林肯'这个名字很快变得家喻户晓。"

最后,林肯-贝利杂货店终于关门大吉。不过这也是意料之中的事儿,因为林肯沉迷于书本中,而贝利则半醉在威士忌里,其失败结局便无法避免。由于兜里没有吃饭和住宿所需的钱,林肯只能见活儿就干:他砍过灌木丛、叉过干草、搭建过篱笆、剥过玉米皮、锯过木材,还当过一段时间的铁匠。

后来,在蒙特·格雷厄姆的帮助下,林肯为准备做测量员而开始研究繁杂的三角学及对数。他赊来一匹马和一个指南针,砍下一根葡萄藤当测量绳,便开始测量城镇面积,每桩活儿的报酬为三十七点五美分。

与此同时,拉特利奇旅馆也倒闭了。林肯的恋人不得不去一位农场主家帮厨。林肯很快也在同一家农场找到了一个耕种玉米的活儿。晚上,他站在厨房,帮安擦干那些刚洗过的碗碟。一想到就在安的身边,林肯的内心便充满着巨大的幸福。此后,他再也不曾体会过这种兴奋和满足。就在他去世前不久,他曾向一位朋友坦言相告,说自己先前在伊利诺伊州赤着脚干农活时可比在白宫的那些日子快乐许多。

不过,这对恋人之间的热恋虽然炽烈,但却短暂。在一八三五年的八月份,安突然病倒。发病之初,她只是感到乏力和疲劳,并没有疼痛之感。她尽力一如既往地干活,可有一天早晨,她根本就起不了床。那天,她开始发烧,她的弟弟策马前去新塞勒姆请来阿伦医生。医生说她患上了伤寒。她的身体似乎在燃烧,双脚却冰凉,需要用加热的石头来保暖,她无助地喊着要喝水。种种迹象表明她这时本该敷上冰块,可惜当时的阿伦医生对此全然不知。

可怕的几周时间就这样拖延着。最后，安显得非常虚弱，连双手举过被子的力气都没有。阿伦医生嘱咐一定要绝对静养，不让任何人探视，即便林肯也在被拒绝之列，但他在那天晚上还是过去了。在随后两天里，她不停地喃喃地呼唤着他的名字。那唤声显得非常凄惨，于是就把他叫了过去。他一到便走到她的床边，还关上了门。这便是这对恋人在一起的最后时刻。

第二天，安已经失去了意识，直到去世那一刻也不曾醒来过一次。

随后的几周是林肯生命中最难熬的日子。他睡不着，吃不下饭，不住地说不想活了，还扬言说要自杀。他的朋友们可吓坏了，于是收走了他那把折叠刀，同时留心防止他投河自尽。他不见任何人，即便有人在他面前，他也不言不语，似乎视而不见。他仿佛在看着另一个世界，对现实世界没有丝毫意识。

他日复一日地前往五英里之外的协和公墓，安就埋在那里。有时，他在那里一待就是数小时，他的朋友们不禁焦虑不安起来，于是将他带回家中。每当暴风雨来临时，他便会哭泣，说一想到雨水冲袭安的坟墓，他就于心不忍。

有一次，有人发现他沿着桑加蒙河踉跄前行，嘴里还念念有词。人们心想林肯是不是精神失常了。

于是，阿伦医生被请了过来。阿伦见状，明白了问题的症结，于是说林肯需要干点活儿，参加少许活动来转移他的注意力。

林肯有一位挚友叫鲍林·格林，家住新塞勒姆村北边一英里远的地方。他将林肯带回家中，全方位地照顾他。这个朋友的家处于安静且偏僻之地：屋后橡树遮蔽着向西延伸的高高绝壁，树木环抱的屋前是平坦的低洼地，一直延伸到桑加蒙河边。格林的夫人南希·格林请林肯帮忙劈柴、挖土豆、摘苹果、挤牛奶，还在她纺线时帮助握住线轴。

数周变成了数月，数月逐渐变成了数年，但林肯仍没走出伤痛。在安去世两年后的一八三七年，林肯曾对一位州立法会的同事说："尽管我有时在众人面前表现出非常享受生活的样子，然而，当我独处时，却悲伤到巴不得随身有刀来自我了断的地步。"

从安去世之日起，林肯完全变了一个人。虽然笼罩在他心里的郁郁寡欢短暂消失过，但后来却越发严重，最后他成了伊利诺伊州最忧伤的人。

林肯的律师伙伴赫恩登曾说过："林肯在那二十年里未曾有过任何快乐的一天……他走路时身上都滴落出忧郁来。"

从那时到他生命的结束，林肯对有关悲伤和死亡的诗歌都持有一种痴迷的情感。他常常呆坐数小时，一言不发、满脸沮丧，沉浸在无尽的幻想中，然后突然念出《最后那片树叶》中的如下几行诗句：

> 满是青苔的碑石，
> 盖着他吻过的嘴唇。
> 于他们的青春；
> 他渴望听到的名字，
> 已印刻数月经年，
> 就在那墓前。

在安去世后不久，林肯曾拿"啊，索命之神为何这般无礼？"这句开始，吟诵过一首题为《索命》的诗。这句诗成了林肯的口头禅。当林肯认为四周无人时，就会自言自语地反复吟诵这一句，还在伊利诺伊州的乡村旅馆当着众人的面、在白宫面对客人时吟诵过这一句。

他还将这一句抄录过几遍留给几位朋友。他说道:"我若能写出此等诗句,哪怕付出一切或者债台高筑也在所不惜。"

他最喜欢这首诗的最后两节:

啊!希望与绝望,喜悦与痛苦,
在阳光和雨水下结伴为伍;
微笑与泪水,歌声与挽歌,
你追我赶,如海上相随之波。

就在眨眼之间和呼吸一瞬,
生命之花化作死亡的苍白,
金碧厅堂成了灵柩和寿衣,
啊,索命之神为何这般无礼?

陈旧的协和公墓,即安·拉特利奇的安息之所,坐落在一个静谧农场的中央地带,那地方三面被麦田围绕着,第四面是牛羊觅食的草绿色牧场。公墓长满了灌木和藤条,少有来人的痕迹。在春天,鹌鹑在那里筑巢,只有山齿鹑的吱吱声及羊群的咩咩声会偶尔打破那里的寂静。

安·拉特利奇静静地躺在那里长达半个世纪。不过,在四英里之外的彼得堡,当地一位殡葬人员于一八九〇年新建了一个公墓。但当时彼得堡已有了一处优雅的商用公墓,名为玫瑰山,所以这个新公墓的安葬点有些销路不畅。最后,那位贪婪的殡葬人心生歹念,想出了盗挖并迁移林肯恋人的坟墓到他公墓的馊主意,以此作为促销噱头。

于是,用那个殡葬人自首时骇人的原话来说,他"在一八九〇年五月十五日前后"打开了安的坟墓。可他都发现了什么？至今仍居住在彼得堡的一位少言寡语的老太太向笔者讲述了经过，并起誓说自己所言句句属实。我们知道，这位老太太是麦克格雷迪·拉特利奇的女儿，即安·拉特利奇的亲侄女。麦克格雷迪·拉特利奇曾常跟林肯一起在田间地头劳作，协助过他测量土地面积，还跟他同吃同住过，因此对林肯和安之间的恋情比任何第三者都知道得更多。

在一个寂静的夏天夜晚，这位老太太坐在门廊的摇椅上，跟笔者说道："安去世之后，我常听我爸说，林肯先生总会走上五英里去安的坟前，在那儿一待就是好长时间，我爸总是着急，害怕他会出点什么事儿，于是就去那儿把他带回家中……没错，当安的坟墓被打开时，我爸跟那名殡葬人都在现场。我常听我爸说，他们在安的尸体上仅发现了连衣裙上的四颗珍珠纽扣而已。"

于是，殡葬人铲起那四颗纽扣，外加一些泥土，埋进他在彼得堡新建的奥克兰公墓中，然后对外宣称安·拉特利奇就葬在那个地方。

现在，在夏季的那几个月里，成千上万的朝拜者会驱车前往那里，思忖其墓穴的意义所在。我见到过他们垂头站立在那里，对着摆放在盒子里的那四颗珍珠纽扣挥洒眼泪。在盒子之上竖着一块雅致的花岗石纪念碑，碑上面刻着摘自埃德加·李·马斯特森所著《匙河集》中的一首诗：

在无名而低微的我身上
颤动着不灭的音乐：
"不应有恶，待人以善。"
众人间的宽容及民族的慈祥面容
始终闪耀着正义和真理之光。

> 我是安·拉特利奇,
> 长眠于这杂草之下,
> 终身爱着亚伯拉罕·林肯,
> 与之成婚,并非通过相聚,
> 而是通过分离。
> 啊!共和国!以我的尘埃做沃土,愿你鲜花常盛不败!

不过,安的圣洁遗骸仍留在那陈旧的协和公墓里。那名贪得无厌的殡葬人没法将其带走——她和她的那些记忆仍留在原地。三齿鹑鸣叫以及野玫瑰开放的地方,那才是亚伯拉罕·林肯曾用眼泪使之圣洁的地方,那才是他说的自己心被埋葬的地方,那才是安·拉特利奇愿望所归的地方。

第六章　求婚

> 他被玛丽的聪慧和敏捷反应所折服。跟一位像玛丽那样受过教育的女士进行持续的交谈，林肯很难把持住自己。

一八三七年三月，即安去世两年之后，林肯离开了新塞勒姆，骑上一匹借来的马前往斯普林菲尔德，开始从事他称之为"尝试做律师"的生涯。

他的工具袋里装着他所有的财产，也就是他仅有的几本法律书籍，外加几件衬衫和内衣裤而已。他还带着一只陈旧的蓝袜子，里面装着六点二五美分的纸币和十二点五美分的硬币。这点钱便是新塞勒姆邮政所"突然倒闭"时他收到的邮资款。在初到斯普林菲尔德的第一个年头里，林肯常有急需用钱的时候，他本可以先花掉这钱，之后再自掏腰包还给政府的，但他觉得这样做有违诚信。当邮政所审查员最后结算账目时，林肯不仅给对方报出了准确的数字，而且还交上了自己当邮政所所长近两年期间曾经手过的一分一厘。

在林肯骑马进入斯普林菲尔德的那天早上，他不仅没有半点儿现金积蓄，更为糟糕的是，他还欠下了一千美元的债务。他和贝利在新塞勒姆曾开过一个倒霉的杂货店，钱就是在那时候欠下的。后来贝利喝酒把自己喝死之后，林肯只得一人承担这笔债务。

可以肯定的是,林肯未必非得还上这笔债务不可。他原本可以就杂货店的倒闭请求责任分割,再挑出个法律漏洞一走了之。但这不是林肯的为人处世之道。相反,他却登门拜访了每个债主,说只要他们给予一定时间,他承诺一定会连本带息还清一切债务。除了彼得·冯·伯根之外,所有债主都表示同意。此人随即起诉,并获得了有利的裁定,于是将林肯的马和测量仪器送到了拍卖会上。而其他债主则等待着。然而,林肯为了坚守自己对他人的承诺,省吃俭用长达十四年。即便到一八四八年,身为国会议员的林肯仍将部分薪金寄往家中,以还清因杂货店而欠下的最后那点债务。

到达斯普林菲尔德的那天早上,林肯在广场西北角的乔舒亚·F.斯皮德百货店前拴上了自己的马匹。如下是斯皮德所讲故事结尾时的原话:

> 他是骑着一匹借来的马来到镇上的,准备向镇上唯一的木匠那里订做一副单人床架。他走进我的店铺,把工具包往柜台上一放,开口便问配一副单人床架的家具要花多少钱。我取来石板和笔算了算,发现全套家具共计需要十七美元。他说道:"这兴许够便宜了,可我的意思是,尽管如此,我还是买不起。不过,如果您能让我赊账到圣诞节,而我尝试做律师也成功了的话,我到时一定能把钱付给您。可如果失败了,那我可能永远都支付不了。"他那哀婉的语气让我顿生怜悯之情。我抬头望着他,当时认为,现在也这样认为,我一生中从没有见过一张如此忧郁而悲伤的面孔,于是便对他说道:"这么小一笔债务似乎对你有这么沉重的影响。我想我可以给你出个既能达到目的又不欠债的主意。我有一个宽敞的房间,

里面有一张宽大的双人床。如果你愿意的话，非常欢迎你和我住在一起。""那房间在哪儿？"他问道。"就在楼上。"我边回答边指着从店铺通向那房间的楼梯。他二话没说，提起工具包便去了楼上，将包放在地板上。返回到楼下后，他带着满脸的微笑，高声叫道："哦，斯皮德，我这就搬来啦。"

就这样，在随后五年半的时光里，林肯未付任何租金，一直跟斯皮德一起睡在店铺的楼上。

林肯的另一位朋友威廉·巴特勒，把他带回家，不仅供他吃饭，而且还为他购买过许多衣服。

林肯或许在力所能及之时回报过巴特勒，但两人之间没有任何明细账目。这一切纯属朋友间的慷慨帮助而已。

林肯非常感激上帝。若不是斯皮德和巴特勒给予他的帮助，他尝试做律师的梦想就不可能得以实现。

林肯还曾跟另一名律师斯图亚特合作过。斯图亚特将绝大部分时间花在政治方面，将办公室的一切事务都压在林肯的身上。不过，在他身上可压的事务也没多少，办公室也并不咋样，里面的设施不过就是"一张不大且脏兮兮的床、一件水牛皮制服、一把椅子、一张长凳"，外加一个不太像样的书架，上面摆放着几本法律书籍。

办公记录表明，在开业的前六个月中，这个律师事务所仅收到五笔进账：一笔二点五美元、两笔各五美元、一笔十美元，还有一笔是作为支付报酬一部分的一件大衣。

林肯颇感沮丧。有一天，他在斯普林菲尔德的佩奇·伊顿木工店稍作停留，还坦言自己曾想到过放弃律师职业，改做木匠。在此几年之前，即在新塞勒姆研读法律时，林肯曾颇为严肃地考虑过放下书本当铁匠的事儿。

到达斯普林菲尔德的第一个年头里，林肯非常孤独。他唯一认识的人就是晚上聚在斯皮德店铺后院谈论政治、消磨时间的那帮人。林肯在星期天不愿去做礼拜，据他讲，因为在斯普林菲尔德那些优雅的教堂里，他不知道如何是好。

在那一年里，只有一名女性跟他说过话。他在给朋友的一封信中提到"若不是万不得已"，那名女性是不会跟他说话的。

不过，在一八三九年，一名女性来到镇上，她不仅跟他说话，还向他求婚且决定嫁给他。这位女士的芳名叫作玛丽·托德。

有人曾问过林肯，为什么托德家族将其姓氏拼写成"托德"而非"托得"，他回答说，他认为在上帝看来，"托得"二字已经够好了，而"托德"才跟这个家族相匹配。

托德这个家族拥有一个可回溯到公元六世纪的族谱。玛丽·托德的祖父、曾祖父以及叔公们曾做过将军、州长，其中一位还当过海军部部长，玛丽·托德本人也曾在肯塔基州莱克星顿的一所非常势利的法语学校受过教育，该校的开办者是法国大革命期间为避免被送上断头台而逃来美国的两名法国贵族——维多利·夏洛特·拉·克莱尔·蒙特尔夫人及其丈夫。在他们的训练下，玛丽能说一口纯正巴黎腔调的法语，还学会了凡尔赛那些身着丝织品的朝臣跳的法式交谊舞以及切尔卡西亚圆舞。

玛丽的行为高贵而不乏高傲，她有强烈的自我优越感，坚定地相信自己有朝一日要嫁的男人必将成为美利坚合众国的总统。尽管这看上去令人难以置信，但她不仅坚信这一点，而且还公开夸下海口。这种行为显得愚蠢，人们一笑置之，并对此颇有微词。不过，任何人都无法动摇她的信念，任何事也阻挡不了她的自夸。

一提到玛丽，就连她的姐姐都说她"喜爱出风头、显摆、炫耀、浮华及迷恋权势"，还说她是"我见过的最野心勃勃的女人"。

非常不幸的是，玛丽脾气火暴，常常失控。于是，在一八三九年的一天，她跟继母闹翻了，随后"砰"的一声摔门，怒气冲冲地离开了父亲的家，来到了斯普林菲尔德镇，住到已婚姐姐的家中。

如果说玛丽决心要嫁给一位未来的总统，那她还真选对了地方，因为除了伊利诺伊州的斯普林菲尔德镇之外，她在世上其他任何地方都不会遇到更为光明的前景。在当时，斯普林菲尔德只不过是个脏兮兮的西部边境小镇而已，散落在树木稀疏的大草原上，既无行车道、路灯，也无人行道、下水道。牛群在镇上逍遥行走，生猪在主街道上的泥坑里打滚，一堆堆腐烂的粪便在空气中发出恶臭。全镇的总人口仅有一千五百人，但在一八三九年的斯普林菲尔德，有两名年轻人注定将成为一八六〇年的总统候选人：一个是北方民主党的候选人史蒂芬·A.道格拉斯，另一个则是共和党的候选人亚伯拉罕·林肯。

两位候选人都见过玛丽·托德，都追求过她，也都曾拥抱过她，而她也曾说过这两人曾向她求过婚。

当被问及打算嫁给哪一位求婚者，据玛丽的姐姐称，她总是回答道："最有希望成为总统的那一位。"

这就等于说是指道格拉斯，因为当时的道格拉斯在政治前景方面似乎要比林肯光明一百倍。尽管道格拉斯当时年仅二十六岁，身为州政府秘书长的他早有了"小巨人"的雅号，而林肯不过是个苦苦挣扎的律师，当时还委身于斯皮德店铺的阁楼，差不多连饭钱都支付不起。

亚伯拉罕·林肯的名声尚未传出其所在州的几年前，道格拉斯就注定会成为美国最具实力的政治力量之一。事实上，让普通的美国民众知道林肯其人的独一无二的那件事情就是，他曾与前途无量且实力雄厚的史蒂芬·A.道格拉斯展开过激烈的辩论。

玛丽所有的亲属一致认为，她在乎道格拉斯的程度超过了林肯。她也许是那样。在女人中，道格拉斯拥有更好的人缘，他有更多的个人魅力、更光明的前景、更彬彬有礼的修养以及更优越的社会地位。

除此之外，他还有一副深沉悦耳的好嗓子、一头波浪式的黑发，他的华尔兹舞跳得棒极了，他还擅长讨得玛丽·托德的欢心。

他就是玛丽心目中的理想男人，而她则面对镜子，悄声自言自语："玛丽·托德·道格拉斯。"这名字听起来很美。她还梦想着，仿佛见到自己跟他在白宫跳起了华尔兹舞……

就在追求玛丽那段时间的某一天，道格拉斯在斯普林菲尔德广场上跟一名报社的编辑打了一架，而那名编辑碰巧又是玛丽一位闺蜜的丈夫。

玛丽也许曾当着道格拉斯的面，跟他说过她是怎样看待他的为人的。她也许还跟他说过自己是怎样看待他在众目睽睽的宴会上发酒疯，爬到餐桌上一边跳华尔兹舞，一边大喊大叫，一边唱歌，一边把酒杯、烤火鸡、威士忌酒瓶、油腻的菜盘踢得满地都是。

就在道格拉斯向玛丽大献殷勤期间，他曾带着另一位姑娘参加过舞会，她还到场去大闹了一通。

这场求爱最后无疾而终。贝弗利奇参议员说道："尽管后来有传言，称道格拉斯曾向玛丽求过婚，却因其不良的'道德'而遭到拒绝，不过此类情形的说法明显出于保护性宣传，因为精明、机警且当时就老于世故的道格拉斯不可能恳求玛丽·托德嫁给他。"

玛丽失望得无以言表，于是便向其政敌之一亚伯拉罕·林肯倾注了炙热的关注，希望以此来引起道格拉斯的妒忌之心，不过，此举并没有让对方回心转意。她这才设下了俘虏林肯的种种计划。

玛丽·托德的姐姐爱德华兹夫人是这样描述那段求婚事件的:

> 我常常刚好就待在他们二人促膝谈心的房间。玛丽总是谈话的主角,而林肯先生总是坐在她的旁边细心听着。他一言不发,只是不可抗拒地默然望着她,像是被某种超然而隐形的力量所吸引。他被玛丽的聪慧和敏捷反应所折服。跟一位像玛丽那样受过教育的女士进行持续的交谈,林肯很难把持住自己。

数月以来,人们一直谈论着辉格党[1]人的集会,那年的七月份,这场集会终于在斯普林菲尔德召开,且让全镇的人们颇为激动。该党的成员挥舞着党旗、奏着乐曲,从数百英里之外赶来。芝加哥代表团还拽着一艘公用的双桅杆小船,穿过半个州。船上放着音乐,姑娘们载歌载舞,礼炮不断飞向空中。

辉格党候选人威廉·亨利·哈里森,曾被民主党人说成是个住木屋、喝难以下咽苹果酒的老太太。于是辉格党人就在车上建造了一个木屋,由三十头牛拖着在斯普林菲尔德的大街小巷游行。木屋边上的一棵山核桃树摇来晃去,浣熊在树上玩耍,门边的一桶苹果酒还流淌着。

到了晚上,在熊熊燃烧的火把照耀下,林肯发表了一场政治演说。

在一次大会上,林肯所属党派的辉格党人被指责为衣着光鲜的达官贵人,旨在祈求得到普通民众的选票。对此,林肯如是回答道:"我来到伊利诺伊州之时,是个贫穷无比、没有朋友、没受过教育的陌生小伙,开始以每月八美元的工资在一艘平底船上打工,仅有一条鹿皮

---

[1] 即共和党。

马裤裹身。湿漉漉的鹿皮晒干后会缩水,所以我那条裤子就不断地缩水,最后裤脚短得高出袜子几英寸。在我长高的同时,那裤子又不停地打湿,不停地变短,不断地变紧身,直到今天,我的双腿上还各留着一圈蓝色的条纹呢。现在,诸位还认为那就是衣着光鲜的贵族做派的话,那我就只好认罪伏法啦。"

听众以口哨、欢呼和尖叫声以示其对演说的认可。

当他俩抵达爱德华兹的住所时,玛丽说她为林肯感到非常的骄傲,还称赞他是一位伟大的演说家,总有一天会成为总统的。

月光下,他低头望着站在身旁的她,而她的态度也表明了一切。他弯下腰,把她揽在怀里,温柔地亲吻着她……

他俩的婚宴定在一八四一年一月一日。可这时离那一天还有半年时间,当然在此期间,无数场风暴即将来临。

第七章　逃婚

　　七点的钟声敲响了，七点三十分，林肯尚未到场……他迟到了。数分钟过去了……厅堂的那只老掉牙的时钟缓缓而不可逆转地走过了一刻钟。半小时……新郎仍不见踪影。

　　跟亚伯拉罕·林肯订婚后不久，玛丽·托德就一门心思要改变对方。她不喜欢林肯的着装方式，还常常拿他和自己的父亲做对比。在差不多十二年中，她每天早上见着父亲罗伯特·托德走在莱克星顿的大街上。父亲手持杖头镀金的拐棍，上身是蓝色的绒面呢外套，下身是扎腿的白色亚麻裤。然而，林肯在夏天根本不穿外套，更糟糕的是，他有时连假领都不戴，通常只用一根吊带挂住他的裤子。当衣服扣子脱落后，他就削来一块木栓将两端连上了事。

　　类似的不修边幅之举让玛丽·托德大为光火，她曾对他直言相告过。然而，非常不幸的是，她在说话方式上十分欠缺策略，不够婉转、温和。早在莱克星顿之时，尽管她上过维多利·夏洛特·拉·克莱尔·蒙特尔夫人开办的学校，也学过跳交谊舞，可惜却没学过如何跟人打交道的艺术。于是，她采取了浇灭男人爱情之火的最直接、最便捷的方式，即唠叨不停。她弄得林肯非常不自在，于是对方便刻意躲着她。这下，林肯不再像以前那样每周见上她两三次，而是十天过去了也不跟她打个照面。玛丽给他写过一些带有抱怨意味的信件,并指责他的冷淡。

不久之后,玛蒂尔德·爱德华兹——玛丽·托德姐夫尼尼安·W.爱德华兹的堂妹——来到了这个镇上。这位金发姑娘长得高挑、庄重而且迷人。她也住在爱德华兹那栋宽敞的大楼里。每当林肯前去那里跟玛丽见面时,玛蒂尔德都刻意频频出现在他的面前。这位姑娘不会讲带巴黎腔调的法语,不会跳切尔卡西亚圆舞,但她却知道如何跟男人打交道。林肯不由地喜欢上了她。每当她风风火火走进房间时,林肯看她看得直入迷,以至于有时根本没听玛丽·托德在说些什么。这让玛丽非常生气。有一次,林肯带着玛丽去跳舞,可他本人并不喜欢跳舞,于是让她跟别的男人跳舞,而他自己却躲在某个角落跟玛蒂尔德交谈起来。

玛丽责怪他坠入了玛蒂尔德的情网,而他却对此并没予以否认。玛丽失控地大哭起来,责令他以后不得再多看玛蒂尔德一眼。曾经看上去非常不错的恋情,这下却转变成了冲突、争执以及吹毛求疵。

林肯这才发现,他在各方面和玛丽都不是同路人:教育、背景、性情、志趣以及精神面貌都完全不同。他们两人常常激怒对方。林肯意识到他俩的婚约应当解除,他俩的结合必将是灾难性的。

玛丽的姐姐和姐夫也得出了类似的结论,于是敦促她打消嫁给林肯的念头,还一再警告她,说他们明显不适合对方,否则绝无幸福可言。

不过,玛丽把这一警告当作耳边风。

几个星期过去之后,林肯鼓起勇气,试图跟她道出令人痛苦的原委。某天晚上,林肯回到了斯皮德的店铺里。不一会儿,他来到壁炉旁,从兜里掏出一封信,恳请斯皮德看一看。斯皮德的叙述如下:

> 这是一封写给玛丽·托德的信。他在信中明白无误地陈述了自己的情感,说自己冷静而慎重地反复考虑过他俩的事

儿，现在觉得自己还不够爱她，更难以保证会跟她结婚。他希望我能把这封信交给她。一见我回绝了他的请求，他便扬言要再托其他人转交。我提醒他，一旦这封信到了托德小姐的手中，那她将会占据上风。我说道："在私人交谈中，说过的话可以被忘掉、被误解或者被忽略，可是你一旦将其写成文字，那将永远留存，成为对你不利的鲜活证据。"我当时就将那封不吉利的信扔进了火堆里。

这样一来，我们将永远无从知道林肯到底在信里给玛丽写了些什么内容。不过，贝弗利奇参议员说："通过阅读林肯写给欧文斯小姐的最后一封信，我们可以对他所写的内容形成一个大致不离的印象。"

我们先简单回顾一下林肯跟欧文斯小姐那段恋情的经过。这事发生在四年之前。在新塞勒姆时，林肯曾认识一位贝尼特·阿贝尔夫人，而欧文斯就是这位夫人的一个妹妹。在一八三六年秋天，阿贝尔夫人回肯塔基州去探亲，她在临行前说，如果林肯答应跟她的妹妹结婚，她就把她带回到伊利诺伊州来。

林肯在三年之前曾见过那位姑娘，于是就答应了。说时迟那时快！那位姑娘来啦。她长着一副俊俏的脸蛋，极有修养，也有教养，还有钱，可林肯却不想娶她为妻，理由是他认为"她尚不够矜持"。此外，比林肯大一岁的她略显矮了一点，还很胖。用林肯的话来说，"跟胖子法尔斯塔夫倒是绝配"。

"我对她一点都不满意，"林肯说道，"可我有什么办法呢？"

阿贝尔夫人"迫切希望"林肯信守其许下的承诺。但林肯却没那个意思。他承认自己"一直后悔草率"做出了承诺，一想到要娶她就不寒而栗，恰如"爱尔兰人做龙头套住自己一般"。

于是，他给欧文斯小姐去了信，坦诚而巧妙地告诉她自己的感受以及希望解除婚约的意图。

这儿有其中的一封信。该信写于斯普林菲尔德，时间是一八三七年五月七日。我认为这足以让我们想象出他写给玛丽·托德那封信的内容。

欧文斯吾友：

在此之前，我曾写过两封信，但都因为本人不满意而只写了一半便撕毁了。第一封写得不够严肃，第二封又严肃过了头。我打算寄出此信，不管妥否也只好如此了。

生活在斯普林菲尔德可谓无聊至极——至少我本人是这样认为的。我在这儿的生活跟以往在别的地方一样孤独无助。自从我来到这里，仅有一位女性跟我打过招呼，而且是她在不得已的情况下才跟我打的招呼。在这儿，我还未曾去过教堂，也许在近期都不会去。我不去教堂，那是因为我不知道该干些什么。我常常在思索你为什么来斯普林菲尔德生活。我想你对这也不会太满意。在这个地方，马车之多，络绎不绝，你却注定只能看看而无法享受其舒适。你注定受穷而无法将其隐藏。你确信自己能够耐心忍受这一切吗？倘若世上有哪位女性愿意将其命运与我捆在一起，如果真有这么一位的话，我打算尽我所能使她幸福、富足。但一想到自己一无所有、力不从心，我将难以想象自己会有多的痛苦。我知道，若不是我在你的身上见到了不满情绪的征兆，我应该比现在更幸福许多。

你先前对我说过的话或许是闹着玩儿的，或者说是我自己产生了误解。如果是，那敬请忘了它；如果不是，那我真诚地希望你在做出决定之前务必认真思考。就我而言,我已经做出决定。只要你愿意,我曾说过的话,我一定会努力遵守。我个人认为你最好别那样做。你并不习惯于艰辛的生活,那种日子远比你想象的艰辛得多。我知道,无论对任何问题,你都善于做出正确的判断。如果你在做出决定之前能对此事深思熟虑,我愿意听从你的决断。

收到此信后,请务必给我一个详细的回复。你闲来无事,或许会觉得百无聊赖,在这个纷扰的偏远之地,写信或许就是你的良伴。告诉你的姐姐,我不想再听到任何卖掉房产、搬走之类的话。一想到这些,我就难受不已。

你忠实的朋友:林肯

林肯和玛丽·欧文斯小姐之间的恋情就此打住。现在我们回到他跟玛丽·托德之间的恋情上来:斯皮德把林肯写给托德小姐的信扔进了火堆里,然后转身对他这位朋友兼室友说道:"现在,你若还是条汉子,那就自己去见玛丽,如果你不爱她,不打算跟她结婚,就实话告诉她。请注意,话不要说得过多,瞅准时机就离开。"

"听了我的告诫后,"斯皮德讲述道,"林肯扣好外衣,带着一副非常坚定的神情,出门按我提出的明确指示去执行那项严肃的任务去了。"

赫恩登说道:"那天晚上,斯皮德没有跟我们一道上楼睡觉,而是打着想读点什么东西的幌子,留在楼下的店铺里。他是在等待林肯的归来。十点钟过去了,但林肯跟托德小姐的会面仍未结束。十一点钟刚过,林肯终于昂然走进屋里。从林肯在玛丽那里所待的时间来看,斯皮德就知道对方并未按照他的指令去办。"

"喂,老伙计,你是按我所说的和你承诺的那样去做的吗?"斯皮德如是问道。

"对，是的。"林肯若有所思地回答道，"当我告诉玛丽我并不爱她时，她立马大哭起来，还差不多从她坐着的椅子上跳起来，不停地搓手，看样子很是痛苦，还说了些骗子自骗之类的话。"说完，林肯便不再吱声。

"你还说了些什么？"斯皮德询问道，希望从林肯那儿再套出一点话来。

"跟你说实话吧，斯皮德，我受不了那种场面。我发现自己泪流满面。我抱住她，还亲吻了她。"林肯回答道。

"你就是这样解除婚约的呀！"斯皮德挖苦道，"你这样是做了一件很傻的事情，这无异于重修旧好。出于体面的缘故，你今后可不能再提什么解除婚约之类的话。"

"唉！"林肯慢吞吞地说道，"既然没解除婚约，那就随缘吧。事已至此，那我就信守自己的承诺吧。"

数周慢慢过去了，结婚的日子渐渐到来。那些女裁缝都在忙着赶制玛丽·托德的嫁妆。爱德华兹大楼焕然一新，起居室被重新装修了一番，一条条地毯也都焕然一新，家具还被抛了光，还挪动了位置。

与此同时，一件可怕的事情正朝林肯悄然袭来。真不知道如何描述此事为好。他严重的精神抑郁跟普通的悲伤大相径庭，就对一个人的身心影响而言，这可是一种危险的疾病。

这下，林肯正一天天滑向这种状态，他的心灵已到了失衡的边缘。他接连数周沉默不语，陷入痛苦的折磨中，能否从这可怕的阴影中完全恢复过来得打个问号。尽管他明确答应了这桩婚姻，可他的整个心灵却在刻意抗拒着，于是不自觉地要寻求一种逃避方式。他在店铺楼上一坐就是数小时，丝毫没有打算去办公室或参加立法会的意思。有时候，他半夜三点钟就起身下床，走到楼下，点燃壁炉里的火，呆坐在那儿直到天明之时。他吃得越来越少，体重开始下降；他变得易怒、不愿见人，也不跟人说话。

面对日益临近的婚期，林肯开始惶恐地退缩。他的内心好似在穿越黑暗的深渊，他担心自己会失去理智。他给辛辛那提的丹尼尔·德雷克医生写了一封长信，信中描绘了自己的状况，还恳请他推荐一个治疗方案。身为辛辛那提医学院医学系主任，这位德雷克医生可是西部最著名的内科医生。不过，德雷克医生回信说，在没有亲自诊断之前，他无法提出任何方案。

他的婚期定于一八四一年的一月一日。那天上午晴空万里，斯普林菲尔德的贵族们坐在雪橇上在街上来回穿梭，互致新年问候。马的鼻孔里散发出一阵阵热气，一个个小铃铛声回荡在空中。

在爱德华兹大楼，人们在为最后的准备有条不紊地忙碌着。负责搬运的人在后门忙于将最后一刻才定做完毕的东西搬运到位。那天还专为这一场合请来了厨师。烹饪午饭用的不是灶台上的那口铁锅，而是新安装上的一个新玩意儿——做饭用的炉子。

新年的黄昏早早降临到斯普林菲尔德镇，一盏盏柔和的蜡烛点燃着，一扇扇窗户上挂满了冬青花环。爱德华兹大楼洋溢着无尽的兴奋和期盼。

六点三十分，喜气洋洋的客人陆续到来。六点四十五分，牧师也来了现场，腋下夹着举行婚礼仪式用的册子。每个房间的两边布满了各种植物和五颜六色的花朵。噼啪作响的火焰在灶台上熊熊燃烧着。整个大楼回荡着快乐而友好的喧闹声。

七点的钟声敲响了，七点三十分，林肯尚未到场……他迟到了。

数分钟过去了……厅堂的那只老掉牙的时钟缓缓而不可逆转地走过了一刻钟。半小时……新郎仍不见踪影。爱德华兹夫人走到前门，焦急不安地望着那个停车位。是出了什么差错？难道他？上帝啊！不敢想象！不可能的！

一家人退回到屋里……一阵阵耳语……一会儿仓促的商议。

在隔壁的房间里，玛丽·托德已是身着婚纱、丝裙在等待……边等边不安地摆弄头上戴着的一朵朵鲜花。她不时走到窗前，朝着街上望去，不住地望着时钟，那双手的掌心开始潮热，汗水也凝聚在眉宇之间。难熬的一小时又过去了。他可是答应过的呀……总不会……

在九点三十分，客人们带着迷惑和尴尬，一个接着一个悄无声息地离去。

当最后一位客人离开后，那位准新娘从头上扯下婚纱，取下别在头发里的鲜花，哭着冲到楼上，一头扎在床上。她悲痛欲绝。噢，上帝啊！人们会咋说呢？她会遭人嘲笑、可怜、羞辱得不敢上街。一阵阵痛苦和迅猛的巨浪朝她席卷而来。她一会儿渴望林肯就在身边，一会儿又想因他给自己带来的伤痛和羞辱而杀死他。

那林肯这时又在哪儿呢？难道他是遇上坏人了吗？还是出事故了？一些人到镇上他常去的那些地方找他，另一些人沿着通向乡村的每条小道搜寻他。

第八章　悲剧性婚姻

就在林肯穿上新郎服装、擦亮皮靴之时，巴特勒家的小儿子跑了进来，问林肯要去哪儿。林肯回答道："我想是去地狱。"

搜寻持续了整整一夜。天刚亮，有人发现他一直呆坐在自己的办公室里，还语无伦次地说着胡话。朋友们都担心林肯会神经错乱，而玛丽·托德的亲戚则相信他已经疯了，并认为这就是他没有出现在婚礼现场的原因。

有人立马请来了亨利医生。林肯曾扬言说他要自杀。有鉴于此，亨利医生便让斯皮德和巴特勒一刻不停地守着他。就像安·拉特利奇去世时遇到的情形一样，人们还收走了林肯身上的那把折叠刀，并藏到了安全的地方。

为了让林肯的脑子忙碌起来，亨利医生敦促他参加立法会的每次会议。作为辉格党的基层领导人，他理当每次出席会议才对。但是会议记录表明，在三周时间里，他仅参加过四次会议，而且每次都只待了一两个小时。一月十九日，约翰·J.哈尔丁向国会通报了他的病情。

在逃婚后的第三个星期，林肯给他的律师事务所的合作伙伴写了一封其平生最为悲切的信：

我现在是世界上最悲惨的人。倘若我将此刻的感受分摊到每个人类家庭，那么世上将不会再有一张笑脸。至于我有无好转的可能，我也说不清。我有过一种颇为不祥的预感，那就是没有好转的可能。要维持现状也是不可能的。在我看来，我要么死去，要么好起来。

正如已故的威廉·E.巴顿博士在其著名的《林肯传》中所言，这封信"足以说明亚伯拉罕·林肯已经精神错乱……他对自己的健康表现出了诸多的恐惧"。

这时的林肯随时想到的都是死亡，也希望以此了结其一生，于是他才写了一首有关自杀的诗，并将其发表在《桑加蒙日报》上。

由于害怕林肯真会去寻死，斯皮德便将他送到路易斯维尔附近母亲居住的地方。在那儿，他给林肯一本《圣经》，并安排他住进一个可以俯瞰一条溪流的房间里。那条小溪蜿蜒穿过一些草地，流向一英里之外的森林。每天早上都有仆人会把林肯要的咖啡送到他的房间里去。

玛丽的姐姐爱德华兹夫人说，"为了自我调整，也为让林肯摆脱心理负担，"玛丽给对方写了一封信，声明她同意解除两人之间的婚约。据爱德华兹先生所言，在解除婚约之前，"如果林肯愿意，玛丽还同意将重归于好的权利交付于他"。

可复约却是林肯最不愿意做的事儿。他再也不想见到玛丽。即便是在林肯逃婚一年之后，他的好友詹姆斯·马特尼都还"认为林肯还会自杀"。

在一八四一年那场"要命的一月一日"事件过了差不多两年之后，

林肯完全忘了玛丽·托德，并希望她也把他忘了，同时将对自己的爱恋转移到其他男人的身上。但她却没有忘记林肯，因为她的骄傲和自尊不容她那样做。她决定向自己以及那些蔑视、可怜她的人证明，她可以嫁给林肯，而且还非他不嫁。

不过林肯同样决定绝不娶她为妻。

事实上，他心意已决，于是在一年之内便向另一位姑娘求婚。林肯当时三十二岁，他求婚的那姑娘仅有他年龄的一半。这个叫萨拉·理查德的姑娘是巴特勒夫人的小妹。林肯曾在巴特勒家寄宿长达四年之久。

林肯跟那位姑娘讲了自己的情况，鉴于他的名字叫亚伯拉罕，而她的名字叫萨拉，于是辩称他俩显然是天生的一对[1]。

不过，对方还是拒绝了他的请求。她后来在给一位朋友的信中坦诚地道出了个中原因：

> 我还太年轻，仅有十六岁，我还没有过多考虑过婚姻方面的事儿……我总是拿他当朋友一样地喜欢而已。但是你清楚他那种与众不同的行为方式，对一个刚入社交界的年轻女孩来说，他的总体举止不大招人喜欢……他几乎就像一位老大哥，可能就像是我姐姐家的一名成员。

林肯常常给当地的辉格党报纸，即《斯普林菲尔德日报》撰写社论。该报的编辑西米昂·弗朗西斯是林肯的挚友之一。不幸的是，弗朗西斯的妻子却从未学会管好自己的分内之事。四十多岁的她虽没有任何

---

[1] 据《圣经·旧约》记载，亚伯拉罕和萨拉是一对夫妇。

子嗣，却偏偏自封为斯普林菲尔德的媒婆。

早在一八四二年十月份，她给林肯去信，让他第二天下午去她家一趟。林肯虽觉得这一邀请有些怪异，但还是去了，心里纳闷会有啥要紧的事儿。他一到就被领进了客厅。让他惊讶不已的是，坐在他对面的人竟然是玛丽·托德。

林肯和玛丽说了些什么，他俩是怎样交流的以及都做过些什么，现在已无从考证。不过，可怜而心软的林肯这下连逃走的机会都没有。如果她哭了——她当然哭了——他很可能就立刻让她掌握了主动权，而且还低三下四地因自己跟她分手而不住地向她道歉呢。

之后，他俩经常约会，但总是悄悄地在弗朗西斯家关起门来进行。

起初，玛丽并没有让姐姐知道她立刻又跟林肯好上了。当姐姐最后发现时，她问玛丽"为什么搞得如此神秘兮兮的"。

而玛丽回答得闪烁其词，说"在那件事儿发生后，最好还是让求婚之事避人耳目"。她继而说道："世上的男男女女都是没个准的，还圆头滑脑，如果订婚之事再遇不测，整个事情就可以不让人知道。"

换句话说，即说得直白一点儿，她吸取了上一次的教训，因此就连这次的求婚也搞得神神秘秘，直到她确信林肯一定会娶她为止。

玛丽·托德这次采取了什么招数呢？

詹姆斯·马特尼宣称，说林肯经常告诉他"他是被逼入婚姻的，玛丽·托德还说他从道义上讲一定得娶她"。

如果有人知道整个事情的原委，那此人非赫恩登莫属。赫恩登说道："在我看来，显而易见的是，林肯先生是出于道义的缘故才娶玛丽·托德为妻的，但这样一来，他是在拿牺牲家庭平静作为代价。对此，林肯先生在主观上做过完全的自我反省：他知道自己并不爱玛丽，但却答应过要娶她。这可怕的想法就像梦魇一般……最终面对着道义和家庭平静之间的巨大冲突,他选择了前者,随之而来的是忍受多年的自我折磨、自我牺牲带来的阵阵痛楚以及毫无幸福感的悲剧婚姻。"

林肯在自愿迈进婚姻殿堂之前,曾写信给已返回肯塔基州家乡的斯皮德,向对方询问如何才能从婚姻中寻找到快乐。"请尽快回复,"林肯敦促道,"因为我急于知道。"斯皮德在回信中的答复是,他比曾经期待的快乐得多。

于是,林肯在第二天下午,即一八四二年十一月四日,星期五,带着一颗酸楚的心,极不情愿地请求玛丽·托德成为他的妻子。

玛丽非常希望当晚便举行结婚仪式。林肯犹豫不决,他惊讶,甚至为各种事件的进展速度感到恐惧。林肯知道玛丽非常迷信,于是指出那天是星期五。不过,她却想起了先前发生过的事儿,于是绝不希望有任何拖延。她不愿意再等上二十四小时。再说,那天是她的生日,二十四岁的生日,于是,他俩匆匆赶到查特顿珠宝商店,买了一枚戒指,上面刻着这几个字:"永恒之爱。"

那天下午晚些时候,林肯请詹姆斯·马特尼做他的伴郎。林肯对他说道:"吉姆,我只得跟那个姑娘结婚。"

就在林肯穿上新郎服装、擦亮皮靴之时,巴特勒家的小儿子跑了进来,问林肯要去哪儿。林肯回答道:"我想是去地狱。"

鉴于第一次未遂的仪式,玛丽·托德干脆放弃了嫁妆,因此只穿上素雅的白色棉质连衣裙参加结婚仪式。

所有准备活动都在紧张而匆忙的情况下进行着。

爱德华兹夫人说,她接到通知时,离结婚仅有两个小时的时间了。她为此场合匆忙定制的蛋糕还烫得没法切开。

当身着牧师服装的查尔斯·德雷瑟牧师诵读基督婚礼致词时,林肯的脸上似乎毫无高兴的样儿。他的伴郎说他"看上去一副要去屠宰场的样儿"。

对于自己的这桩婚事儿,林肯在婚礼后一周做过唯一的一次书面评价,即出现在他写给塞缪尔·马歇尔的一封商务信件的后记中。该信现在留存在芝加哥历史学会里。

林肯写道:"除了让我极度纳闷的婚事儿之外,我这儿没什么新奇之事。"

第二篇
不懈的奋斗

两年之后,他再度参选,这次他成功了。玛丽·林肯可谓欣喜若狂。她的丈夫刚一到首都,她便在去信中尊称他为"尊敬的A.林肯",不过林肯立刻予以了制止。

这便是他人生中最激动的时刻。在经历了长达十九年的无数次凄凉失败之后,林肯这下突然被卷到了令人头晕目眩的胜利巅峰。

第九章　家庭生活

夫人责怪林肯对孩子们的坏习惯从不予以纠正。不过，林肯的确过于宠爱他们，以至于"对他们的错误视而不见、充耳不闻"。林肯夫人说道："他从不会忘了表扬他们的良好行为。"

我正在伊利诺伊州的新塞勒姆村撰写本书之时，我的好朋友亨利·邦德——当地的一名律师——三番五次地跟我说道："你应该去见一见吉米·迈尔斯大叔，因为他的叔叔赫恩登曾是林肯律师事务所的合伙人，此外，他的婶婶曾开过一家旅社，而林肯夫妇就曾在那里住过一段时间。"

这听起来倒是个有趣的点子。于是，在七月的一个星期天下午，邦德先生和我一起坐进他的车里，赶往新塞勒姆附近的迈尔斯农场——林肯去斯普林菲尔德借法律书时常在该农场歇脚，并以讲故事的方式换取一杯苹果酒。

我们一到，吉米叔叔便从屋里将三把摇椅拽到前院一棵巨型枫树下的阴凉处。在那儿，小火鸡、小鸭子在四周的草丛里叽叽喳喳地跑来跑去，我们则一谈便是数小时。吉米叔叔给我们讲了一件之前未见报端的事儿，真让我们既饱耳福又觉得扼腕惋惜。故事是这样的：

迈尔斯先生的姨妈凯瑟琳嫁给了一个名为雅各布·M.厄尔利的医生。在林肯来到斯普林菲尔德约一年之后,准确地说,是在一八三八年三月十一日夜里,某匿名骑马人来到厄尔利医生的家,敲了敲门,将医生叫到了门口,用双管猎枪朝他射了两枪,之后翻身上马逃离了现场。

尽管当时的斯普林菲尔德并不大,但不见有人被指控犯有谋杀罪,因此这件凶杀案至今仍是一个谜。

厄尔利医生死后留下了一处不大的房产,他那位遗孀只得通过接纳寄宿者的方式来养活自己。新婚不久的林肯及其夫人便搬进了厄尔利夫人的家。

吉米·迈尔斯叔叔告诉我,说他常常听他的姨妈,即厄尔利夫人讲到如下一件事儿:

一天早上,林肯夫妇正在吃早饭。不知道林肯做错了什么事,结果惹怒了他那火暴脾气的夫人。至于到底是因为什么,现在没人记得了。一气之下,林肯夫人将一杯热咖啡朝丈夫脸上泼了过去,而且是当着其他寄宿者的面泼过去的。

林肯忍气吞声地呆坐在那儿,一言不发,而厄尔利夫人则拿着湿毛巾过来,替林肯擦去脸上和衣服上的咖啡渍。这件事儿或许是林肯夫妇五年婚姻生活的一个典型写照。

当时的斯普林菲尔德共有十一名律师,因此要想都在那儿以此为职业是不大可能的。于是,只要戴维德法官在他执法的八个不同区域开庭,那么这些律师就得跟着他骑马从一个县府所在地赶往另一个县府所在地。其他的律师总是想方设法在周六赶回斯普林菲尔德跟家人一起度周末。

可林肯却不那样做,他害怕回家。在春季和秋季各三个月时间里,他都留在巡回线上,绝不靠近斯普林菲尔德半步。

他年复一年地保持着这个习惯。乡下旅馆的生活条件往往是非常恶劣的,尽管如此,他却觉得比在家里忍受他的夫人唠叨和一阵阵发脾气要好一些。"她曾让林肯烦得要死。"邻居们如是说。邻居们都见过她,因此也都认识她,但却无法躲开她那唠叨的声音。

林肯夫人那"又大又尖的嗓门",贝弗利奇参议员说:"连街对面的人都听得见,凡住在那栋房子附近的人,都听得到她那无休无止的一阵阵怒气。她的怒气除了语言之外,还常常以别的方式表现出来。至于有关她暴力倾向方面的说法,真可谓不胜枚举、一言难尽。"

"她追得自己的丈夫跳起了一种慌乱而烦躁的舞蹈。"赫恩登说道。

赫恩登认为自己知道"林肯夫人释放出那种失落及恼怒的痛苦"的原因何在。

那就是她怀有极强的报复心理。赫恩登暗示道:"林肯曾粉碎了她作为女人的傲气,使她的尊严在世人面前受到贬损,这让她对林肯心怀怨恨,爱情不再。"

她总是在抱怨,总在批评自己的丈夫,觉得对方一无是处:他的双肩弯曲,他的走路姿势笨拙,他的双腿一抬一放活像个印第安人。她抱怨他的步伐没有弹性,他的动作不雅观。她还模仿他的姿态,跟他叨叨要他学蒙特尔夫人曾教过她的迈步方式,那就是要脚尖朝下。

她不喜欢林肯那双跟脑袋成直角的耳朵。她甚至告诉他,说他的鼻子长得不够挺拔,他的下嘴唇突出,他看上去就像一个痨病患者的样子,他的双手、双脚太大,而脑袋却又太小。

林肯不在乎自己的外表，其漠视态度达到了惊人的地步，这极大地刺激了她那敏感的神经，让她不愉快到了无以复加的程度。"林肯夫人，"赫恩登说，"并不完全是一只蛮横无理的野猫。"她的丈夫走在大街上，有时将一条裤管塞进靴子里，而另一条却留在靴子外面。他很少刷洗靴子或者在靴子上擦油。他的假领换得不勤，也很少掸去外套上的灰尘。

曾与林肯夫妇多年为邻的詹姆斯·古尔利曾写道："林肯先生来我家时，常常是只穿着一双松垮垮的拖鞋，一条褪色的旧裤子上只挂着一根吊带。"

遇上暖和的天气，林肯会额外增加外出游玩的次数，"他把一件宽松的亚麻布衣当外套穿，衣服背面那一团团汗渍，活像是一幅美国大陆的地图"。

一名年轻的律师曾在一家乡村旅馆见到过林肯，说他正准备上床睡觉，身上穿的是"家庭自制的黄色法兰绒睡衣"，其长度"延伸到了膝盖或者脚踝位置"，于是感叹道："他可是我见到过的最怪异的人物。"

林肯一生从未拥有过一把剃须刀，他去理发店的频度也远达不到妻子希望的次数。他常常忘了打理自己那粗糙而浓密的头发，任其在头上长得像马鬃一样。这时常让玛丽·托德气得没了言语。当她帮他梳理好后，很快又让他放进帽子里的存折、信件以及法律文件等弄得杂乱无章，因为他总是习惯把这些东西放到帽子里，然后戴在头上。

有一天，他正在芝加哥照相，摄影师敦促他把头发"理顺"一点。他回答说："理顺头发的林肯画像，恐怕在斯普林菲尔德没人能认出来。"

林肯就餐时的动作幅度很大，举止也很粗放。他握刀的姿势不对，摆放的位置也不恰当。就吃鱼和面包来看，他简直没有半点技巧可言。有时候，他把盛肉的大盘子朝一边倾斜着，将一块牛排耙进或者滑进自己的小盘子里。因为林肯坚持用自己的刀去切黄油，他的夫人也会跟他干上一场"欢快的战争"。有一次，他把鸡骨头搁在他那盛着莴苣碟子的一边。见此，他的夫人差一点气得晕了过去。

由于他在女士们进入房间时不起身相迎，由于他不跑过去接过她们的围巾，由于他在她们离开时不送到门外，他的夫人抱怨过，甚至还责备过他。

他喜欢躺着读书。每当他从办公室回到家中，他就脱掉自己的外套、鞋子、假领，取掉肩上挂着的裤子吊带，放倒大厅里的一把椅子，用一个枕头垫在椅子的斜面上，把脑袋和两肩往上面一放，张开四肢睡倒在地上。

就这样他一躺便是数小时——通常是阅读各种报纸。有时候，他阅读一本名为《亚拉巴马州的繁荣时代》的书籍，自认为其中一个关于地震方面的故事写得非常幽默。他经常性地阅读诗歌，不管读什么，他总是大声朗读，这个习惯是他在印第安纳州的那所"哇哇叫"学校养成的。他还觉得通过大声朗读才能把某件事儿印入听觉和视觉中，从而记得更牢一些。

有时候，他会躺在地上，闭着双眼，吟诵莎士比亚、拜伦或爱伦·坡的诗句。例如：

> 每当月光熠熠生辉，我便梦到
> 美丽的安娜贝尔·丽；
> 每当星星升起，我便感受到
> 美丽的安娜贝尔·丽那双明眸。

一个女亲戚跟林肯夫妇一起住过两年之久。她说，有一天晚上，林肯正躺在大厅地板上阅读，忽然有客人来访。不等仆人去开门，身着睡衣的他便将客人们迎进客厅，还说他会把"女人们都撵出门去"。

林肯夫人从隔壁房间里眼见那些女士们走进屋子，同时也听到了他那句戏谑的话语。她立刻表现出义愤填膺的样子，还利用当时那样的场合有趣地倒戈一击，给了林肯一点颜色。林肯倒是欣然地退出屋子，很晚才返回家中，然后从后门悄悄溜了进去。

林肯夫人的嫉妒心强烈得非同一般，她对乔舒亚·斯皮德没有半点儿好感。斯皮德一直是林肯的挚友。林肯夫人怀疑促使林肯逃婚的人非他莫属。林肯在结婚之前，一直习惯于在写给斯皮德的信末带上一句"捎上对芬妮的爱"。可自从他结婚之后，林肯夫人要求他把那句问候语"降格"为"问候斯皮德夫人"。

林肯是个有恩必报之人。这就是他非同寻常的性格之一，因此，作为一丝小小的敬意，他曾答应过自己的第一个儿子会取名为乔舒亚·斯皮德·林肯。可当玛丽·托德一听说此事之后，立马暴跳如雷。她生下的孩子是她的，当然应该由她来取名！而且名字绝不可以带上乔舒亚·斯皮德这几个字！一定要跟她的父姓取名为罗伯特·托德……凡此种种，不一而足。

在林肯的四个孩子中，罗伯特·托德是唯一长大成人的。埃迪于一八五〇年夭折于斯普林菲尔德，年仅四岁。威利死于白宫，年仅十二岁。泰德死于芝加哥，年仅十八岁。罗伯特·托德·林肯于一九二六年六月二十六日死于佛蒙特州的曼彻斯特，享年八十三岁。

林肯夫人还抱怨的是，屋外院坝里没有鲜花、灌木或者别的什么色彩。于是，林肯就在那里种上了一些玫瑰，只是他对这些东西没有什么兴趣，最终因为疏于管理而枯萎。林肯夫人敦促他在一个花园里种些植物，他在某个春天照此做过，不过很快就被野草覆盖住了。

尽管林肯并不热心体力活儿，但他的确喂养过且喜欢那头"老伙计"，此外还"喂养过奶牛并亲自挤过奶"。他一直这样做，在他离开斯普林菲尔德，甚至当选总统之后依然如此。

然而，林肯的隔房表弟约翰·汉克斯曾说过"亚伯除了会做梦之外，其他活儿干得可不咋的"之类的话。玛丽·林肯对此感同身受。

林肯常常心不在焉，陷入一阵阵的迷茫中，对世间万事万物显得不闻不问。他星期天常常将自己的幼儿放进一辆小马车里，在房子前面那崎岖不平的人行道上拖来拉去。有时候，那小家伙碰巧从马车上滚落了出来，而林肯依然拖着往前走，两眼望着地上，对后面的哇哇哭叫声毫无知觉。直到林肯夫人从门口探出头来，用愤怒的尖声朝他喊叫，他这才明白发生了什么事儿。

林肯忙完一天工作之后，他从办公室回到家中，有时似乎对自己的夫人视而不见，甚至连招呼都不跟她打一个。他对事物似乎很少感兴趣。夫人备好一顿饭，但要把他叫进饭厅常常是一件困难的事儿。她叫过他，但他似乎没听见。他常常坐在饭桌边上，两眼呆呆地望着天上。要不是夫人提醒他，他会连饭都忘了吃。

吃完晚饭之后，他有时默不作声，呆望着壁炉，一望就是半小时。家里的几个儿子几乎爬遍了他的全身，可他却对他们的存在没什么意识。他随后忽然醒悟过来，或讲个笑话，或背诵一首他最喜欢的诗：

> 啊，索命之神为何这般无礼？
> 如飞逝的流星、快速的云翳，
> 也像那一道闪电、一场波浪，
> 他的一生休憩在永久的故乡。

夫人责怪林肯对孩子们的坏习惯从不予以纠正。没错,林肯的确过于宠爱他们,以至于"对他们的错误视而不见、充耳不闻"。林肯夫人说道:"他从不会忘了表扬他们的良好行为。"她还说:"林肯声称:'见到我的孩子们自由、快乐而不受父母的暴政,我深感快慰。爱是维系家长与孩子之间的纽带。'"

他留给孩子们的自由度有时似乎过于宽松。比方说,他有一次正跟高等法院的一个法官下棋,罗伯特过来告诉父亲是该吃饭的时候了。林肯回答道:"对,对。"不过,由于他太喜欢下棋,结果完全忘了自己曾被叫过一次,于是继续下棋。

那小子带着母亲催促的口信再次出现在他的面前。林肯又答应就去,可又一次忘了那事儿。

第三次,罗伯特又带着命令而来,结果这次又让林肯给忘了。随后,那小子往后退了一步,狠命地朝棋盘飞起一脚,结果那玩意儿从两名棋手的脑袋上飞了过去,棋子滚落得满地都是。

"唉,法官先生,"林肯面带微笑说道,"我想咱俩得换个时间下完这一局。"

很显然,林肯根本就从未想到过要纠正其儿子的行为。

林肯家的几个儿子常常在晚上藏到篱笆的后面,将一根板条穿过篱笆。由于当时的街上没有任何路灯,过路的人容易碰上那根板条,将帽子碰落到地上。有一次,躲在暗处的几个孩子就误将父亲的帽子碰落到了地上。他并没有因此而责备他们,只是无关痛痒地告诉他们要小心一点,以免惹恼某个过路的人。

林肯并不固定去某个教堂做礼拜,就连跟最要好的朋友都避而不谈宗教方面的事儿。不过,他曾有一次将自己的宗教信仰告诉过赫恩登,说他跟印第安纳州一个叫格雷恩的老太太的信仰差不多。林肯曾听到过那个老太太在一次教堂集会上说道:"我一做好事就感觉舒服,一做坏事就感觉难受。这就是我的宗教信仰。"

后来,孩子们一天天长大了。林肯通常在星期天早上带他们出门散步,不过有一次他却把他们留在家中,独自带上夫人去了长老会的第一教堂。半小时之后,泰德在家里却找不着父亲,于是沿街找来,在布道期间冲进了教堂。他的头发乱七八糟,鞋带也没系好,袜子缩成一团,脸和双手沾满了伊利诺伊州的黑土。着装优雅的林肯夫人既惊讶又尴尬,可林肯却伸出他那双长长的手臂,深情地拉住泰德,还将那小子的脑袋揽入怀里。

在星期天早上,林肯有时候把孩子们带到自己位于镇中心的办公室去,还让他们在那里面疯玩。"那些小子很快就掏空了书架,"赫恩登说,"他们翻箱倒柜,把那些盒子弄得千疮百孔,还弄断了我那只金笔的笔尖……将铅笔扔进痰盂,弄翻压在文件上的墨水瓶,把信件弄得办公室满地都是,还在上面跳舞呢。"

可林肯"从不责备他们或者皱起眉头以示一位父亲的威严。他可是我曾见到过的最纵容孩子的家长",赫恩登如是总结道。

林肯夫人很少去办公室,可她一去,便吃惊不小。她没理由不惊讶:那地方杂乱无章,东西在四周胡乱堆放着。林肯曾将一包文件打成一捆,在上面如是写着:"当你在别的地方找不着的时候,不妨看看这儿。"

诚如斯皮德所言,林肯的种种习惯可谓是"有规律得毫无规律"。

办公室的一面墙上隐约可见很大一块黑斑,那是一名法律系的学生留下的。这名学生抓起一个墨水瓶朝另一名学生的脑袋砸过去,结果未中目标。

办公室极少打扫,差不多从未洗刷过。他家花园需用的一些种子仍旧留在书架顶端,已经在灰尘和污秽中开始发芽、生长起来。

第十章 贫困律师

他靠法律事务赚得的收入并不丰厚，常靠"东拼西凑"才勉强付清了账款。她尖酸地告诉他，说他毫无金钱意识，不知道如何持家，提供法律服务时所收取的费用过低。

就绝大多数方面而言，在整个斯普林菲尔德镇，没有哪一个家庭主妇比得上玛丽·林肯那么勤俭持家。她的奢华只表现在一些非炫耀不可的事情方面。就在她的家里根本养不起马车的情况下，林肯夫人却偏偏买下一辆。在某天下午，她花了二十五美分雇请某邻里家的男孩，让他赶着马车拉着她在镇上四处参加社交活动。斯普林菲尔德不过跟村庄大小差不多，她原本可以步行或雇车去的。可那不行，因为她认为这样做有损她的身份。无论家里有多穷，她总能挤出钱去买超出其购买力的服装。

一八四四年，林肯夫妇花了一千五百美元买下了查尔斯·德内塞牧师的房子。这位牧师两年前曾为林肯夫妇主持过婚礼仪式。这栋房子有一个客厅、一间厨房、一个会客厅、几间卧室，在房屋的后院有一个柴火堆、一个厕所和一个林肯用来饲养奶牛和"老伙计"的仓库。

在玛丽·林肯的眼中，这地方起初简直就是一个人间天堂。如果跟她刚搬出的那几间凄凉而没什么家具的寄宿屋子相比,这栋房子的确算得上是天堂。再说,她从此便拥有了每位房子业主都有的那份新的快乐和自豪。然而,该房子带给她的那种完美无缺的喜悦很快开始消退,之后她总是在挑它的毛病。她的姐姐住着一栋宽大的二层楼房,而他们一家的这房子只有一层半高。她曾对林肯说过,凡住一层半高房子的男人是不会有太大出息的。

在通常情况下,每当她跟林肯索要什么东西,对方从来不询问那东西是否有购买的必要。"想要什么东西,你自己才知道,"林肯总是那样说,"那就去买呗。"但是,就如下这件事儿而言,他曾反对过:这个家并不大,他们现有的房子完全足够了。再说,他原本就不富裕:他俩结婚时,他仅有五百美元,在那之后积蓄也没有增加太多。他知道家里无法扩建房子,他的夫人也心知肚明,可她就是不停地催促,一个劲儿地抱怨。最后,为了安抚她,林肯请来一位承包商估算成本,并授意他把价格算高一些。对方照此办了,林肯把价格明细表让她过目。他的夫人发出惊讶的唏嘘声。林肯以为此事就算过去了。

不过,他高兴得过早了点,因为,在林肯第二次外出巡回办案期间,她请来另一个木匠,却得到了一个更低的预算,于是立马动起工来。

当林肯回到斯普林菲尔德,并走进第八街时,他几乎没认出原先的房子来。在遇上一位朋友时,他装出一本正经的样儿询问道:"请问这位陌生人,林肯先生的家在哪儿?"

他靠法律事务赚得的收入并不丰厚,用他的话来说,他经常靠"东拼西凑"才勉强付清了账款。这下回到家中又发现自己的债务中再添上了一大笔不必要的木工款项。"这让他很伤心。"他如是说道。

面对林肯的批评,他的夫人采用其所知的唯一回敬方法,那就是反戈一击。她尖酸地告诉他，说他毫无金钱意识，不知道如何持家，提供法律服务时所收取的费用过低。

这是林肯夫人最喜欢抱怨的事情之一，而且不少人也非常赞同她的观点。其他的律师也因林肯收费过分低廉而迁怒于他，还声称他这样做会把律师界的同行弄得吃不起饭。

直到一八五三年，林肯时年四十四岁，离他入主白宫还有八年时间，他曾接手过麦克里恩巡回法院的四起案子，共计收费仅为三十美元。

他说自己的当事人跟他一样穷，因此就不忍心收得太高。

有一次，一个人给他寄来二十五美元，林肯退回了十美元，还说对方过于慷慨大方了一些。

另有一次，一个骗子企图占有一个可怜姑娘价值一千美元的财产，林肯成功地予以了阻止。他只用五分钟便打赢了那场官司。一小时之后，他的助理瓦德·拉蒙前来跟他分取他们应得的二百五十美元的律师费。林肯严厉地斥责了对方。拉蒙说这笔费用是先前就谈妥了的，并且那姑娘的哥哥完全乐意支付这笔钱。

"他也许乐意，"林肯反驳道，"可我不乐意。那笔钱本该属于一个可怜的姑娘，我情愿挨饿，也不愿意以这种方式骗她。你至少去给她退回去一半的钱，否则我的那一份分文不取。"

还有一次，一个养老金代理商替一位革命时期士兵的遗孀成功办理了认证手续，结果却收取了对方应得的四百美元的一半。那个老太太不仅穷困不堪，还因年事过高而弯腰驼背。林肯协助她起诉那个代理商，虽赢得了官司，但却未向她收取分文。不仅如此，他还为她付了旅馆费，给她买了一张回家的车票。

有一天，身陷麻烦的阿姆斯特朗的遗孀前来找林肯帮忙。她的儿子达夫被指控酒后打架致人死亡罪。她请求亚伯给予法律援助，救救她的儿子。林肯早年在新塞勒姆时就认识阿姆斯特朗这一家子。事实上，当达夫还是个摇篮中的婴儿时，林肯还曾摇哄他入睡过。阿姆斯特朗一家人性情狂野、放荡不羁，不过，林肯却非常喜欢他们。达夫的父亲杰克·阿姆斯特朗曾是"克拉里家的林中小子们"的头儿和著名运动员，但却在一次摔跤比赛中被林肯所战胜，这已是过去了的事。

这时的老杰克已经去世，林肯带着激动之情走到陪审团面前，做了一生中最动人且富有吸引力的演讲，从而使得达夫被免除了绞刑。

这位寡居的母亲在世上唯一的财产就是四十英亩土地，她主动提出将其转让给林肯。

"汉娜大婶，"林肯说道，"多年前，在我孤苦伶仃、无家可归的时候，是您接纳了我。您给我饭吃，为我缝补衣服。我可不能收您一分钱。"

有时候，他敦促当事人庭外和解，还拒绝为自己提供的服务收取任何报酬。还有一次，他拒绝接受对某个人的不公正判决，并说道："我真的替他难过——他不仅贫穷，而且还是个瘸子。"

如此的好意和关照虽是善举，但却不能给家里带回现钱，于是惹得玛丽·林肯既责备又气恼。她的丈夫没能发迹，而别的律师却因收取的费用和投资而腰缠万贯。比如戴维·戴维斯法官和罗根。对了，还有史蒂芬·A.道格拉斯。通过在芝加哥投资房地产，道格拉斯聚集了一笔财富，甚至还成了一名慈善家，还将十英亩寸土寸金的土地捐赠给了芝加哥大学，并在上面盖起了一幢幢大楼。不仅如此，此时的道格拉斯还成为了国内知名的政治家。

玛丽·林肯不知有多少次想到过道格拉斯，她多么强烈地希望自己嫁给了他！如果自己成为了道格拉斯夫人，她就会成为华盛顿社交圈的领军人物，身着巴黎名牌服装，去欧洲各地畅游，同女王们一道就餐，有朝一日住进白宫。因此，她当时或许就做过这样一些白日梦。

可是作为林肯夫人，她的未来会是什么样呢？林肯可能会就这样继续下去，直至老死：一年中有六个月在骑马巡回办案，让自己的妻子独自留在家中，得不到爱意和关心……相比她很久以前就读于蒙特尔夫人学校时曾梦想的种种浪漫情景，这生活的现实是多么不同！多么强烈的不同啊！

第十一章　刻薄的妻子

有人偶尔在深夜见到林肯独自徘徊在空荡荡的街上，他耷拉着脑袋、心事重重、沮丧至极。他有时说："我真不想回家。"

如前面所言，在多数方面，林肯夫人持家有方，并且以此为荣。她购买家庭所需用品甚为小心，用餐也是非常节俭，可谓节俭有余，甚至没有足够的剩饭喂猫。林肯家里从不养狗。

她买来一瓶瓶香水，撕掉封条试用之后，又一次次退回店里，非说它们质量低劣，物非所值。她这样做的次数多了，结果当地的店主们拒不接受她的退货。在斯普林菲尔德至今仍可见到有关林肯夫人的账本，上面用铅笔标注：由林肯夫人退回的香水。

林肯夫人常常找商家的麻烦。比如，她觉得冰块销售者迈尔斯在耍缺斤短两的欺骗手段，便找上门去，用她那刺耳的尖声将对方一通呵斥，弄得半个街区的邻居都赶来看热闹。

这可是她第二次指责迈尔斯了。这名销售商发誓，若不见到她在地狱里被灼烧得吱吱作响，他绝不再卖给她第二块冰。

他还真说到做到，再不给她提供送冰块服务。这下麻烦事来了。她必须用冰块，而迈尔斯偏偏是镇上唯一的供应商。于是，玛丽·林肯平生第一次只得委曲求全。不过，她并没亲自出面求情：她花了二十五美分雇请一个邻居去镇上消除影响,并劝服迈尔斯恢复给她供货。

林肯的一位朋友初创了一份名为《斯普林菲尔德共和党》的小型报纸。此人推销该报,林肯便订了一份。当第一份报纸被送上他的家门时,玛丽·林肯气得火冒三丈。什么!又订了一份没用的报纸?就在她想方设法节省每个铜板之时,丈夫竟然在浪费更多的钱!她既是训斥,又是责备。为了平复夫人的怒气,林肯说他并没有订什么要送上家门的报纸。这话说得倒是真的。他只是说过要订阅报纸,并没有明确说要送到家中。不愧是律师才想得出的巧妙措辞!

当天晚上,玛丽·托德背着自己的丈夫写了一封火药味十足的信,向那个编辑直言不讳表明了自己对该报的看法,并要求停止送报。

她的措辞带着侮辱意味,这个编辑便在该报的某栏目中对她做出了公开回答,之后又给林肯去信,要求他对此做出解释。林肯被这一公开信弄得非常难堪,结果大病一场。他含垢忍辱,给该编辑回了一封信,尽力说好话,称这纯属是一场误会。

有一次,林肯打算请继母来他家过圣诞节,但玛丽·托德坚决不同意。她瞧不起林肯家的老人,而且极其鄙视托马斯·林肯和汉克斯家族,认为他们让她丢尽了颜面。林肯担心,如果他们过来,他的夫人会将他们拒之门外。林肯的继母在离斯普林菲尔德七十英里的地方住了长达二十三年,一般都是他过去看望继母,而她却从未踏过林肯的家门。

林肯结婚后,唯一看望过他的亲戚是一位远房表妹,名叫哈莉雅特·汉克斯。她是一个知书达理、讨人喜欢的姑娘。林肯很喜欢她,于是在她求学于斯普林菲尔德时请她住在家中。林肯夫人不仅拿她当仆人使唤,而且还试图把她当作家里干繁杂活儿的苦力。林肯对此十分反感，拒绝让这种极不公平的行为听之任之，结果把整个事情弄得到了没法收场的地步。

林肯夫人不停地找"女用人们"的麻烦。她那火暴脾气出现一两次后，那些女用人便卷起铺盖，转身就走。林肯家的用人可谓换了一个又一个。她们瞧不起林肯夫人，而且还把自己的处境告诉了自己的朋友们。于是，林肯家很快便上了用人们的黑名单。

她大发雷霆、大惊小怪，还写了不少信去诋毁不得不雇用的"野蛮爱尔兰人"。但所有的爱尔兰人在为她干活儿时都变得"野蛮"。林肯夫人公开吹嘘，说如果丈夫死后她还活着的话，那她就会去南方的某个州度过余生。在她出生地莱克星顿跟她一起长大的人们，是绝不容忍自己的仆人有任何冒失行为的。如果一名黑人不听话，那他就被押送到广场，绑在鞭挞柱子上毒打一顿。托德家族的一位邻居曾用鞭子把自家黑人抽死了六个！

"龙·杰克"在当时的斯普林菲尔德称得上是有头有脸的人物。他拥有几匹骡子和一辆破旧的马车，经营着一项其自称的"快递服务"。可巧的是，他的侄女去了林肯家当用人。没过几天，女主人跟用人大吵了一番。姑娘扔下围腰，将衣服装进箱子里，摔门走出了屋子。

当天下午，龙·杰克赶着自己的骡子，来到第八街与杰克逊街之间拐角处，告诉林肯夫人，说他此行的目的是来取走他侄女的包裹。林肯夫人立刻大发雷霆，还用不堪入耳的语言谩骂此人和他的侄女，甚至威胁说，只要他敢踏进她的屋子，她就非揍他不可。龙·杰克一气之下，朝林肯的办公室飞奔而去，非要可怜的他逼迫妻子给他道歉。

林肯听着对方讲完事情的原委，之后十分伤感地说道："听到你所讲的一切，我深感遗憾。不知可否请你稍等片刻，听我说说这十五年来我每天都过的什么日子？"

在两人的交谈结束时，龙·杰克表示了自己对林肯的同情，还为自己的冒昧打搅给对方道了歉。

林肯家曾有过一个帮佣长达两年之久的女仆叫玛利亚，这让邻居们颇感惊讶，他们可不知事情的来龙去脉。其实说起来也非常简单：林肯和这个女佣有个秘而不宣的交易。当她第一次来到他家时，林肯便把她叫到一边，直言告诉对方一些务必要忍耐的事情，还说他非常抱歉，不过也别无他法，那个姑娘必须听之任之。如果对方同意他的条件，那么林肯答应每周多给她一美元。

玛丽·林肯的脾气照发不误，但凭着私下订立的道义及金钱协议的支撑，玛利亚坚持了下来。在她挨了夫人一通大骂之后，林肯总是瞅准机会，偷偷溜进厨房，趁只有玛利亚一人在场之时，拍拍她的肩头，宽慰她道："这就对啦。鼓起勇气，玛利亚。多担待些，多担待些。"

这名女仆后来结婚了，她的丈夫在格兰特将军手下当兵。当李将军投降之后，玛利亚匆匆赶往华盛顿，希望能让自己的丈夫立刻退役，因为她和自己的几个孩子都处于贫困之中。林肯非常高兴见到她，还坐下来跟她一起叙旧。他本想邀请她一起吃顿饭，可玛丽·林肯坚决不同意。林肯给她送了一篮子水果，还有一些添置衣物的钱，还告诉她第二天再来，答应为她开具穿越前线的通行证。不过，她并没有再来找他，因为那天晚上，林肯被刺杀了。

就这样，林肯夫人风风火火走过了那些岁月，一路留下诸多令人头疼的事儿以及仇视。有时候，她表现出了疯狂的迹象。

托德家族总有点儿让人觉得怪异的地方。玛丽的父母亲属于堂表亲关系，也许这种怪异特性在下一代得到了明显反映。一些人，其中包括林肯夫人的医生，都怀疑她患有早期精神疾病。

林肯以基督教徒般的耐心忍受着这一切，很少指责过自己的夫人。

不过，他的朋友可没有他那般耐心。

赫恩登便指责她是一只"野猫"和一匹"母狼"。

特纳·金是林肯最狂热的追随者之一，此人将她描述为"一个是非惹弄者，一个女魔头"，并声称曾多次亲眼见到她将林肯赶出家门。

约翰·黑伊是林肯总统在华盛顿时期的秘书，此人给林肯夫人起了非常不雅的名号，故在此略而不提。

斯普林菲尔德循道公会的牧师跟林肯一家往得很近。他和林肯也是朋友，但他的夫人却证实，林肯夫妇的"家庭生活非常不幸福，有人常常看见林肯夫人手持扫帚将他驱逐出门"。

作为长达十六年的隔壁邻居，詹姆斯·古尔利宣称林肯夫人"恶魔附身"，种种幻象使得她表现得像个疯子，常常哭闹得整个邻里都能听到，还要求有人替她把守房屋，发誓说某个坏人想要袭击她。

随着时间的推移，她发脾气的次数变得越发频繁、越发火暴。林肯的朋友真为他感到难过。林肯没了家庭生活的欢乐，就连最亲近的朋友，他也从不邀请一起就餐，对赫恩登和戴维斯法官也不例外，因为他担心会出现不测。他自己也是尽力避开玛丽，晚上大都与其他律师一道在法律图书馆里扯闲篇，或者在迪勒的杂货店给一群人讲故事。

有人偶尔在深夜见到林肯独自徘徊在空荡荡的街上，他耷拉着脑袋、心事重重、沮丧至极。他有时说："我真不想回家。"一位知道内情的朋友总会把他带到自己的家中过夜。

没人比赫恩登更了解林肯夫妇那凄惨的家庭生活。如下便是赫恩登在其撰写的《林肯传》第三卷第四百三十页至四百三十三页的描述：

> 林肯先生从未有过真正知心的朋友，因此从未向他人敞开过心扉。就我所知道的而言，他从未跟我或者其他任何朋

友提及过自己的悲情。他就这样独自承受着种种负担，他非常凄惨而默不作声地承受着。只要他处于不安的心境，无需说我都能感受出来。他算不上是个早起之人，也就是说，他通常早上在九点钟之前是不会出现在办公室的。我通常比他先到一个小时。然而，他有时七点钟就到了办公室——事实上，有那么一次，我记得他天不亮就来了。如果我到办公室就见他坐在那儿，我立马知道他那家中的大海曾起过波浪，整个海域被搅成了一团浑水。他总是躺在休息室里，或仰望天上，或蜷缩在椅子上，双脚搁在后面的窗台上。我进去时，他也不抬头看我一眼，只是嘟哝一声，以示回答过我"早上好"的问候。我立刻忙着备好自己的纸和笔，或者翻翻某本书。不过，他那非常明显的忧郁和不安神情，以及那意味深长的沉默，总让我感到坐立不安，于是我便找借口说要去法院或者别的地方离开那间屋子。

办公室的大门面朝一条狭窄的过道，门上有一半的地方镶嵌着玻璃，一根铜线圈上挂着窗帘。当我出门时，凡遇上类似情形，我便会拉上窗帘遮住玻璃。不等我走到楼梯底下，就能听到锁里钥匙转动的声音，林肯就独自郁闷地将自己锁在那里面。我会到法院的办公室待上一小时，再到邻近的商店逗留一小时再回去。到那时，某位当事人已来那里拜访，而林肯或许在解释相关法律问题，或者郁闷的云团已经散去，他正忙于背诵一个印第安纳州的故事，借此驱散那天上午的忧愁。中午时分一到，我会回家吃饭。一小时内赶回那里，我会发现他仍在办公室——尽管他家也近在咫尺——吃着一块奶酪和一把饼干。这些东西是趁我不在期间他在楼下某个商店买来的。我下午五至六点钟离开办公室的时候,他依然留在那里,或者坐在楼下的一个箱子上,或者跟休息室的几个人闲聊,或者在法庭外石阶上消磨时间。夜幕降临时,只要办公室的灯光还亮着,就表明林肯那高大的身影会闪动到夜深人静之时。或许有人还见到过这位注定要成为总统的人曾走在树荫下,静悄悄地穿过那栋简朴房子的大门,走进他那传统意义上的家——那个原本该给人带来欢快的地方。

一些人坚持认为,这样的描述太夸张了一些。如果他们真这么认为,那我只能说他们可不知道真相。

曾有那么一次,林肯夫人冲着丈夫不停地大喊大叫,结果弄得这位"无仇于人、慈善与众"之圣徒也失去了自控力,于是他抓住她的手臂,把她推过厨房,然后推到了门口,还高声嚷道:"你在毁掉我的生活。你把这个家变成了地狱。你这该死的家伙,这就给我滚出去!"

第十二章　政治挫败

　　林肯想方设法获取国土部专员一职，却未能如愿。他又试图获得俄勒冈州州长一职，并希望在该州加入联邦后可以成为首批议员。然而他的这一努力也最终落空。

　　如果林肯娶了安·拉特利奇，那他极有可能会无比幸福，但却有可能与美国总统的宝座失之交臂。林肯在思维和行动方面较为缓慢，而安·拉特利奇又不可能是那种逼迫他实现其政治辉煌之人。但是玛丽·托德醉心入住白宫的信念从不动摇，在嫁给林肯之后不久便督促他力争获得辉格党的国会议员提名。

　　然而，这可是一场无比激烈的战役。尽管令人难以置信，但他的政敌纷纷指责他是个异教徒，因为他不属于任何教派，此外，他们还谴责他是权贵人物的工具，因为他的婚姻与高傲的托德和爱德华兹两个家族相关联。尽管这些指责纯属无稽之谈，但林肯依然意识到这极可能会给他带来政治上的伤害。因此他对自己的批评者做出了如是回答："自从我来到斯普林菲尔德，仅有一位亲戚曾来看过我。他还没有离开该镇，便有人指控他盗窃了一支单簧口琴。这样看来，如果此人是一名傲慢且权贵的家族成员，那我还真的有罪。"

　　当选举之日到来之时，林肯遭遇败北。这是他政治生涯中受到的第一次挫折。

两年之后，他再度参选，这次他成功了。玛丽·林肯可谓欣喜若狂。她相信自己丈夫的政治胜利已经开始，于是给自己定制了一套崭新的晚礼服，温习自己的法语动词。她的丈夫刚一到首都，她便在去信中尊称他为"尊敬的A.林肯"，不过林肯立刻予以了制止。

林肯夫人也想搬去华盛顿居住，她渴望沐浴在她确信等待着她的社会威望中。当她来到东部跟他会合时，却发现一切跟她所期待的大相径庭。林肯穷得只能跟史蒂芬·A.道格拉斯借钱维持日常花销，以待他从政府那里收到第一次薪水支票后再归还。于是，林肯夫妇只好租住在达夫·格林街的斯普里格斯夫人的寄宿屋里。斯普里格斯夫人房前的街道没铺成水泥，人行道也是由煤灰和砾石构成的，里面的各个房间都十分阴冷，还没有供水设备。斯普里格斯夫人家的后院有一间厕所、一个养鹅的窝棚以及一个花园。由于邻居家的猪不时窜进来吃掉蔬菜，斯普里格斯夫人的小儿子只得抄起棍棒，随时跑出去将其赶走。

当时的华盛顿市区并不负责收集垃圾，于是斯普里格斯夫人便将家中废弃的东西倒在屋后巷道上，任由四处游荡的牛、羊、猪、鹅等来此将其吞食。

林肯夫人发现，通向华盛顿上流社会的大门并未对她敞开着。由于没人理会，她也只能和自己那几个娇惯的孩子呆坐在阴暗的卧室之中，无助地忍受着斯普里格斯夫人的小儿子将猪赶出菜地时发出的叫喊声。

这尽管让人非常失望，但相比潜伏在不远处的政治灾难似乎算不得什么。当林肯进入国会时，美国已跟墨西哥交战长达十二个月。那是一场可耻的侵略战争，由国会里那股奴隶制力量蓄意挑起的，其目的就是为了掠夺更多的土地以促进奴隶制的兴盛发展，从而让奴隶制的支持者们当选议员。

在这场战争中，美国完成了两项大事。曾经归属墨西哥的得克萨斯州被迫割让给美国，该国还不得不放弃对得克萨斯州的所有权利。除此之外，美国还蓄意抢走了墨西哥一半的疆土，并分别将其并入新墨西哥州、亚利桑那州、内华达州和加利福尼亚州。

格兰特曾说过那是有史以来最为邪恶的战争之一，他将永远无法原谅自己曾经参与其中。当时有大量的美国士兵反叛，并跑到敌方去了。墨西哥的圣塔安那将军手下有一营响当当的士兵竟是清一色的美国逃兵。

就像其他辉格党人那样，身为国会议员的林肯挺身而出。他攻击总统发起了"一场掠夺和屠杀的战争，一场抢劫和丢脸的战争"。他声称上帝已经"忘记了捍卫弱者与无辜，纵容强大的杀人集团和地狱的妖魔鬼怪屠杀男女老少，让正义的土地遭到毁灭与掠夺"。

对于这次演说，首都没有做出任何反应，因为林肯当时还名不见经传。然而，在斯普林菲尔德，这次演说引起了一场不小的飓风。伊利诺伊州已将六千名将士送上了前线，他们坚信自己是在为自由事业而战，然而他们的代表却在国会称他们为地狱的妖魔鬼怪，并指责他们犯有谋杀罪。盛怒之下，激动的参战者纷纷举行集会，并谴责林肯"卑鄙"、"懦弱"、"臭名昭著"，是名"地道的游击队员"、"本尼迪克特·阿诺德第二"等。

在一次集会上，辉格党人做出了一些决议，并声称直到那一时刻他们方才"明白受到了奇耻大辱"……"压在活着的勇士和杰出的烈士身上的巨大憎恨和诬蔑，足以激起每位真正的伊利诺伊人的义愤"。

这种强烈的憎恨慢慢燃烧了十年有余。十三年后，正当林肯竞选总统之际，上述愤怒的谴责又降临到了他的头上。

"我在政治上已经自杀了。"林肯向其法律事务所的合伙人坦白道。

这下他担心回到家乡去面对那些怨气冲天的选民,于是试图谋求一个能让自己留在华盛顿的职位,再想方设法获取国土部专员一职,但却未能如愿。

林肯又试图获得俄勒冈州州长一职,并希望在该州加入联邦后可以成为首批议员。然而他的这一努力也最终落空。

于是,林肯还是回到了斯普林菲尔德,回到了他那脏兮兮的律师事务所。他重新把"老伙计"套上那架摇摇欲坠的马车,驾着它继续在第八司法区域巡回办案——他这下成了整个伊利诺伊州最沮丧的男人之一。

这次,他决定彻底忘掉政治,全身心投入到自己的本职工作中去。他意识到自己欠缺的是工作方法以及智力训练,于是,为了让自己的推理更严密且能演示命题,他买来了一本几何学,并在巡回办案时随身携带着。

赫恩登在其《林肯传》中如是记录道:

> 在那些乡村小旅馆里,我俩通常睡在一张床上。就林肯而言,大多数时候,那些床都太短了,因此他的双脚只能放在床外的踏脚板上,这样一来,一小部分踝骨便裸露在外。他在床头边的椅子上放上一根蜡烛,继而研读上几个小时。我知道他会这样读到凌晨两点钟。与此同时,我和其他碰巧住进同一房间的人则酣然在睡梦中。就这样,他在巡回办案期间学完了《欧氏几何》六卷本,还能轻松演示出书中的所有命题。

在掌握了几何学之后，他又开始研究代数以及天文学。之后，他还就语言的起源和发展做过一个讲座。然而，最让他感兴趣的是对莎士比亚作品的研究。杰克·科尔索在他身上培养出的文学雅兴不见丝毫淡去。

从此刻起直至其生命终止之时，亚伯拉罕·林肯最突出的性格特征便是极度的伤感以及深深的忧郁，其程度恐难用言语表达。

当杰西·维科帮助赫恩登撰写那部不朽的传记时，他觉得有关林肯伤感的那些记录一定带有夸张色彩，于是就这一点找过与林肯接触过多年的人，且与他们进行过详谈。这些人是斯图亚特、惠特尼、马特尼、斯威特以及戴维斯法官。

从此之后，维科坚信"没有见过林肯的人很难意识到他的忧郁倾向"。赫恩登赞同他的观点，还进一步声明我曾引述过的这句话。

林肯在巡回办案时，常常与其他两三个律师同住一间屋子。他们常常一大早就被林肯的声音吵醒，同时发现他坐在床边语无伦次地喃喃自语。起床后，他会生起一堆火，然后，两眼望着火焰，呆坐数小时。在这类场合，他总是背诵"啊，索命之神为何这般无礼"之类的诗句。

有时候，林肯感到非常失望，因此当他走在大街上时，完全忘了搭理那些跟他打招呼的人，他偶尔还莫名其妙地跟别人握起手来。

对林肯记忆力啧啧称羡的江纳森·博奇说道：

在布鲁明斯顿出庭期间，林肯一会儿会逗得法庭、办公室、大街上的听众笑得抽筋，一会儿又陷入沉思，以至于没人敢打扰他……他总是坐在斜靠着墙的一把椅子上，双脚踏在椅子底部的横档上，双腿收缩，两膝与下巴齐平，帽檐朝前倾斜，双手抱住双膝，两眼无比悲伤，一副沮丧、忧郁到极点的样子。

我曾见他如此深陷其中,每次一坐就是数小时,就连他最亲密的朋友也不敢擅自打扰他。

对林肯一生的研究最为详尽的人,恐怕非贝弗里奇参议员莫属。他得出的结论是:"从一八四九年到其生命结束之间,林肯最主要的特质就是其深不可测或者说常人难以估量的伤感。"

然而,与林肯那忧郁性格同样明显而密不可分的便是其取之不尽、用之不竭的幽默,即他讲起故事来所表现出的那种出类拔萃的才能。

戴维斯法官有时竟然休庭,就为了听听林肯讲那令人捧腹的幽默故事。

赫恩登说道,"一大群人,多达两三百之众的人群围着他",数小时的时光就那样一笑而过。

一位目击证人声称,当林肯把故事讲到"精彩"之处时,男人们便高声"叫好",有人甚至还激动得从椅子上跌落到了地上。

熟知林肯的人们都认为"他那深渊般的忧郁"是由两件事而起的:一是彻底的政治失意,二是悲剧性的婚姻。

看似被政治永远忘却的辛酸岁月——六年之久——就这样渐渐流逝着。一场突如其来的事件,即改变林肯命运的事件发生了,从而让他踏上了白宫之路。

这一事件背后的始作俑者和摄人心魄的灵魂人物便是玛丽·林肯的昔日情人,即史蒂芬·A.道格拉斯。

第十三章　密苏里协议

而这时的林肯已跌入谷底，正蓄势待发。《密苏里协议》的废除，如他本人所言，"唤醒了"他的良心。他不能再保持沉默了，他决定以其坚定的信念全力出击。

一八五四年，一场了不起的事件发生在林肯的身上。该事件是因《密苏里协议》的废除而引发的。简单说来，《密苏里协议》是这么一回事：在一八一九年，密苏里州曾希望以蓄奴州的身份加入联邦。而北方却反对这一做法，结果导致事态变得严重起来。最后，权倾一时的政治家们做出了这个著名的《密苏里协议》。南方如愿以偿，即密苏里以蓄奴州的身份被接纳进入联邦。而北方也得其所想，即从此以后，密苏里州以西及以南边界往北的任何地方都不允许奴隶制的存在。

人们认为，此举会终止有关奴隶制的纷争，的确如此，不过终止的时间没持续太久。话说在三分之一世纪之后，史蒂芬·A.道格拉斯提出了废除《密苏里协议》的议案，这会让密苏里州以西那片相当于原有十三个州大的新区域都受害于可恶的奴隶制影响。为了达到目的，道格拉斯在国会里进行了长期而艰苦的抗争。这一斗争持续了几个月。有一次，在众议院的激烈争辩中，议员们跳上桌子，剑拔弩张。不过，最后由于道格拉斯从半夜到次日凌晨的动情请求，议会于一八五四年四月三日终于通过了他的提案。这是一件影响颇为巨大的事件。信使们在酣睡的华盛顿各条大街来回奔走，边走边传送着这一消息。海军广场响起了隆隆的炮声，以此迎来一个新时代的黎明，即一个注定将浸泡鲜血的新时代。

那么道格拉斯为什么要做此事呢？似乎无人知晓。历史学家至今仍在为此争辩呢。然而，仅有这一点是我们可以确信的：道格拉斯希望在一八五六年获选美国总统。他深知该协议的废除有助于他得到南方的支持。

可是北方又会如何看待此举呢？

"我的上帝啊！我知道北方会刮起一场地狱般的风暴。"道格拉斯声称道。

他说得没错。北方真刮起了一场大风暴。它刮起的还是一场龙卷风，将两个政党撕扯得支离破碎，最终还将整个国家卷进内战的风云之中。

在数以百计的城市和大大小小的村落里，人们义愤填膺，自发地组织了各种抗议性集会。史蒂芬·阿诺德·道格拉斯被谴责为"叛徒阿诺德"。人们还说他的名字就是随本尼迪克特·阿诺德而取的。他被打上了"现代犹大"的烙印，还被赠与了三十枚银币。有人还给他一根绳子，叫他上吊自杀谢罪。

各大教堂带着神圣的狂热情绪，纷纷卷入到这场争斗之中。新英格兰的三千零五十名神职人员"以伟大的上帝之名并代表他"写了一封抗议信，面呈给众议院。火暴且义愤的各大报社论也给公愤来了个火上浇油。在芝加哥，就连民主党的各家报纸也带着复仇的怒火，纷纷谴责道格拉斯。

国会在八月份休会后，道格拉斯踏上了回家之程，一路所见让他惊讶不已。他后来声称，以为自己从波士顿到伊利诺伊州会被燃烧着他自缢画像的火光照亮"前程"。

胆大而无畏的他竟宣布,他要去芝加哥发表演讲。相比狂热情绪而言,他的家乡斯普林菲尔德镇对他的憎恨不值一提。媒体攻击他,愤怒的牧师强烈要求,决不允许他"用背信之言去玷污伊利诺伊州的纯净空气"。人们纷纷奔向五金商店,到日落之时,全城左轮手枪已销售一空。他的敌人发誓决不让他活着去捍卫他那些臭名昭著的行为。道格拉斯一抵达芝加哥,港口里的所有船只下半旗志哀,二十个教堂的钟声纷纷响起,以此哀悼自由的死亡。

他发表演说的那个晚上,是芝加哥有史以来最为酷热的夜晚之一。男人们大汗淋漓地闲坐在椅子上,女人们热得晕了过去。她们试图离开人群,打算去沙滩上找个地方躺上一会儿。套在马车上的马匹跌倒在地,奄奄一息。

尽管天气如此炎热,但成千上万名怀揣手枪的激动男子依旧拥向道格拉斯的演讲之地。在芝加哥,没有哪个大厅能容纳如此众多之人。他们拥到一个广场上,还有数以百计的人站在阳台上或者骑坐在附近的屋顶上。

道格拉斯刚说出第一句话,便引来一片咕哝声和唏嘘声。他继续演讲,或者说他继续试着演讲,但听众却对他连吼带叫,唱起了一些侮辱人格的歌曲,还骂出了一些不堪入耳的名字。

他那些激动的拥护者想借此机会打架,不过道格拉斯却恳请他们少安勿躁,还说他可以驯服那群暴徒。他继续演讲,但却讲不下去。当他谴责《芝加哥论坛报》时,台下的那一大群人则为该报欢呼。他扬言若不让他演讲,他就在那儿站上一整夜,台下八千个声音齐唱:"我们天明才回家,我们天明才回家。"

那是一个星期六的晚上。最后,在忍受了四个小时的徒劳无功以及侮辱之后,道格拉斯掏出手表,然后朝着那帮乱喊乱叫、气势汹汹、走来走去的暴民高声嚷道:"现在已经是星期天早上了,我得去教堂。你们可以下地狱去了。"

疲惫的他放弃了,随后离开演讲席。这位小巨人平生第一次尝到了受侮辱和失败的滋味。

次日一大早,各家报纸纷纷报道了此事。在斯普林菲尔德,一位傲气十足、已近中年的丰腴白种女人,带着非常满意的神情读着这则消息。十五年之前,她曾梦想成为道格拉斯夫人。多年来,她一直看着他平步青云,直至成为国内最受欢迎、大权在握的人物,而她自己的丈夫却深陷在惨败的泥潭里。从内心上讲,她对此非常厌恶。

谢天谢地,高傲的道格拉斯这下注定失败在即。他在自己所在的州把自己的政党弄得四分五裂,而且正值大选之前。林肯的机会可来啦。对此,玛丽·林肯非常清楚,这是林肯挽回一八四八年失去的公众形象的机会,也是他重树自己政治形象的机会,更是他入选美国参议院的机会。没错,道格拉斯仍有四年的任职时间,不过他的同僚在几个月后将会重新参加大选。

他那位同僚又是谁呢?此人是一个狂妄自大、冲动好斗的爱尔兰人,名曰希尔兹。玛丽·林肯还有一笔旧账得跟那家伙算呢。早在一八四二年,主要是因为玛丽本人曾亲笔写过一些侮辱性的信件,这激发了希尔兹向林肯提出决斗的挑战。这两个男人各自佩戴骑兵之剑,由各自的助手陪同在密西西比河的一个沙洲上会面,再决一死战。不过,就在关键时刻,由于朋友们出面干预,这才避免一场流血事件。自那时起,希尔兹在政治上扶摇直上,而林肯却每况愈下。

而这时的林肯已跌入谷底,正蓄势待发。《密苏里协议》的废除,如他本人所言,"唤醒了"他的良心。他不能再保持沉默了,他决定以其坚定的信念全力出击。

于是，他开始准备自己的演讲，在州图书馆一待就是数周，查阅历史事件，掌握事实真相，就议会为该议案的通过进行来回辩论的所有热门议题进行分类、明晰、研究。

在十月三日那天，州里的集会在斯普林菲尔德召开。数以千计的农民拥到镇上，男人们牵着自己引以为荣的生猪、马匹、牛羊和玉米，女人们则带上自制的果酱、蜜饯、馅饼以及腌制品。然而，由于另外一个兴奋点的出现，这些展览品差不多被人们忘了个一干二净。数周以来，一直张贴着道格拉斯将在集会首日发表演讲的广告，该州各政党领导人已从四面八方汇聚于此来聆听他的演讲。

那天下午，道格拉斯的演讲长达三个多小时，他回顾了自己从政的历程，并就些许问题进行了解释、辩护和反驳。他极力否认自己试图"将奴隶制在某个区域内合法化或者从此将其彻底废除掉"，而是打算将奴隶制问题交由那一区域的人民决断。

"毫无疑问的是，"他高声叫道，"如果堪萨斯州和内布拉斯加州的人民有能力实现自我管理，那么他们肯定就能管好几个黑人。"

林肯坐在靠前面的位置，仔细聆听对方说的每一个字，认真掂量他提出的每一个论据。等道格拉斯演讲完毕，林肯便公开宣称："我明天一定会把他的人皮挂到树篱上。"

第二天早上，传单布满全镇上下和集会场所，宣布林肯将对道格拉斯的演说做出回应。公众的兴趣一下变得浓厚起来。不到两点钟，即将举行演讲的大厅里已经座无虚席。不一会儿，道格拉斯来到了现场，在台上就座。他一如既往地穿戴整洁，头发梳得溜光。

玛丽·林肯已出现在听众人群中。那天上午出门时，她大费周章地将其丈夫的外套刷过一遍，还让他换上崭新的假领，小心熨烫好了他那条最好的领带。她一心想让自己的丈夫看上去更光彩照人一些。不过，那一天非常炎热，林肯知道大厅里的天气会闷热无比。于是，他走上台去时并没穿戴外套、马甲、假领、领带之类的东西。林肯的衬衫恰如挂在他那干枯身躯之上，他那褐色的脖子瘦小而细长，像是从领口里冒出来似的。他的头发蓬乱无比，那双靴子污迹斑斑、邋遢不堪，那条短小且不合身的裤子仅靠一条手工编织的"吊带"挂着。

一见他这副模样儿，玛丽·林肯又羞又气。失望且绝望的她差点哭出来。

当时谁也没有想到会是那样儿，不过，我们现在知道，正是这位让妻子深感蒙羞且貌不惊人的男子，在那个闷热的十月天下午迈向了一种新的事业生涯，而这一生涯注定要让他在不朽的伟人中占有一席之地。

那天下午，林肯做了一生中第一场伟大的演讲。如果将他之前所做的演讲收集到一个卷本中，又将他从那天起所做的演讲收进另一个卷本之中，你我无论如何也难以相信，那些演讲竟会出自同一位作者之手。那天发表演讲的林肯是一个全新的林肯，一个被莫大的错误刺激到心灵深处的林肯，一个为受压迫种族请愿的林肯，一个被道德的庄重所触及、感动并升华的林肯。

他回顾了奴隶制的历史，给出了他之所以憎恨奴隶制的五大理由。不过，他仍以极其宽容的态度宣称：

> 我对南方人民没有丝毫的偏见。如果身处他们那种境地，我本人跟他们的表现别无二致。如果现在的奴隶制没在他们中间出现，他们也不会去采用那一制度；如果这一制度现在就存在于我们中间，我们也不应该将其立即放弃。

当南方人民告诉我们,说他们对奴隶制的起源不比我们负有更大的责任时,那我认同这一事实。当有人说因为这种制度存在着,因而难以用任何满意的方式予以废除,我可以理解,同时赞同这一说法。我确信自己不会责怪他们的不作为,因为我自己对此也不知如何才能有所为。即便我被给予人类所有的力量,我也不知道该如何处理这一现存的制度。

他满脸淌着汗水讲了三个多小时,却不停地回应道格拉斯的问题,揭露这位议员的诡辩并批驳其立场的彻底虚伪性。

这是一场极其深刻的演讲,也给人们留下了极其深刻的印象。面对林肯的回应,道格拉斯不仅感到不自在,而且还焦躁不安。他一次又一次起身打断林肯。

选举的时刻即将来临。年轻且进步的民主党人已经开始动摇并攻击道格拉斯。伊利诺伊州选民的投票显示,以道格拉斯为首的民主党人被彻底战胜了。

当时的议员是由各州的立法会选定的。伊利诺伊州的立法会于一八五五年二月八日为此在斯普林菲尔德召开了碰面会。就为这一场合,林肯夫人特意买了一件新连衣裙和一顶帽子,她的姐夫尼尼安·W.爱德华兹也满怀希望地备好了一场招待会,准备在当晚为林肯议员庆贺。

在第一轮投票中,林肯领先于任何其他候选人,且在前六轮投票中均保持不败纪录。不过在之后几轮中,他持续失利。在第十轮投票中,他彻底输了,莱曼·W.特朗布尔获选。

莱曼·W.特朗布尔的妻子名叫茱莉亚·杰恩。她是玛丽·林肯婚礼上的伴娘,兴许也是林肯夫人最亲密的朋友。那天下午,玛丽和茱莉亚并排坐在议会大厅的阳台上,一起目睹了那场议员选举。当宣布茱莉亚的丈夫获胜时,林肯夫人愤然转身,走出大厅。她当时气恼、嫉妒至极,而且从那天起直至其生命终结,她再也没有跟茱莉亚·特朗布尔说过一句话。

林肯带着忧伤和沮丧的心情,回到了他那脏兮兮的律师事务所,面对墨迹斑斑的墙壁,以及尘土积得可以让种子发芽的书架顶部。

一周之后,他将"老伙计"套上马车,再一次游走在人烟稀少的草原上,在不同的县法院之间来回奔波。不过,他的心事已不再是法律方面的了。这时的他除了政治和奴隶制,别的东西几乎一概不谈。林肯说,每当他一想到数以百万计受奴役的人,他就难受到了极点。他忧郁症复发的次数变得更为频繁,持续时间更长久且更为严重。

一天晚上,林肯与另一个律师在某乡村旅馆共睡一床。这个同事清晨醒来时,竟然发现身着睡衣的林肯坐在床沿沮丧地沉思着,还心不在焉地念念有词。当林肯最后开口时,他说的第一句话是:"听我说,这个国家不能永远忍受半奴隶以及半自由状态。"

这件事之后不久,斯普林菲尔德的一个黑人妇女找到林肯,给他讲了一个凄惨的故事。这个妇女的儿子去了圣路易斯,在密西西比河的一艘蒸汽船上打工。他一到新奥尔良就被投进了监狱。他出生时就是自由人,可他身上没带相关的证明文件,于是就被继续羁押在监狱里,他打工的那艘船也开走了。这下,他将被当作奴隶卖掉,以此充抵他在狱中的费用。

林肯带着这个案子去见伊利诺伊州的州长。这位州长却说自己无权干涉此事。在给林肯的一次回信中,路易斯安那州的州长也回答说他无能为力。于是,林肯又一次去见伊利诺伊州的州长,并恳请他采取行动,但对方却不住地摇脑袋。

林肯从椅子上站立起来，用非同寻常的强调语气大声说道："我的上帝啊，州长先生，你或许无力让这个可怜的男孩获得自由，但我却非要让本国这片土地灼热得让奴隶主无以立脚。"

　　此事发生后的第二年，林肯时年四十六岁，他跟自己的好友惠特尼吐露道，他"好像得戴眼镜了"，于是便去了一家珠宝店，买了自己一生中的第一副眼镜——花费是三十七点五美分。

第十四章 大辩论

　　无论从哪方面看，两位演说家都形成了泾渭分明的对比。道格拉斯文质彬彬、温文尔雅；林肯则其貌不扬、笨拙不堪。道格拉斯没有一点幽默特质；林肯则是有史以来最伟大的故事大王之一。

　　时间转到一八五八年的夏天。人们将目睹亚伯拉罕·林肯为其人生第一次伟大的战斗发起冲锋，人们也将见证他从名不见经传的乡野之中脱颖而出，并投入到美国历史上最为著名的政治斗争之中。

　　他时年四十九岁。在经过这些年的搏斗之后，他都取得过哪些成就呢？

　　在生意方面，他一直都是个失败者。

　　在婚姻方面，他一直面对的是暗淡、凄凉和不幸。

　　在法律方面，他颇有建树，每年有三千美元的收入，但在政治前途以及自己内心抱负方面，他却屡经挫折和失败。

　　"在我看来，"他坦然说道，"在为实现自我抱负的竞赛中，我一直是个失败者，一个不折不扣的失败者。"

　　不过，从这时开始，种种事件的态势开始急转，其变化可谓奇特无比、令人头晕目眩。再过七年，林肯将与世长辞。但正是在这七年之中，他取得的成就和获得的声誉注定会让他流芳百世。

人们将会见证，林肯的竞争对手是史蒂芬·A.道格拉斯。而此人可是国人心目中的偶像。事实上，道格拉斯算得上是闻名全球的人物。

在《密苏里协议》被废除的四年时间里，道格拉斯做出了有史以来最为著名的行动之一。通过一种无比壮观且富戏剧性的政治斗争方式，道格拉斯使自己得到了救赎。事情的经过是这样的：

堪萨斯州叩响了联邦的大门，要求以蓄奴州的身份加入联邦。但这一主张能被接纳吗？道格拉斯断然回答"不行"，因为构成其政体的立法会并不是真正意义上的立法会。立法会的那些委员是靠欺骗手段以及枪杆子威胁的方式当选的。堪萨斯州一半的民众——有选举权的男子——从未登记为选民，因而没有选举权。但是，密苏里州西部却居住着五千名支持奴隶制的民主党人，他们在堪萨斯州没有一丝一毫的投票权，因此就冲到联邦政府的一家军火库，将自己武装起来，并在选举之日挥舞着旗子，奏起乐曲，大摇大摆地开进堪萨斯州，投票拥护奴隶制度。这整个事件无疑是一场闹剧，也是对正义的践踏。

那么，在没有奴隶制的那些州里人们都做了些什么事儿呢？他们准备行动。他们擦亮了猎枪，还给步枪上了油。为了提高自己的枪法，他们朝树上的标记以及仓库门上的绳结不停地射击。他们很快开始行军、操练、酗酒。他们挖好了战壕，筑起了防御工事，还将旅馆变成了要塞。他们若不能用选票赢得胜利，那就决意要用子弹来夺取！

在差不多整个北方的每座城镇以及每个村庄里，职业演说家们都在向居民们高谈阔论，在人群中传递着他们的礼帽，还募捐购买武器旨在捍卫堪萨斯州。亨利·沃德·比彻在布鲁克林敲击着自己面前的讲台，叫嚣道，若要拯救堪萨斯州，枪支可比《圣经》管用。从那时起，夏普产的步枪便以"比彻的《圣经》"得名。这种步枪被贴上"《圣经》""陶器""修正后的法规"等标签,一桶桶、一箱箱地从东部运达。

在无蓄奴州有五名居民惨遭杀害之后,一位年迈的牧羊人——靠种植葡萄和酿酒为生的宗教狂热者——在堪萨斯平原揭竿而起。他说道:"我别无选择。我受万能的上帝之旨意,要拿那些支持奴隶制的人头开戒。"

这个老人名叫约翰·布朗,家住奥萨沃拓密。

五月的一个晚上,他打开《圣经》,给全家人诵读了《大卫的诗篇》,继而全家跪地祈祷。唱完几首赞歌之后,他率领四个儿子和一个女婿骑上马,穿过大草原,来到某个奴隶制支持者的木屋,将此人及其两个儿子从床上拽到地上,砍掉了他们的手臂,劈开了他们的脑袋。拂晓之前下了一场雨,这些人的鲜血和头颅里的脑浆被雨水冲得满地横流。

从那时起,双方恣意砍杀、枪击等事件接连不断。"流血的堪萨斯"这一名词由此便进入了历史书籍。

这时的史蒂芬·A.道格拉斯明白,由伪立法会以欺骗和背叛方式炮制出的一种制度根本没有存在价值。

于是,道格拉斯要求,在堪萨斯应该以蓄奴州还是以自由州被纳入联邦这个问题上,应该允许堪萨斯人民以一种诚实而和平的选举方式投票决定。

他的这一要求是完全正确且合理的。但美国总统詹姆斯·布坎南以及华盛顿那些目空一切的维护奴隶制的政客们根本不容忍这一安排。

于是,布坎南与道格拉斯发生了激烈的争论。

布坎南总统扬言要将道格拉斯送上政治的屠宰场,而道格拉斯给予的回应则可谓针尖对麦芒:"那好,我曾以上帝的名义将詹姆斯·布坎南推上台,那我再以上帝的名义将他推下台。"

诚如道格拉斯所言,他不仅发出了威胁,而且还改写了历史。就在那一时刻,奴隶制已经达到其政治权利及狂妄的顶峰。从那一刻起,奴隶制的势力又以一种迅猛的速度急转直下。

随后的战斗只不过是奴隶制灭亡的首战而已,因为在那场战斗中,道格拉斯在其所属的政党中撕开了一道巨大的豁口,并将其民主党带向一八六〇年的政治灾难之途,最终使得林肯获选总统不仅成为了可能,而且不可避免。

道格拉斯将其政治前途这一赌注压在自己的信仰上,也压在差不多每个北方人的信仰上,即这是为一项了不起的原则而举行的一场无私战斗。就因为这样,伊利诺伊州的人民才爱戴道格拉斯。作为国人最为崇敬、最为偶像化的人物,他这时已返回到了自己家乡所在的那个州里。

一八五八年,当道格拉斯抵达芝加哥时,人们的回应方式曾是嗤之以鼻、下半旗志哀以及敲响教堂的钟声等。同样的芝加哥,这次却派出了一个专列,随车而行的是几个铜管乐队以及几个接待委员会,将他送回到家乡。当他入城之时,迪尔伯恩公园鸣响了一百五十门礼炮,以示对他的热烈欢迎;数以百计的男人都竞相跟他握手;成千上万的妇女朝他脚边扔去鲜花;人们给自己的长子命名为史蒂芬以示敬意。如果说他拥有心甘情愿为他上绞刑架的狂热追随者,这一说法或许有一点夸张。但在他去世四十年后,男人们依然吹嘘自己是"道格拉斯民主党人"。

道格拉斯凯旋回到芝加哥几个月之后,伊利诺伊州的人民准备选出一位联邦参议员。民主党人自然将道格拉斯列为候选人。那么共和党人又推出谁去与之抗衡呢?是名不见经传的林肯。

在随后的竞选活动中,林肯和道格拉斯在一系列激烈的争论中针锋相对，而这些争论均使得林肯声名鹊起。他俩就一个充满火药味的问题展开了博弈，公众的激情被推到白热化的顶峰。美国历史上前所未闻的众多人群奔拥在现场，聆听他们二人的演说。没有任何一个室内大厅可容纳如此之众，因此，凡在下午进行的所有集会都安排在树林里或者草原上。记者们总是如影随形，各大报刊尽展煽情之能事，两位演讲人很快将全国人民变成了自己的听众。

两年之后，林肯成为了白宫的主人。两位名人的激烈争论为林肯打了广告，也为他铺平了道路。

在竞选之前的几个月里，林肯一直都在准备着。一旦各种想法、观念以及只言片语等出现在他的大脑里，林肯就将其抄写在散碎的纸片上、信封的背面上、报纸边角上以及纸袋上。所有这些，他都藏在他那顶高高的丝绒礼帽里，无论走到哪里他都随身带着。最后，他将这些资料一页一页地抄录下来，边写边念，还不停地修改、重写、再修改。

在准备好他首次演讲的终稿后的某天晚上，他邀上几位挚友去州府的图书馆跟他会面。他在那儿关起门来，朗读自己的讲稿，每读完一段都会暂停，请求朋友们予以点评或者批评。该演讲包含着一些从此闻名于世的预言性话语：

"同室分裂，不战自灭。"
"我坚信本政府不可能永远忍受半奴隶制以及半自由制。"
"我不希望联邦解体，如不希望房子倒塌一样，我真心希望它不再四分五裂。"
"国家或以整体而立，或以分裂而废。"

当他朗诵到此,所有的朋友都大为惊讶、警醒起来。他们纷纷认为这太激进了一些,简直就是"一派胡言乱语",会把投票的人都赶走的。

最后,林肯徐徐起身,向朋友们讲述了关于这些主题的深刻想法。在结束这场见面会时,林肯宣布"同室分裂,不战自灭"这一声明便是整个人类经验的真理。

"六千年来,"林肯说道,"这是一个颠扑不破的真理。我要以言简意赅的语言唤醒人们对时局危险的认识,而表明这一真理的时刻已经到来。我决定绝不修改或者调整这一声明。必要时,我愿意随这一真理一道毁灭。如果上帝注定我会因为这场演说而沉沦下去,那就让我随这一真理一道沉沦下去吧。那就让我为倡导公平和正义而死吧。"

那一次次激烈辩论的第一场于八月二十一日展开,地点在离芝加哥七十五英里之外的一个名为奥塔瓦的小型农业城镇。人群在前一个晚上便开始聚集于此。各家旅馆、私人住所以及代养马房等均告客满。在长达一英里的河谷地带上,篝火映红了悬崖峭壁和洼地,使得该镇好似被入侵的军队团团围住一般。

不等天明,如海的人潮再次开始涌动。清晨,太阳照耀在伊利诺伊州大草原上。放眼望去,每条乡村小道都停满了单人或多人马车、行人以及骑在马背上的男男女女。那一天非常炎热,晴热的天气已持续了数周。尘土一大片接着一大片,弥漫在空中,随风飘到玉米地和草地上。

中午时分,一辆长达十七节车厢的专列从芝加哥驶来。车上座无虚席,连过道都拥挤不堪,一些急不可耐的乘客索性坐在列车顶上。

周围四英里之内的每个城镇都带来了自己的乐队。锣鼓喧天,喇叭齐鸣,一队队民兵在此巡游。江湖庸医一边进行免费的耍蛇表演,一边出售止痛药;杂耍艺人以及柔软杂技表演者在各家沙龙外面使出浑身解数；乞丐和红字女郎纷纷各行其是。鞭炮声声起，礼炮隆隆响，马匹受到惊吓纷纷躲闪、仓皇逃离。

在一些城镇，声名显赫的道格拉斯坐在一辆六匹白马拉着的精致马车里，穿行在各条大街上。一阵阵响彻云霄的欢呼声不绝于耳，此起彼伏。

为了表示对如此优雅排场的不屑一顾，林肯的支持者们想出奇招。他们让自己的候选人坐在一辆马车那陈腐而破旧的拖草架上，由一对白驴拖着游街。在林肯后面还跟着另一个拖草架，上面载着三十二个姑娘，每人分别手持联邦各州的名字，姑娘们的头顶上方还悬挂着硕大无比的条幅：

泱泱之帝国，其星西去急。
姑娘恋林肯，其母恋大地。

两名演说家、各委员会人员以及众多记者在密集的人群中穿来插去、左冲右突长达半小时，最后才得以来到讲台上。

为阻挡毒辣的太阳，讲台上方搭建了一个原木遮阳棚。一群男人还爬上了那个遮阳棚。结果不堪重负的棚子轰然倒塌，木板纷纷落到道格拉斯和委员会人员的头上。

无论从哪方面看，两位演说家都形成了泾渭分明的对比。

道格拉斯身高五英尺四英寸；林肯则六英尺四英寸。

大个子讲话带一种尖细的高音；小个子讲话则带一种圆润的中音。

道格拉斯文质彬彬、温文尔雅；林肯则其貌不扬、笨拙不堪。

道格拉斯极富一位大众偶像的个人魅力；林肯则黄皮寡瘦，布满皱纹的脸上尽显忧郁，毫无吸引力可言。

道格拉斯穿着褶皱衬衫、深蓝色外衣、白色裤子、头戴阔边礼帽，典型的南方富有种植园主的打扮；林肯的外表则显得粗糙怪异：他身着一件低廉的黑外套，两个衣袖奇短无比，宽松的裤子也奇短无比，头上那顶烟筒般的礼帽因饱经风霜而略显肮脏。

道格拉斯没有一点幽默特质；林肯则是有史以来最伟大的故事大王之一。

道格拉斯无论走到哪里，都是老调重弹；林肯则每天都在不停地思考主题，直至其认为每次演讲都应更流畅为止。

道格拉斯爱慕虚荣、追求排场，喜欢大吹大擂，他出游时乘坐的专列插满了旗帜，尾部载货车厢上总安装着一架铜管炮，每当他抵达一个城镇，那大炮就会发出一声声巨响，以此告诉当地人一位大人物来到了他们的家门口。

林肯则对其称为"噼里啪啦的烟火工程"非常厌恶，于是只乘坐普通马车以及货运列车出行，随身携带着一只破旧的毯制旅行袋和一把绿布伞——伞柄不复存在，每片伞叶中间由一根线套牢，以免散开。

道格拉斯是一名机会主义分子，他没有"贯穿始终的政治情操"，林肯如是说。他的终极目标就是赢得胜利，林肯则是在为一项伟大的原则而战。在林肯看来，只要公平和仁慈能最终获胜，哪一方赢得胜利都无关紧要。

"本人一直怀着抱负，"林肯说道，"唯恐抱负之门不会轻易打开，于是从一开始我就非常虔诚地祈祷过，这只有上帝才知道。对于政治荣誉，我并不在乎。然而时至今日，《密苏里协议》如能够得以恢复，并按先前"容忍"其存在的原则，以坚决不让其扩大的态度来解决整个奴隶制问题，在我们两人或者其中一个仍然活在世上时，从原则上考虑，我本人会非常乐意接受道格拉斯法官永远不出局，而我本人也永远不入局。

"无论是道格拉斯，还是我本人当选联邦议员，其意义不大，而且非常甚微。然而，我俩今天向在场的诸位呈现的这一功德无量之大事，已经大大地超出了任何个人利益或者说政治命运。而这一大事，即便在可怜、微弱、难以尽言表达的道格拉斯和我本人长眠地下后，仍将会留存、呼吸并燃烧。"

在这类辩论中，道格拉斯始终坚持，任何一个州，无论何时何处，如果该州的绝大多数人投票赞同奴隶制，那么它就有权将其保留下来。而他本人并不在乎人们对此是投反对票还是赞成票。他有一句著名的口号，那就是："各州自扫门前雪，休管他州瓦上霜。"

而林肯的政治立场则截然相反。

"道格拉斯法官认为奴隶制是正当的，"林肯解释道，"但我却认为那是错误的。这正是整个争论的焦点。"

"他争辩道，凡需要奴隶的社区都有权拥有奴隶。如果此举没错，那他便拥有了奴隶；如果此举有错，他总不能说人们有权去干坏事。"

"他根本不在乎一个州是否会拥有奴隶制，恰如他不会在乎自己的邻居是否会在自己的农场种植烟叶或者饲养一些长角的牛羊。大部分人跟道格拉斯的观点相左：他们认为奴隶制度是一个非同小可的道德错误。"

道格拉斯在全州各地巡回演讲，一次次地叫嚣，说林肯赞同给予黑人社会平等。

"根本不是那么一回事儿，"林肯反驳道，"我为黑人呼吁的不过是，如果你不喜欢他，那就别去干涉他。如果上帝只给予他那么一点点，那就让他去享受那么一点点。在诸多方面，黑人与我不尽相同，但在享有'生命、自由以及追求幸福'，在享有将自己亲手挣来的面包放进自己嘴里的权利等方面,跟道格拉斯法官、跟我本人、跟任何一个活着的人是完全相同的。"

在一次又一次的辩论中,道格拉斯指责林肯希望白人去"拥抱黑人,并跟他们通婚"。

林肯被迫一次又一次地对此予以反驳:"我反对就这一说法做出我的选择,即我要么想要黑人妇女做奴隶,要么想要她做老婆。迄今为止,我已年过五十,我从来没有让黑人妇女做奴隶或者做老婆。世上已有足够多的白人男子娶白人女子,也有足够多的黑人男子娶黑人女子。看在上帝的份上,就让他们各自嫁娶去吧。"

道格拉斯试图回避甚至混淆这些问题。道格拉斯所有的论据,以林肯的话来说,归结到一点,犹如"饿死的鸽子躯壳熬制出的汤"淡而无味。道格拉斯在堆砌一些"冠冕堂皇但却荒诞无稽的辞藻,并借此证明'心虚'和'虚心'是一回事儿"。

林肯继续说道:"在回答一些根本算不上是论据的论据时,我禁不住觉得自己是在犯傻。"

道格拉斯说过一些言不由衷的话。他明知故犯,林肯也一样。

"如果一个人,"林肯回答道,"非得站起来声称、重复、再声称,说二加二并不等于四,我知道没什么东西能够阻止他。我不能总拿一种论据当作封条,事实上,即便我拿那东西也封不住他的口。我不想说道格拉斯法官是个骗子,但当我面对他时,我还真不知道该怎样称呼他。"

就这样,他俩之间的争斗一周复一周地持续着。林肯一天接一天地攻击他。其他人也掺和到这场辩论中来。莱曼·特朗布尔朗把道格拉斯称作是骗子,还声称他犯有"人类最该死的厚颜无耻"之罪。著名的黑人演说家弗雷德里克·道格拉斯来到了伊利诺伊州,他也加入到了进攻的行列。那些布坎南民主党人在对道格拉斯的谴责中表现得恶毒而凶狠。面对国外的投票者，性格火暴的德裔美国改革家卡尔·舒尔茨也对道格拉斯大肆数落。共和党报在醒目的头版头条将道格拉斯称作"造假者"。由于其政党内部出现了四分五裂，加上处处遭到威逼、骚扰，道格拉斯在打一场毫无胜算之仗。绝望之下，他给其朋友阿夏尔·F.林德拍了一封电报："那些地狱之犬追着我咬。看在上帝的份上，快来帮我赶走它们。"

发报员将一份电文卖给了共和党人，结果也被登上了许多报纸的头版头条。

道格拉斯的政敌们高兴得欢呼雀跃。从那一天起，那位电报的接收者在其有生之年里，一直被称呼为"看在上帝份上的林德"。

在选举日当晚，林肯坐在发报室，阅读一封又一封回执信函。当他看到自己已经失败后，于是掉头往回走。当时天黑，又下着雨，通向他家的路又烂又滑。突然，打滑的那条腿绊到了另一条腿，但他很快恢复了平衡。"只是滑了一下，"林肯说道，"并没有跌倒。"

此事发生后不久，他在一家伊利诺伊报纸上读到一篇有关他本人的报道。报上如是说：

> 试图在伊利诺伊州升起的政治家中，令人尊敬的亚伯拉罕·林肯无疑是最不走运的一个。从政治上看，他所从事的一切事情似乎注定要失败。在政治谋划方面，他向来挫折不断，其受挫程度让谁都没法活下去。

蜂拥前去聆听林肯跟道格拉斯辩论的听众一拨接着一拨，这使得林肯相信自己要是开讲座的话，兴许还能挣点小钱。于是，他准备就"发现与发明"为主题进行演说。他在布卢明顿租了一个大厅，请了一位女士在门口售票，可惜没有一个人前来听他演讲。一个都没有！

于是，他又一次回到了他那脏兮兮的办公室。墙上的墨迹依稀可见，书架顶部的那些种子仍在抽芽。

是他该回来的时候了，因为他已有半年时间没有打理自己的法律业务了，因而没有一分钱进账。他这下完全没了资金，甚至连买肉和杂货的现钱都不充裕。

于是，他又一次将"老伙计"套上自己那架破旧的马车，再一次踏上大草原上的巡回办案旅程。

时至十一月份，一场寒潮即将来临。他头顶上空一排排大雁一边高声鸣叫着，一边向南飞去，一只野兔从马路上横穿而过，远处森林的某个地方，一匹狼在嚎叫。对这一切，单人马车里那个忧郁的男子几乎视而不见、充耳不闻。一小时接着一小时，林肯驾着马车往前赶，下巴耷拉在胸前，完全沉浸在沉思和绝望之中。

第十五章 总统候选人

> 人们普遍认为，总统候选人的这一提名荣誉应归属于来自纽约的英俊的威廉·H.西华德。在不少的列车上，亚伯拉罕·林肯根本连一张票都没得到。不少代表极可能压根儿就没听说过林肯。

一八六〇年春，新组建的共和党在芝加哥集会，旨在提名总统的候选人。谁也不曾想到，亚伯拉罕·林肯居然得到了这个机会。此前不久，林肯曾在写给一家报社的信中说道："我必须坦诚地说，我认为自己不适合当总统。"

一八六〇年时，人们普遍认为，总统候选人的这一提名荣誉应归属于来自纽约的英俊的威廉·H.西华德。这几乎是板上钉钉的事儿，因为在前往芝加哥的各列火车上，各代表团已经做过民意测验，结果西华德的得票是其他候选人总和的两倍。在不少的列车上，亚伯拉罕·林肯根本连一张票都没得到。不少代表极可能压根儿就没听说过林肯。

集会那天刚好是西华德的五十九岁生日。多巧合的事儿啊！他确信自己会获得候选人提名作为自己的生日礼物。他过于自信，于是告别了参议院的同事们，邀上几个亲近的朋友回纽约州奥本家中参加自己的大型宴会去了。他租来一门大炮，填上弹药，拉进自家的前院，炮口仰视天空，准备适时用炮声向镇上的人们传递出那一令人激动的好消息。

倘若那次集会在星期二晚上开始投票的话，那门大炮或许会响起，美国的历史也因此而改写。可惜还得等到印刷工人将用作记录的纸张送达后才能开始投票。在前往集会的路上，那名印刷工人或许停下来喝了杯啤酒。不管怎么说，他迟迟未到，直接导致集会上的代表们没事可干，只好干着急地坐等着他的到来。

集会大厅里蚊虫肆虐，空气又闷又热，各位代表又饥又渴，于是其中一位起身，建议暂时休会，待第二天上午十点钟再开始。休会的动议总是合乎时宜的，而这种动议一般都优先于其他动议，且基本上是受人欢迎的。这项动议带走了人们不少的热情。

等集会再度召开时，已经过去了十七个小时。这段时间并不漫长，但足够毁掉西华德的愿望，同时成就了林肯的前程。

坏事的主要责任人就是霍拉斯·格里历。此人长相古怪，他的脑袋犹如罗马甜瓜，头发稀疏而丝滑，恰如白化病人一般，细绳一般的领带通常都打得不到位，其中领结差不多倾斜到了左耳的下方。

格里历根本就没有赞同对林肯提名的意思，但却下定决心要跟威廉·H.西华德以及其经纪人赛罗·韦德算一笔旧账，以发泄其心中的怨气。

事情的起因是这样的：在长达十四年时间里，格里历同上述两人一直并肩而战。他曾帮助西华德当上了纽约州州长，继而又当上了国会议员。他还曾不遗余力地辅助韦德成就并保持纽约州政治老板的地位。

然而，付出极大心血的格里历又从中得到了什么呢？除了被人遗忘之外，啥也没得到。他原本想成为纽约州的印刷商，然而韦德却将该位置据为己有。格里历原本想成为纽约市的邮政局局长，可韦德并没有主动推荐他。格里历一心想成为州长，或者副州长也行，而韦德不仅说"不"，而且还出言不逊、伤人不浅。

最后，格里历实在难以忍受下去，于是坐下来给西华德写了一封尖酸刻薄的长信。该信足有本书七页篇幅那么长，其中每段的内容均带着无尽的怨气。

那封带着火暴内容的信件写于一八五四年十一月十一日，即星期六的晚上。而此刻是一八六〇年。为报此仇，格里历在等了足足六年之后终于迎来这个机会，他这下可是狠命地利用了一把。在那个事关命运的星期四晚上，正当芝加哥的共和党人处于休会期间，格里历压根儿就没睡觉。从日落到第二天拂晓过后好长的一段时间里，他一直在各代表团之间来回穿梭，不断地说理、争辩、恳求。整个北方都订阅他主办的《纽约论坛报》，该报对大众舆论的影响远非别的任何报纸所能及。鉴于他的显赫名声，凡他所到之处万籁俱寂，各代表团怀着敬佩之心聆听他的演说。

格里历将五花八门的论据全都用来对准西华德。他指出西华德曾无数次谴责共济会的法令，还说西华德就是靠反共济会那一票才在一八三〇年当选为州里的议员的，结果在极大范围内引起了人们对西华德强烈而持续的怨恨。

后来，身为纽约州州长的西华德，竟然支持解散公立学校基金会，并分别为外国人和天主教徒创建学校，此举无异于捅开了那炽热仇恨的马蜂窝。

格里历指出，那些曾权倾一时却狗屁不懂的政客们，现在都强烈反对西华德，他们情愿支持一只猎犬也不再支持他。

这还没完呢。格里历指出，这个"煽动大王"一直过于激进，还说他那个"血腥计划"以及凌驾于《宪法》的法律上的言论威胁到了周边各州，因此各州的代表也都打算对西华德采取行动。

"我这就为诸位请来那些州的州长候选人，"格里历承诺道，"他们可以证明我所说的一切是真实的。"

他还真那样做了，随即引起了一场激烈的骚动。

宾夕法尼亚州以及印第安纳州的州长候选人气得双拳紧握，两眼直冒怒火，于是宣称，西华德一旦获得提名，那就意味着他们两个州将遭致不可避免的失败以及难以躲掉的灾难。

而共和党人则觉得，要想胜券在握，就非得拉上这两个州不可。

于是，就在那瞬间，一直朝着西华德奔涌而去的洪流开始退却。而林肯的朋友们则在各代表团之间奔波忙碌着，试图说服那些反对西华德的人们不妨将注意力放在林肯身上。这些朋友说，民主党人无疑会把道格拉斯推为候选人，而对付道格拉斯的最佳人选非林肯莫属。对林肯来说，对付道格拉斯可是他的老本行，做起事来可谓轻车熟路。此外，林肯是土生土长的肯塔基人，极有希望赢得那些难以捉摸的诸边缘州的选票。再说，他正是西北部地区所期待的那种候选人，即从一个靠劈柴、翻土而苦苦挣扎出来、对普通大众之苦有着深刻理解的人。

当类似的方法不奏效时，林肯的朋友们随即改用别的招数。他们承诺给卡勒布·B.史密斯留下一个内阁席位，从而赢得印第安纳州代表团的支持。他们保证让斯米昂·卡梅伦当上林肯的得力助手，以此争取宾夕法尼亚州的五十六张选票。

星期五的上午，无记名投票开始。期盼着看热闹的四万民众拥入了芝加哥。一万人挤进了集会大厅，三万人堆积在大厅外面的街上。这潮水般涌动的人群竟长达数个街区。

西华德在第一轮投票中占居领先位置。在第二轮中，宾夕法尼亚州将其中五十二张票投给了林肯，平局状况开始出现。在第三轮中，几近一边倒的情况出现了,林肯占据了主动。

集会大厅里的那一万人,简直激动到了发狂的地步,他们跳上自己的座位,叫嚷着、欢呼着,还脱下帽子相互敲打对方的脑袋。一门大炮在屋顶上响起——外面各条大街上的人又掀起了一片欢呼声。

男人们相互拥抱,同时疯狂地跳来跳去,哭声、笑声、叫声不绝于耳。

一百发枪声在特雷蒙特大楼上响起,火光随之腾空而起。一千枚银铃也加入到喧嚣的行列。与此同时,一天之内,火车、汽船、工厂竞相鸣响汽笛。

这场激动持续了二十四小时之久。

"自从杰里科古城墙倒塌以来,"《芝加哥论坛报》宣称,"世人还不曾听到过如此大的声响。"

在这一片欢闹声中,格里历目睹了那位昔日的"总统制造者"赛罗·韦德留下了心酸的泪水。格里历这下终于尝到了复仇给他带来的甜美滋味。

与此同时,斯普林菲尔德那边又有什么声响呢?那天上午,林肯一如既往地前往自己的办公室,准备办理一件案子。由于心神不宁,林肯很快将法律文件往边上一扔,之后出门去一家店铺后院投了一会儿球,之后又玩了一两局台球,之后去《斯普林菲尔德日报》打探消息。日报社楼上的那间屋子就是电报局的办事处。林肯坐在一张大型扶手椅上,正跟人讨论着第二轮投票。突然,报务员冲下楼来,高声嚷道:"林肯先生,您获得提名了!您获得提名了!"

林肯的下嘴唇微微颤动着,脸上渐渐泛起红润。在数秒钟的时间内,他停止了呼吸。

这便是他人生中最激动的时刻。在经历了长达十九年的无数次凄凉失败之后,林肯这下突然被卷到了令人头晕目眩的胜利巅峰。

男人们穿梭在各条大街上,奔走相告这一消息。镇长下令鸣枪一百响。几十位老友簇拥着林肯,或哭泣着,或大笑着跟他一一握手,还将自己头上的礼帽扔向空中,疯狂地喊叫。

"不好意思,伙计们,"林肯恳求道,"有位小妇人在第八街还想听到这一消息。"说罢,他大步流星而去,身上穿着的那外套后摆也随即摆动起来。

当晚,人们在斯普林菲尔德的每条街上用柏油和栅栏木头点起了一堆堆篝火,让那里的整个夜空通红一片。

此事之后不久,半个国度都在高唱:

> 老亚伯·林肯来自荒地,
> 来自荒地,来自荒地;
> 老亚伯·林肯来自荒地,
> 来自伊利诺伊州。

第十六章　告别家乡

当时天不亮，还下着雨，不过车站的站台上已挤满了前来送行的约一千五百位老邻居。他们成一字排列，一边从林肯身边缓缓经过，一边握了握他那瘦削的大手。

就林肯成功入主白宫这事而言，史蒂芬·A.道格拉斯所做出的贡献比任何人都多，因为正是道格拉斯将其民主党搞得四分五裂，才导致跟林肯抗衡的是三个候选人而非一个！

鉴于反对党内部那种不可救药的分裂状况，还在竞争起初阶段时，林肯便意识到自己极可能会胜出。尽管如此，他却担心自己在其所在的选区或者家乡所在的镇上无法胜出。因为一个竞选委员会之前就进行过挨门逐户的调查，旨在弄清斯普林菲尔德镇人的投票意向。当林肯见到这次调查的结果之后，他简直惊呆了：全镇共有二十三名牧师和神学研究人员，除其中三人之外，全都反对他，他的许多曾经最执着的支持者也是如此。林肯曾痛苦地评论道："他们口口声声说信仰《圣经》，说自己是敬畏上帝的基督教徒。可是，从他们的投票情况来看，他们却对奴隶制的废除与否表现出漠不关心的态度。不过，我本人知道，上帝和民众对此非常在乎。如果这些人不在乎，那他们一定没把《圣经》的本质读透。"

然而，令人吃惊的是，林肯父方的所有亲戚都给他投了反对票，而母亲那方的亲戚也只有一人支持他。这是为什么呢？因为他们全是民主党人。

林肯仅以微弱优势的选票当选。他所有对手跟他的选票比率大致为三比二。这不过是个阶段性胜利而已，因为在他所得的两百万张选票中，来自南方的仅有两万四千张。只要二十张选票中有一张出现变故，那就会让道格拉斯得到西北部各州的选票，而选举也就会被抛向众议院，在那里南方就必胜无疑。

在南方的九个州中，无一将赞成票投给共和党人。试想想这一情形：在亚拉巴马州、阿肯色州、佛罗里达州、佐治亚州、路易斯安那州、密西西比州、北卡罗来纳州、田纳西州以及得克萨斯州，竟没有一个人为林肯投上一票。这可是个不祥的预兆。

为更好地明白林肯当选总统后不久便发生的事情，我们有必要回顾一下如飓风般席卷北方的那场运动。一个狂热组织，满怀摧毁奴隶制的神圣激情，在长达三十年时间里一直准备着让这一国度卷入战争中。在整个期间，从该组织的印刷厂源源不断地流出一些语言辛辣的小册子以及满是仇恨的书籍，该组织雇用的一些演说者还走访了北部各大城市、乡镇、小村庄。他们向众人出示了奴隶们穿过的那些破烂、肮脏的衣服，展示了束缚奴隶们的手铐、脚镣，高举一条条沾满血迹的鞭子、带钉的假领以及其他种种刑具。一些逃跑成功的奴隶也被招进这场活动中，并巡游于全国，向观众们煽情地述说其所遇的种种暴行经历及其曾经受过的无尽折磨。

一八三九年，美国反奴隶制协会发行过一本小册子，名为《美国奴隶制实况——一千名证人》。在这本小册子中，那些目击证人讲述了自己曾亲眼见到的一些残忍行径：奴隶们的双手被强行按进滚烫的开水之中，他们身上被鲜红的烙铁打上烙印，他们的牙齿被敲掉，他们任由他人刀捅，他们被猎狗撕咬得皮开肉绽，他们遭皮鞭毒打致死，他们被绑在火刑柱上烧死。撕心裂肺的母亲眼看着亲生骨肉跟自己生离死别，被关进奴隶笼子出售、拍卖。妇女因为已过生育年龄而惨遭鞭笞。鉴于浅皮肤小孩，尤其是女孩，可以卖出更高的价格，于是那些身强力壮且肌肉丰满的大个子白人男子，只要跟黑人女子交合，便可得到二十五美元的酬劳。

废奴主义者最惯常且最猛烈谴责的便是种族杂合。南方的男人被指控对黑人奴隶制情有独钟，是因为他们热衷于"无节制的放荡"。

"南方，"温德尔·菲利普大声疾呼道，"简直就是个硕大无比的窑子，那儿被迫卖淫的妇女多达五十万。"

当时那些废奴运动小册子中传播的那些声色犬马之事，实在令人作呕，在此自然不便再予以重述。奴隶主被指控强奸其跟黑人妇女所生的女儿，然后将她们卖给别的男人当情妇。

史蒂芬·S.福斯特宣称，在南方的循道会教派里，有五万名女黑奴成员，她们在鞭子的威逼下被迫过着那种不道德的生活。据福斯特称，该地循道会牧师支持奴隶制的理由只有一个，那就是他们想把女奴当成情妇占有。

在跟道格拉斯进行的数次辩论中，林肯本人曾声称一八五〇年的美国共有四十万五千七百五十一名黑白混血儿，他们差不多都是女性黑奴跟其白人男性主人的交合产物。

由于《宪法》保护奴隶主的各种权利，于是废奴主义者将其诅咒为一项"死亡之盟约以及地狱之协定"。

一位贫困潦倒的神学教授的夫人坐在餐桌旁，完成了一部其命名为《汤姆叔叔的小屋》的作品，该作品还成为了所有废奴文学的巅峰之作。这位夫人在哭泣中完成的该书，以一种暴风雨般的情感述说着她的故事。在该书的结尾处，她说是上帝在撰写这个故事。该书史无前例地真实而戏剧性地再现了奴隶制的种种悲剧，它激发了数百万读者的情感，其达到的销量以及产生的影响，之前的任何小说都不能望其项背。

林肯在被引荐认识该书的作者哈里特·比彻·斯托时，他称呼对方为掀起了一场大战的小妇人。

北方废奴主义者发起了这场出于好意但却不乏夸张的疯狂战役，可其结果又如何呢？它是否让南方人相信自己的所作所为是错误的呢？远没有达到那种效果。其结果是本该料想到的。就仇恨的性质而言，由废奴主义者所挑起的仇恨滋养了仇恨。它促使了南方想跟那些傲慢无理且好管闲事的批评者分道扬镳。在这种政治或者情绪化的氛围中，真理之花很少得以繁荣，在梅森—迪克逊一线的两端，悲剧性错误的种子已经生长到其血淋淋的开花之时。

当"黑色的共和党人"在一八六〇年选中林肯作为总统候选人之时，南方人坚定不移地相信奴隶制已经走到了尽头，他们不得不立刻在废奴制度和脱离联邦之间做出抉择。他们凭啥不脱离呢？他们难道没这权利吗？

就这个问题而言，人们前前后后激烈争论了长达半个世纪之久。不同的州在不同的时候都曾扬言要脱离联邦。比方说：在一八一二年的那场战争期间，新英格兰州就曾非常严肃地谈及到要组建一个独立之国的事情；康涅狄格州立法会曾通过了一项决议，宣称"康涅狄格州是一个享有自由、主权及独立的国度"。

就连林肯本人也曾一度信奉独立的权利。他曾在国会的一次演讲中说道："任何地区的人民，只要有意愿、有力量，都有权起来摆脱现存的政府，并组建一个更符合自己切身利益的新政府。这是一种极有价值、极其神圣的权利——一种我们希望并相信可以解放人类的权利。这一权利适用于现存政府中全体人民愿意行使它的种种场合。不管人民数量多寡，只要有此能力，就可以发动革命并将其居住的领土变成自己的。"

林肯在一八四八年讲述过以上之言。然而，时至一八六〇年，林肯不再坚信其前面之所言。倒是南方却非常坚信这一点。林肯当选总统六周之后，南卡罗来纳州通过了一项脱离联邦的法令。查尔斯顿市以军乐、篝火、烟花以及街舞等方式庆祝这一新的"独立宣言"。另外六个州也随即效仿起来。在林肯离开斯普林菲尔德前往华盛顿的前两天，杰斐逊·戴维斯被选为一个新独立国家的总统，而他们建国的基础即所谓"奴隶制是黑人天然而正常的状态……这一伟大的真理"。

布坎南政府即将卸任，各部门官员的忠实履职程度可谓千疮百孔，对于南方出现的情况根本无暇阻止。而林肯只能干坐在斯普林菲尔德，眼巴巴地望着联邦解体，共和党在毁灭的边缘摇摇欲坠。他眼见南方联盟忙于购买枪支、修筑要塞、训练士兵，他意识到自己必将领导民众进行一场内战——一场痛苦而血腥的内战。

他心神不宁，夜不能寐。因为焦虑，他的体重骤减四十磅。

林肯是个非常迷信的人，他相信即将来临的种种事件会在夜梦和预兆中投下影子。一八六〇年美国总统大选之后的第二天下午，他回到家中，一头倒在一个布衣沙发上。他的对面立着一个衣柜，上面挂着一面活动的镜子。当他看着那面镜子时，结果发现自己在那里面虽有一个身子，但却有两张脸——其中一张苍白不堪。他被吓了一跳，旋即起身，结果那个幻觉又消失了。他再次躺下，那鬼影又出现了，比刚才更加难看。这件事一直萦绕在他的心头，久久不能释怀。他将此事告诉自己的夫人，对方却肯定地认为那是他将获得连任的一个征兆，不过，其中那张苍白之脸意味着他的生命将在第二任期内终止。

此事没过多久，林肯渐渐坚信自己前往华盛顿就等于送死。他收到了数十封信件，信中画有绞刑架和匕首等图案，差不多每封信带给他的都是死亡威胁。

当选总统之后，林肯曾对一位朋友说道："怎么处理我的房子，我还拿不定主意。我不想出售后连房子都没有。可是，如果我将它租出去，那我回来时恐怕早就破旧不堪了。"

好在他最后总算找到了一个人，此人愿意替他好好看管房子，还保证让它完好如初。于是，林肯以年租九十美元的价格交给了他。之后，林肯还将这一租房通告刊登在《斯普林菲尔德日报》上：位于第八街拐角与杰克逊街交汇处有一住房，室内包括客厅及套间中各配属物品在内的地毯、沙发、椅子、橱柜、衣柜、床铺、灶具、瓷器、女王陶、玻璃制品等家具一律待售。欲知细节，请立来现场面议。

于是，街坊邻里前来他家一看究竟。其中一位买走了几把椅子和一个火炉，另一位问了问一张床的价格。"带走你想要的物件，"林肯或许说过，"至于价格嘛，你看着给就是了。"购买者只是象征性地给了他一点钱。

大西部铁路公司主管L.L.提尔顿先生买走了绝大部分家具，后来将其运到了芝加哥，结果却在一八七一年的那场大火灾中烧毁殆尽。

还有一件家具仍留在了斯普林菲尔德。数年之后，一位书商将其统统买下，之后送到了华盛顿，安放在林肯去世时所在的公寓里。该公寓几乎与福特剧院隔街相望，现属于美国政府资产——国家级瞻仰场所兼博物馆。

当时的邻居们曾从林肯手中买走了几把二手椅子，每把或许仅花了一点五美元，现在的价值应该是同等重量的黄金和白金。凡是林肯曾亲手触摸过的东西，现在都成为了无比珍贵而且荣耀之至的物品。

林肯遭遇布斯暗杀时就座的那把黑色的胡核桃摇椅在一九二九年以二千五百美元的高价售出。

在前不久的一次公开拍卖会上，林肯委任胡克少将为波托马克军队总司令的那封亲笔信以一万美元售出。林肯在内战期间所签发的四百八十五封电报被装订成册，这本价值二十五万美元的册子现归布朗大学所有。一份林肯未曾签名的不太重要的演讲稿最近被人以八千美元买走。一份林肯亲笔书写的葛底斯堡演说词也值数以千计的美元。

在一八六一年的斯普林菲尔德，人们对林肯其人的才干以及他未来的走向并不真正了解。

多年以来，这位未来的总统似乎每天早上都挎着菜篮子，脖子上围着围巾，一直来回走在当地的大街小巷上，去杂货店、肉铺等地购买每日所需的各种物品。多年以来，他每天傍晚都要去镇外的一处牧场辨认出自家的奶牛，赶回家中挤奶，给自己的马梳理鬃毛、清洗马厩、劈柴，然后抱到厨房里去。

在前往华盛顿的三周之前，林肯着手准备自己的第一次就职演说。他需要一个独处和僻静的环境，于是将自己锁进某杂货店楼上的一个房间里，随即工作起来。他自己的藏书很少，而他法律事务所的伙伴却有一个书房。林肯请求赫恩登给他带来《宪法》、安德鲁·杰克逊的《反无效执行宣言》、亨利·克莱在一八五〇年所做的伟大演说，以及《韦伯斯特答海恩》等读物。就是在这堆满家具的肮脏、灰层遍地的环境中，林肯写出了他那著名的演说词。在其演说词的文末中，他向南方各州发出了娓娓动听的恳求：

我讨厌就此结束我的演讲。我们不是敌人，我们是朋友，我们也不能成为敌人。尽管我们之间可能出现过紧张情绪，但这不能隔断我们之间的友爱之情。那一根根神秘的记忆琴弦,将每个战场、每位同胞的墓地跟这片广袤土地上每颗鲜活的心脏连接着,若再次拨动,必将为本联邦的合唱曲增添和谐。那一根根琴弦一定会由我们灵魂深处的守护神拨动。

在离开伊利诺伊州前,他乘车七十英里前往该州的查尔斯顿,去跟自己的继母告别。他一如既往地称呼对方为"妈妈",继母却紧紧拉住他的手不放,边哭边说:"我原本就不希望你去参加什么总统竞选之类的事儿,亚伯,我不想看到你当选。我有一种预感,你会遭遇什么不测,这样一来,除了在天堂,我就再也见不到你了。"

在斯普林菲尔德的最后日子里,他经常想起过去,想起新塞勒姆,想起安·拉特利奇。在一次次的梦中,他再度见到了后来被证明远超出人间现实的那些事儿。就在林肯前往华盛顿的前几天,某位新塞勒姆的开拓者前来斯普林菲尔德跟他叙旧告别。他还同此人详细地唠叨起了有关安的一些事儿。"我曾经深深地爱着她,"林肯坦诚说道,"我现在还思念她,而且常常如此。"

在林肯永远离开斯普林菲尔德的前一个晚上,他最后一次来到自己那脏兮兮的律师事务所办公室,还处理了一些公务琐事。赫恩登如是告诉我们:

处理完所有这些事务之后,林肯走到房间对面,一屁股坐在办公室的那张沙发上。这张沙发使用了多年,这下只能靠墙支撑而勉强维持着。他在那儿躺了一会儿,脸朝天花板。我俩谁也没说话。过了一会儿,他询问道:"比利,咱俩共事有多久了?"

"超过十六年了吧。"我回答道。

"咱俩在这些年里从没说过什么气话,对吗?"

"对的,从没有过。"我非常激动地回应道。

紧接着,他回忆起了自己早期执业期间的一些趣事,还津津乐道地描绘起巡回办案期间出现过的众多滑稽案子……他将准备带走的一捆书籍和文件收集到一块儿,随后打算离开。可就在林肯离开之前,他却提出了一个奇怪的请求,说底楼那挂在已生锈的铰链上的招牌还得留着。

"就让它原地挂着吧,"他意味深长地压低声音说道,"得让咱俩的客户们都知道,总统选举跟林肯和赫恩登的律师事务所没什么瓜葛。只要我活着,说不定哪天就会回来,到那时,咱俩还会若无其事地继续干我们的律师事务。"

他又停留了一会儿,好似要最后再看一眼那陈旧的屋子,然后穿门而过,走进那狭窄的走廊。我陪着他走到楼下。一路上,他谈到了总统办公室周围那些令人不愉快的地方。

"我已反感从政,"他抱怨道,"一想到即将面临的那些麻烦事儿,我就不寒而栗。"

林肯当时的身价兴许能值一万美元,不过那时的他缺少现钱,结果只能跟朋友们借钱筹集前往华盛顿的路费。

在斯普林菲尔德的最后一周里,林肯一家是在切纳里旅馆度过的。他们出发前的那个晚上,全家人的皮箱和木箱被搬到了楼下大堂里,林肯本人将所有箱子用绳子套到一块儿,然后跟服务员要了一些旅馆专用的卡片,随后将卡片翻了个面,并在上面写着:"华盛顿特区行政大楼 A. 林肯。"之后,他将那些卡品一一贴在行李上。

第二天早上七点二十分,那辆破败不堪的旧巴士退着开进了旅馆,林肯一家坐了上去,然后摇摇晃晃地赶往沃巴什火车站。

当时天未大亮,还下着雨,不过车站的站台上已挤满了前来送行的约一千五百位老邻居。他们成一字排列，一边从林肯身边缓缓经过，一边握了握他那瘦削的大手。最后，提醒他上车的铃声拉响了。他从前面的梯子走进自己那节私人车厢，一分钟后又出现在站台的尽头。

他原本不打算发表什么演说。他曾告诉过记者们，让他们不必去车站，因为他没什么话可讲。然而，当他最后一次望着自己老邻居们那一张张脸时，却觉得自己必须得说点什么。那天早上，他在雨中说过的话语，无法跟葛底斯堡演说相提并论，与他在第二次就职场合上所做的令人叹为观止、发自心灵的演说杰作相比，更是不可同日而语。然而，这次告别演说却能和任何一首《大卫的诗篇》相媲美，兴许比他曾做过的任何一次演说都更具个人情感、更哀婉动人。

在其一生中，林肯在演讲时曾流过两次眼泪。那天清晨便是其中的一次：

我亲爱的朋友们：

在此分别的时刻，除非跟我身处相同的处境，否则没人能够感受我此时的伤悲之情。没有这片土地和这里的好心人，我就一无所有。我在这里度过了二十五年的时光，从一个青年变成了一个老者。在这儿，我的孩子们一个个降临，其中一个还葬在了这里。此刻，我就要离开，不知道何时或者是否能够回来，因为摆在我面前的重任比华盛顿当年曾处理过的更为艰难。如果神圣的上帝不像佐助华盛顿那样佐助我，我绝无成功的可能。若得此佐助，我一定不会失败。相信伴我同行且与诸位永远同在的上帝，让我们满怀信心，希望一切都会好起来。在跟大家情深告别之时，我会祈求上帝庇护诸位，也希望诸位祈求上帝庇护我。

第十七章　入主白宫

林肯曾收到过数十封恐吓信件，信中声称他绝对不可能活着入主白宫。陆军总司令温菲尔德·斯科特将军担心林肯会在做就职演说时遭到枪击，数万民众也有此顾虑。

就在林肯前往华盛顿就职的途中，美国情报局和一些私家侦探均发觉且相信某种阴谋的存在，那就是林肯在途经巴尔的摩时，他可能会遇上刺杀行动。惊闻这一消息，林肯的朋友们都请求他改变行程，并敦促他穿便装在夜里进入华盛顿。

这一建议给人以怯懦之嫌。林肯知道此举会引来一场嘲笑、讥讽风波，于是断然反对那样做。不过，他没能架住其忠实的智囊团为时数小时苦口婆心的劝说，最后屈从了他们的意愿，准备悄然完成随后的行程。

一听到原先安排被全部打乱，林肯夫人坚持要跟丈夫同行。当她被强令必须乘坐随后那趟火车时，她立刻大发雷霆起来。她表现出的抗议声音之大，差不多足以暴露整个计划。

林肯将于二月二十二日在宾夕法尼亚州的哈里斯堡发表演说，且在当晚下榻那儿的宾馆，并于次日前往巴尔的摩和华盛顿。这一消息早已发布出去。

按计划，林肯在哈里斯堡发表了演说，但是那天晚上并没有住宿在那儿，而是在当晚六点钟时从宾馆后门溜了出去。他身穿一件破烂的旧外套，头戴一顶之前不曾戴过的羊毛礼帽。他被人开车送至一节没有灯光的火车车厢。数分钟之后，火车在呼呼声中启动，载着林肯直奔费城而去。与此同时，哈里斯堡的电报线也被切断，以此不让伺机暗杀者得到及时信息。

为了等车换站，林肯一行人在费城还得再等上一个小时。其间，为防止被人认出来，林肯和著名侦探阿伦·平克顿坐进一辆漆黑的出租车，在城里的大街小巷来回转悠。

十点五十五分，为不让其身高引起人们的注意，林肯躬身倚靠着平克顿的臂膀，从一道侧门进入了火车站。他的头始终保持着前倾姿势，拽紧自己出门常披的那条旧围巾，将脸遮得严严实实。靠着这一装扮，他穿过了候车大厅，直奔火车车尾最后一节的卧铺车厢——平克顿的一位女助手早已用厚重的窗帘跟别的车厢隔离开来，对别人说是供其"致残的哥哥"专用。

到那时为止，林肯曾收到过数十封恐吓信件，信中声称他绝对不可能活着入主白宫。陆军总司令温菲尔德·斯科特将军担心林肯会在做就职演说时遭到枪击，数万民众也有此顾虑。

因此，华盛顿的许多市民对参加那一演说仪式表现出了担忧。

于是，就在国会大厦东边柱廊的站台下方，年迈的斯科特将军布置好了六十名士兵，以保卫台上做就职演说的林肯，还就总统后面站岗及其听众面前呈包围状的士兵均做出了相应的安排。仪式完毕之后，这位新上任的总统步入那辆马车，经宾夕法尼亚大道往回走。沿路所经之地，每栋高楼都由身着绿色外套的神枪手把守，手持林立般刺刀的步兵阵容则随车前行。

当林肯最终安然无恙到达白宫时，许多人惊讶至极。另外一些人自然感到失望万分。

在一八六一年之前的几年时间里，国家一直在低迷的财政中苦苦挣扎着。生活如此难以为继，政府被迫派军队进驻纽约市区，以免饥饿难耐的暴徒哄抢各个金库。

正当林肯就职总统之际，成千上万名枯瘦而绝望无比的民众仍在四处求职。他们知道，初次登台的共和党人一定会解散那些在职的民主党人，甚至周薪十美元的雇员也会被遣走。

数十名申请者争抢一个工作。林肯进入白宫才两个小时，就被求职者给团团包围，以至于寸步难行。他们在各个大厅来回穿行，挤得每个过道水泄不通，占据了整个东大厅，甚至闯入各个私人会客室。

不少乞丐也接踵而至，哀求他给一顿饭钱。还有一名男子跟林肯讨要一条旧裤子。一名寡妇前来替一名男子求职，说那名男子承诺一定娶她为妻，只要她能为他谋到一个能养家糊口的职业。

数以百计的人蜂拥而至，仅为得到他的签名。一名靠出租寄宿旅馆为生的爱尔兰妇女匆匆赶来白宫，恳请林肯帮她向一位政府雇员讨回伙食费。

每当一名雇员病入膏肓之时，数十名求职者就拥到林肯面前，要求"一旦他死了"自己就去补上那个位置。

所有的求职者都携带着无数张证明，当然，林肯连十分之一人的材料都看不过来。有一天，谋求去同一邮局上班的两名求职者各自将一大捆信件塞进林肯的手里，他索性来了个快刀斩乱麻，将装着这两捆信件的袋子分别放到秤上一称，然后把工作给了那位袋子更重一些的求职者。

数十人一次又一次地来找他谋求职位，还因为没能如愿而将林肯破口大骂一通。求职者中不乏一无是处的懒汉。一名妇女前来为自己的丈夫谋职，竟坦然说他本人喝醉了酒，不能亲自过来。

有些求职者表现出的那种肮脏的自私行为、肆无忌惮的贪婪让林肯大跌眼镜。他们在林肯去吃午饭的路上拦住他，在他驱车行进在大街时，冲到他的马车跟前递交求职简历。就连他已就任总统一年之后，而国家已处于战争状态长达十个月之际，那些东游西荡的无赖仍缠着他不放。

"他们还有完没完？"林肯不禁叹息道。

扎卡里·泰勒担任总统还不到一年半时间，求职者的疯狂侵扰便让他苦不堪言。"蒂珀卡努"哈里森受此折磨长达四周。而林肯一边忍受着这些求职者的骚扰，一边还得处理战事。最后，紧张的事务还是摧垮了他那钢铁般的体格。在罹患天花之后，林肯曾说过："马上把求职者给我统统叫来，我这下让他们都有事可做。"

在白宫才待了二十四小时，林肯便面临着一个重大而严峻的问题。南卡罗来纳州的查尔斯顿港口有个桑姆特要塞，那里的驻军粮食即将用完。是对这一要塞补给，还是将其放弃给南方联盟，林肯总统不得不做出决断。

他的陆军及海军顾问们纷纷阻止，说："不要再把粮食运送去那儿。一旦送去粮食，就意味着战争的开始。"

林肯的七名内阁成员中，有六个表达了同样的意思。但是，林肯知道，自己不能将桑姆特要塞的驻军撤走，因为这无异于是对南方各州分裂的承认、纵容，会让联邦土崩瓦解。

在其就职演说中，林肯曾经非常庄重地"以上帝的名义"起誓，要誓死"保留、保护且保卫"联邦的完整性。他一心要坚守誓言。

于是，他发出了命令。美国海军"波瓦坦"号战舰起锚驶向桑姆特要塞。舰上满载着腌肉、香肠以及面包，但却没载枪支、士兵和弹药。

当杰斐逊·戴维斯听到这一消息，他随即电令博勒加德将军，让对方在认为必要时向桑姆特要塞发起进攻。

安德森少校负责进攻桑姆特要塞。他给博勒加德将军捎去口信，说他只消再等上四天，联邦驻军将在饥饿的威胁下被迫撤退，因为他们已经断粮，只能靠咸猪肉度日。

那么博勒加德将军为什么没有等待呢？或许是他的智囊团里有一部分人觉得，"除非鲜血溅满人们的脸上"，否则那些准备退出联邦的各州可能还会回归到联邦的怀抱。杀掉几个北方佬既能激发热情，同时还有助于巩固南方联盟。

博勒加德将军于是下达了一些悲剧性的命令。四月十二日凌晨四点三十分，一枚炮弹尖叫着划过天空，嗖的一声落入桑姆特要塞墙外不远的水域。那场炮击持续了三十四个小时之久。

南方联盟将这一事件骤然变成一场社交性事务。在一群漫步在码头和炮台的时髦上流女性的掌声中，身穿崭新灰制服的无畏青年开炮了。

星期天下午，联邦士兵放弃了桑姆特要塞和四桶咸猪肉。他们高举星条旗，伴随着乐队演奏的《扬基歌》乘船直奔纽约而去。

在长达一个星期之中，查尔斯顿纵情作乐。大教堂里唱起了一首壮丽的"感恩赞歌"。人们成群结队在大街上游行，在酒吧间、酒馆里，喝呀、唱呀、喧闹不止。

就伤亡的人数来看，对桑姆特要塞的炮击算不得什么大事件。双方无一人伤亡。但从它引发的一系列事件来看，比这场战斗更重要的可谓凤毛麟角。至此为止，一场世界上最为血腥的战争就此拉开了序幕。

第三篇
伟大的总统

对林肯来说,什么样的失败都不是新鲜事儿。他一生经历得可不少,也从没有因此趴下过。他对自己事业最终会取得胜利的信念依旧坚定不移、毫不动摇。

如果现在问一位普通的美国人南北内战为何而起,人们给出的答案多半是:"为了解放奴隶。"林肯认为,对于美国奴隶制度的存在,南北双方均有不可推卸的责任,而且在废除这一制度问题上,双方均应承担同等的职责。

第十八章　内战开始

这注定是一场旷日持久的战争。林肯这下清楚地意识到这一点,于是向国会要求征兵四十万人,而国会又给他增加了十万人,还授权五十万名军人服役三年。

林肯发出了征兵七万五千人的号令。此令在全国范围内掀起了一片疯狂的爱国热潮。群众集会在成千上万个大厅及广场举行着,乐队奏响起音乐,彩旗四处飘扬,演说家慷慨陈词,鞭炮燃放不息,农民和知识分子纷纷放下锄头和笔杆,拥向军旗。

在十周时间里,十万九千名新兵边军训、边行军、边歌唱:

约翰·布朗的尸体躺在墓穴中,
可他的灵魂却在行军中。

可谁才能率领这支部队走向胜利呢?当时,陆军部队有一位公认的军事天才,绝无仅有。此人名叫罗伯特·E. 李,是个南方人。尽管如此,林肯还是委任他为联邦陆军总司令。如果李将军接受了这一任命,那么这场内战的历史早已大不一样了。李曾有一段时间认真考虑过接受这项任命。为了做出正确的决定,他思前想后,读《圣经》、跪地祈祷,整夜在自己的卧室踱步。

在许多方面,李将军跟林肯的看法一致。两人对奴隶制疾恶如仇。李将军很久以前便释放了自己家中的黑人奴隶。两人非常热爱联邦,李将军相信联邦是"永恒的",而脱离联邦则带有"革命"的意味,国家就会面临"更大的灾难"。

然而,问题就在这儿——他是个弗吉尼亚人,一个骄傲的弗吉尼亚人,一个把所在州的利益放在国家利益之上的人。在长达二百年的历史中,他的祖先曾先后在其所属殖民地、所属州的命运中发挥过举足轻重的作用。他的父亲——无人不知的"轻骑手"哈利·李曾帮助华盛顿追击过乔治王的红衣军,之后当选为弗吉尼亚州的州长。李将军的父亲曾教育他要热爱自己所属的州胜过热爱联邦。

所以,当弗吉尼亚州投票支持南方时,李便平静地宣布:"我不能率领一支怀有敌意的军队去对付我的亲人、我的孩子以及我的家乡。我要分担亲人们的痛苦。"这一决定也许使得这场战争多打了二至三年。

这下林肯还能向谁寻求帮助和指引呢?温菲尔德·斯科特当时统辖着陆军,可他已是耄耋之年。在一八一二年美加战争中,他指挥的朗迪通道之战赢得过辉煌的战绩。现在可是四十九年之后的一八六一年。此时的他可谓身心俱疲,年轻时的激情和勇气早已随着岁月逝去。

此外,他正受着脊椎病痛的折磨。"长达三年来,"斯科特写道,"我一直不能骑马,或者说每次走上两三步都会疼痛难忍。"再说,他这时还患有"别的病痛——浮肿和眩晕"。

为了国家取得胜利,林肯不得不依赖此人:一位气喘吁吁、本该躺在医院水床垫上由护士照顾的老人!

林肯曾在四月份征集过七万五千名男子入伍,服役期限为三个月。这些人到七月即满役期。于是,在六月下旬,人们高声疾呼:战斗!

战斗！战斗！

在《纽约论坛报》每个社论专栏的顶端位置，霍拉斯·格里历日复一日地保留着"国民之呐喊"几个醒目大字：向着里士满前进！

商业仍处于一蹶不振的状态。各大银行担心贷款延时不还。就连政府的贷款也得支付百分之十二的利息。人们惶恐不安。"唉，听我说，"人们说道，"没必要再自欺欺人啦。咱们来个狠命一搏，抓住李的军队，让这讨厌的事儿一了百了吧。"

这话听起来很是诱人，人人都表示同意。

当然，军事专家们却不这样认为：他们知道联邦军队并没准备好。不过，林肯总统迫于公众压力，最后还是下令出征。

于是，在阳光灿烂却非常炎热的七月某一天，麦克道尔率领三万之众的"大军"出征了。他们前去讨伐驻扎在弗吉尼亚州布尔朗溪的南方联盟军队。能率领这么大一支军队的将军，在美国可谓绝无仅有。

多么庞大的一支队伍啊！可惜是一支毫无经验且缺乏训练的队伍。其中有几个团还是在最后十天才组建的，而且毫无纪律意识。

"尽管我已尽了自己的最大努力，"身为旅长的谢尔曼说道，"但一样不能阻止手下的士兵抢水、抢草莓或者其他任何可以充饥的东西。"

在那个年代里，义勇军和土耳其兵被视为猛士。于是不少士兵渴望在行动和打扮上跟他们一样。最后，数以千计的士兵来到了布尔朗溪。当天，他们头裹着猩红色的头巾，下身穿着宽松的黄马裤。他们看上去不像是一群准备战死沙场的士兵，倒像是某个马戏团的小丑。

几名头戴丝质礼帽的议员，各自带着自己的夫人、宠物狗、三明治和波尔多葡萄酒，驱车前往观战。

最后，在七月下旬的某个炎热的上午十点钟，内战中第一场真正意义上的战斗打响了。随后发生什么啦？

在宾夕法尼亚团和纽约炮兵中，部分毫无作战经验的士兵，一见炮弹噼里啪啦穿过树林，一听有人发出尖叫声，一看有人口吐鲜血栽倒在地，他们这才想起自己为期九十天的兵役已满，于是坚决要求退役，而且就在那时那地！并且要快！如麦克道尔报告的那样，这些士兵"一听到敌军的炮声便撤退到了后方"。

其他将士战斗得异常勇敢，一直坚持到下午四点三十分左右。当时，南方联盟军突然新增两千三百人进行突击，强行夺回了阵地。人们纷纷传言："约翰斯顿的部队来啦。"

随后一片恐慌。

拒不听从命令的两万五千名士兵在战场上乱作一团，四处逃窜。麦克道尔及数十名军官赶忙阻止溃逃，但为时已晚。

没过多久，南方联盟的大炮朝着道路一阵猛轰。这时的路上塞满了逃亡的士兵、军需车辆、救护车以及那些头戴丝质礼帽议员的观战马车。妇人们在尖叫声中昏了过去。男人们的喊叫声、诅咒声响成一片，他们还相互践踏。一辆马车翻在一座桥上，公路被堵塞了。有人从马车、救护车和炮架上砍断那些乱踢乱蹦的马匹的缰绳，那些被吓破胆儿的红头巾、黄马裤士兵翻身上马，疾驰而去，哪里顾得上身后尘土里的遗物以及马腿上拖着的马具。

逃兵们以为南方联盟的骑兵在后面穷追不舍。"骑兵！骑兵！"的叫喊声弄得风声鹤唳、草木皆兵。

这支溃退"大军"成了一群噤若寒蝉的乌合之众。在美国战争历史上，人们不曾见到过这等惨景。

那些疯狂的士兵扔掉枪支、外套、军帽、皮带、刺刀，落荒而逃，好似被一个莫名其妙的鬼怪追踪一般。一些士兵因为疲惫不堪跌坐在地上，随后被赶过来的马匹和车辆碾压致死。

那天是个星期天。在教堂做礼拜的林肯听到了二十英里之外传来的炮声。仪式一结束，他立刻冲到陆军部去查看从各战场陆续发来的电报。尽管电报内容支离破碎且语意不全，林肯还是急不可耐地要跟斯科特将军探讨一番，于是匆匆赶到了老将军的住所，结果发现对方正在睡午觉。

斯科特将军醒了过来，打了一个哈欠，揉了揉双眼。不过，他身子虚弱，非得有人扶一把才能坐起身来。他当时配有一个类似马鞍的东西，靠滑轮装置连在天花板上。他握住一根带子，便将自己那庞大的身躯拖成直立状态，然后挪动双脚离开躺椅，站在地上。

"我不知道，"他开口说道，"战场上投入了多少兵力，这些兵力布置在何处，他们的武器配备如何，或者说他们都能干些什么。没有人来告诉过我，我对此一无所知。"

他可是整个联邦军队的总司令啊！这位老将军看了几封发自战场的电报，随后告诉林肯没什么可担忧的，继而开始抱怨自己那疼痛的脖子，最后又躺下睡去了。

半夜时分，那支乱成一锅粥的溃败军队开始蹒跚地穿过长桥，经波托马克河进入华盛顿。人行道上很快摆好了饭桌，不知从哪儿突然冒出一辆辆装着面包的马车，上流社会的女性站在烧煮着热汤、热咖啡的锅边，不停地分发食品。

由于疲乏至极，麦克道尔写电文时，不觉靠着一棵树熟睡了过去。他当时连一个句子都没写完，手里还握着铅笔呢。这时，他手下的一些士兵也是困倦得无暇顾及别的事务。尽管天在不住地下雨，但士兵们仍纷纷倒在人行道上，蒙头睡得跟死人没什么区别。一部分熟睡的士兵仍紧握着步枪。

那一夜，林肯没有合眼，一直坐到次日大天亮，认真倾听新闻记者以及头戴丝质礼帽的平民讲述其亲眼目睹的那场败仗。

不少公众人物陷入了惊恐。霍拉斯·格里历希望以任何条件作为代价立刻结束这场战争。他确信南方联盟是永远不可战胜的。

伦敦的银行家们料定联邦必将遭致摧毁，于是他们的代理人在星期天下午直奔财政部而去，要求美国政府为其贷出的四万美元做担保。该代理人被告知星期一再来，说美国政府到时一定还会在原地办公的。

对林肯来说，什么样的失败都不是新鲜事儿。他一生经历得可不少，也从没有因此趴下过。他对自己事业最终会取得胜利的信念依旧坚定不移、毫不动摇。他来到灰心丧气的士兵中，跟他们一一握手，一遍又一遍地告诉他们："上帝保佑你们！上帝保佑你们！"他给他们鼓劲儿，坐下来同他们一起吃豆子，帮助他们恢复斗志，还跟他们讨论起更加美好的明天。

这注定是一场旷日持久的战争。林肯这下清楚地意识到这一点，于是向国会要求征兵四十万人，而国会又给他增加了十万人，还授权五十万名军人服役三年。

可是谁才能统帅这支军队呢？是年迈的斯科特将军吗？他寸步难行，没有"马鞍"和滑轮就下不了床。在第一场战斗进行期间竟酣睡了一下午！绝对不可以！他早已过时了。

就在这时，在曾驰骋于疆场的军人中，还真出现了一名引人注目却又令人失望的将军。让林肯头痛的麻烦事没有因此而终结，反倒才刚开始呢。

第十九章　纸上谈兵的将军

人人都喊着出征的口号，但麦克莱伦却是个例外。林肯不停地催促他出击，但他就是一动不动。他找出各种借口一再拖延、拖延，但就是不肯出征。

在内战刚爆发的数周时间里，一位英俊的年轻军官带着二十门大炮和一台便携式打印机，挺进弗吉尼亚州西部，打退了一部分南方的军队。这人名叫麦克莱伦。他指挥的那几次战斗算不上什么大仗，只不过是些小打小闹而已。但这是北方最初的几次胜利，于是显得颇为重要。麦克莱伦可谓深谙此道，于是便用那台便携式打印机忙不迭地打印出了数十封电文，向全国人民公布了自己所取得的那些成就。

要是再过几年，他这些滑稽的表演一定会让人笑掉大牙的。可在当时，战争刚开始，人们有些不知所措，迫切希望某种领导人的出现，于是，他们便相信了这个年轻军官的一番自我虚夸的表演。国会为他颁发了嘉奖令，人们称他为"年轻的拿破仑"。联邦军队在布尔朗溪一战失利之后，林肯将其招至华盛顿，并委任他为波托马克军的指挥官。

从表面看，他是个天生的领导者。一见他骑着那匹白色的骏马奔腾而来，他手下的士兵们都会热烈地鼓掌欢迎。此外，他还是一位认真且吃苦的军人。他接管过布尔朗溪一战的残兵败将，对他们进行训练，让他们恢复信心，重振士气。他在这方面的才能可谓无人匹敌。到十月份来临之时，他拥有的那支部队算得上西方世界有史以来最为强大且训练有素的军队之一。他的军队不仅斗志昂扬，而且还摩拳擦掌。

人人都喊着出征的口号，但麦克莱伦却是个例外。林肯不停地催促他出击，但他就是一动不动。他一次又一次地举行阅兵仪式，大讲特讲自己接下来的决策，但仅限于纸上谈兵。

他找出各种借口一再拖延、拖延，但就是不肯出征。

曾有一次，他说他不能开拨，其原因竟然是自己的军队正在休整。林肯便问他的军队都干了些什么会如此劳累。

还有一次，即安提塔姆一战之后，一个令人惊讶的事件发生了。麦克莱伦的人数大大超过并打败了李将军。如果麦克莱伦随之发起追击的话，那他就可能活捉了对方，从而结束内战。林肯用信件、电报，还派遣特使等方式，连续数周敦促麦克莱伦追击败军之将李。可麦克莱伦最后却说他无法前进，因为他那些马匹非常疲乏，舌头患有炎症。

倘若你去造访新塞勒姆，你就会看到一处凹地。那凹地就在奥夫特杂货店所在的山坡下，林肯曾在这个杂货店当过店员。"克拉里家的林中小子们"曾在那儿搞过斗鸡比赛，而林肯则充当裁判。巴布·麦克纳布接连数周一直吹嘘自己有一只小公鸡，说它可以打遍桑加蒙县无敌手。可当这只鸡最后被放进斗鸡池时，它竟然转过头去，拒绝作战。盛怒之下，巴布一把抓起那只鸡，朝空中扔去。没想到的是，那只鸡落在附近的一堆柴火上，然后一边大摇大摆地走着，一边竖起羽毛，还挑衅性地发出叫声。

"哼，去你妈的！"麦克纳布愤然嚷道，"你做样子倒像那么一回事儿，可临到上战场就是怂蛋一个。"

林肯说，麦克莱伦让他想起了巴布·麦克纳布家的那只公鸡。

在半岛战役期间，率领五千官兵的马格鲁德将军曾挡住了拥兵十万的麦克莱伦的去路。结果，害怕进攻的麦克莱伦只知道躲在防御工事里，还不停地跟林肯唠叨，要求增兵、增兵，还是增兵。

"如果我奇迹般地，"林肯说道，"给麦克莱伦增加十万援兵，那他将会高兴得发疯，先对我表示谢意，然后告诉我，说他明天就向里士满进发。当明天到来时，他就会给我发电报，说他收到敌人有四十万兵力的消息，因此在没有援兵的情况下，他绝不会出征。"

"如果麦克莱伦拥有一百万兵力，"陆军部部长斯坦顿说道，"那他就会起誓，说敌人有二百万人，然后坐在泥地里，高喊要求增兵至三百万人。"

"年轻的拿破仑"一夜间声名鹊起，可惜那名声却像香槟一样冲昏了他的脑袋。他这下自负得无以言表，还将林肯及其内阁成员描绘成"猎狗"、"可怜虫"、"本人见到过的最为愚蠢的一群蠢驴"。

他对林肯的侮辱可谓毫不掩饰。当总统前去看望他时，他竟然让对方在接待室等待了半个小时。

有一次，麦克莱伦晚上十一点钟回到家中，仆人告诉他，说总统要见他，已经等候了几个小时，麦克莱伦穿过林肯坐等的那个房间，视而不见，径直上楼，然后传话下来，说他已经睡下了。

类似事件，经过各大报纸的一番大肆渲染之后，结果成了流言蜚语和丑闻，在华盛顿传得沸沸扬扬。林肯夫人带着满脸的泪花，恳请总统撤掉那个她称之为"夸夸其谈的玩意儿"。

"妈妈，"林肯回答道，"我知道他做得过分，但在这个时候，我不能过于顾及自己的情感。只要麦克莱伦能替我们打几个胜仗，我为他托捧帽子都没关系。"

转眼之间，夏天变成了秋天，秋天又变成了冬天，春天即将到来。

麦克莱伦除了操练、阅兵以及空谈之外，就是不见有任何行动。

全国上下一片哗然。因麦克莱伦的不作为，林肯受到来自四面八方的谴责和抨击。

"你的拖延将毁掉国家的事业。"林肯在发布正式的征战命令时高声叫道。

麦克莱伦这下面临着或出征或辞职的选择，于是匆匆赶往哈伯渡口，同时命令自己的军队随即跟进。他打算用从切萨皮克－俄亥俄运河调来的一些船只渡过波托马克河，然后从哈伯渡口进攻弗吉尼亚州。然而，那些船只宽出船闸六英寸，因而无法通过，所以在临近最后一刻只得废弃整个计划。

当麦克莱伦向林肯汇报这次失利，并说浮桥尚未准备到位时，这位长期忍让且非常耐心的总统终于忍不住发飙了，于是用起了在印第安纳州鸽子溪谷干草地里才使用的字眼，厉声说道："真他妈的活见鬼，怎么还没准备好？"

国人也以同样的语气发出同样的质疑。

四月份，"年轻的拿破仑"终于学着老拿破仑的样儿，给自己的士兵们发表了一场声势浩大的演说，然后带着十二万将士唱着一曲《我把姑娘留在身后》出发了。

至此，那场战争已经持续了一年。麦克莱伦一直吹嘘他这就去把整个事情收拾个一干二净，好让自己的士兵们回家，种上一点晚季玉米和小米。

尽管这话听起来让人难以置信，但林肯和斯坦顿仍然保持着乐观的态度，并电告各州州长，不再征召任何志愿兵，同时要求关闭各地的征兵办事处，变卖属于类似机构的共有财产。

腓特烈大帝有一句著名的军事箴言："谙熟自己的敌人。"对于自己将要对付的那种"软脚拿破仑",即因从未上过真正的战场而见不得血的胆怯、谨小慎微、爱抱怨的家伙,李以及斯通威尔·杰克逊是再了解不过了。

于是,李将军让麦克莱伦耗费三个月时间慢慢爬向里士满。麦克莱伦已经非常靠近目的地,差不多都能听到教堂里报时的钟声。

紧接着,诡计多端的李发起了一连串的猛攻,并在七天时间里逼得麦克莱伦躲回到自己的炮舰上,同时还让他失去了一万五千名将士。

就这样,麦克莱伦之所谓的"伟大的壮举",在这场最为血腥的战争的一次失败中灰飞烟灭。

不过,麦克莱伦一如既往地将这一切怪罪在"华盛顿那帮叛徒身上",并老调重弹:他们给他的兵力不足。他们表现出的"怯懦和愚蠢"让他"鲜血沸腾"。此时,他对林肯及其内阁成员的愤恨超过了他对南方联盟军的鄙视。他还将林肯等人的种种行为斥责为"有史以来最臭名昭著的事儿"。

相比自己的敌人,麦克莱伦的兵力从来不少,通常是多得多,但却没能将他们好好运用过一次。相反,他还一而再再而三地要求增兵。他先要求再增加一万兵力,然后又要了一万五千兵力,最后竟要十万。没有兵力可征了。他自己知道这一点,而林肯也知道对方清楚这一点。林肯曾告诉麦克莱伦,说他的要求"简直荒唐之极"。

麦克莱伦发给斯坦顿和总统的那些电报不仅内容火暴,而且还带有侮辱性,听起来就像某个疯子的胡言乱语。他指责林肯和斯坦顿在极尽所能毁灭他的军队。那些谴责中所用的言辞之尖锐,连报务员都拒绝发送。

国人为此感到惊愕不已,华尔街一片恐慌,全国上下笼罩在阴霾之中。

林肯形容枯槁而憔悴。"我差不多到了人所不能慰藉的地步。"他哀叹道。

麦克莱伦的岳父、时任总参谋长的P.B.马西竟说出除了投降别无他法之类的话。

一听此言，林肯气得满脸通红，迅疾派人请来马西，对他说道："将军，我明白您用'投降'二字的含义。这个词可不能用在与军队有关联的任何方面。"

第二十章 双重打击

疲惫而沮丧的林肯,带着抱怨、叹息的语调哀叹道:"我该怎么办呢?我该怎么办呢?盆底已经漏了。盆底已经漏了。"

早在新塞勒姆的时候,林肯便明白了这个道理:租房子并在里面备足杂货并不费多大的事儿,但是他和他那名酒鬼合伙人却没有赚钱所必须的那种能耐。

经过多年的伤痛和流血经历,林肯注定会明白这一道理:征召五十万名愿意牺牲的士兵,花费一百万美元去为他们装备步枪、子弹以及毛毯,不费什么事儿,然而要赢得一次又一次的胜利所需的那种领导才能却是弥足珍贵的。

"军事问题,"林肯感叹道,"是多么需要一位宏才大略之将才啊!"

于是,林肯无数次地双膝跪地,祈祷万能的上帝赐予他一位罗伯特·E.李,或者一位约瑟夫·E.约翰斯顿,或者一位斯通威尔·杰克逊。

"杰克逊,"林肯说道,"是一名勇敢、诚实的长老派军人。如果我方拥有一位这样的人物来统帅北方军队,国民岂会受到这么多灾难性的惊吓。"

可在整个联邦军队中哪儿才能发现一位斯通威尔·杰克逊这样的人物呢?谁也不知道。埃德蒙德·克拉伦斯·斯特德曼发表过一首著名的诗歌，其中每段的最后一句均为"亚伯拉罕·林肯，送给我们一位巨人吧"。

这句话已经超出了一首诗的叠句范围，而是一个正在流血又不知去向何方的国度发出的呐喊。林肯总统一边读着这首诗，一边流着泪。

在这两年的时间里，他一直试图发现这样一位国人急需的巨人。岂料他将这支军队交给了一个纸上谈兵的将军，致使一万，或者说三万，或者四万名寡妇及孤儿的哭叫声传遍全国。之后，那名不称职的指挥官被撤了职，另一名同样的无能之辈竟拿生命当儿戏，结果又有一万士兵惨遭杀戮。每当一封封电报送达，通宵达旦身着睡衣、脚穿拖鞋的林肯总是来回踱步，一次又一次地哭喊着："我的上帝啊！国人会怎么说？我的上帝啊！国人会怎么说？"

接着是另一名将军接受任命，结果再继续作无谓的牺牲。

这下，一些军事评论家坚持认为，麦克莱伦尽管犯有令人惊讶的种种过错而且能力惊人的欠缺，但他或许是波托马克军队曾有过的最优秀的指挥官。诸位不妨想一想，别的指挥官能有多大的指挥才能！

在麦克莱伦失败之后，林肯曾启用过约翰·鲍勃。鲍勃曾经在密苏里州立下过不错的战绩，在密西西比河夺取过一个岛屿，并捕获几千名敌军将士。

但此人在两方面跟麦克莱伦大致差不多，即英俊潇洒和自吹自擂。他声称自己的司令部就"在马鞍上"，他还发布过太多言过其实的宣言，结果很快被人送上"宣言鲍勃"的雅号。

"我从西部向你们走来，我在西部看到的总是敌人的背影"，这两句生硬笨拙的话便是他在部队演说时的开场白。他接下来指责军队在东部的不作为，还含沙射影地说他们是些可恶的胆小鬼，结束时还吹嘘自己即将创造军事奇迹。

如此言论一出口,这位新上任的指挥官立即成了一条三伏天的菱背响尾蛇:无论是军官,还是士兵,人见人恨。

麦克莱伦对鲍勃的恨尤为强烈。鲍勃已经抢占了他的位置,对此,麦克莱伦的仇恨意识比谁的都更强。此刻的他正在写一封去纽约另谋高就的信件呢。妒忌吞噬着麦克莱伦,也让他倍感痛苦和愤恨。

鲍勃带着军队朝弗吉尼亚州挺进。一场大战迫在眉睫,因此但凡鲍勃能得到的一兵一卒,他都想弄到手中。于是,林肯给麦克莱伦的电报犹如雪片似的飞去,命令他以尽可能快的速度率兵前往支援鲍勃。

可麦克莱伦服从了吗?他才没有呢。他狡辩、拖延、抗议、发电报找借口、撤回已经派出的部队,而且"挖空心思、千方百计,就为了不让鲍勃得到援兵。""让鲍勃先生,"麦克莱伦不屑一顾地说道,"自己想办法脱险去吧。"

甚至在他能听见南方联盟军队炮声之时,麦克莱伦仍然让自己的三万兵力留下,拒不前往援助那位不共戴天的敌人。

就这样,李将军又在布尔朗溪战场力挫鲍勃的军队。那场屠杀非常惨烈,联邦士兵再次仓皇而逃。布尔朗溪首战告败的经历再度重演:一群血肉模糊的残兵败将又一次拥入华盛顿。

李率领部下乘胜追击,就连林肯都以为首都也难逃陷落的命运。所有战舰受命开往布尔朗溪的上游,华盛顿的所有青壮年——无论平民还是政府雇员——均被要求拿起武器,保护首都。

在极度的恐慌中,陆军部部长斯坦顿电令六个州的州长,要求他们务必用专列火车将所有民兵以及义勇军运送至华盛顿。

所有酒吧已经关门,各大教堂丧钟齐鸣。人们双膝跪地,哀求万能的上帝拯救这座城市。老人、妇女以及孩子仓皇逃离。直奔马里兰州而去的仓促马蹄声以及马车的辘辘声,在每条大街上不停响起。

斯坦顿准备将政府迁往纽约,于是命令打开军械库,将所有的军需品运往北方。财政部部长蔡斯则命令将国库里的金银火速转移至华尔街的国库分库。

疲惫而沮丧的林肯,带着抱怨、叹息的语调哀叹道:"我该怎么办呢?我该怎么办呢?盆底已经漏了。盆底已经漏了。"

人们都以为,麦克莱伦为了寻求报复,巴不得看到"鲍勃先生"大败而归的样儿。就连林肯也将麦克莱伦招来白宫,还告诉他人们在纷纷指控他是叛徒、希望华盛顿沦陷以及南方获胜。

斯坦顿露出满脸的义愤和憎恨,盛怒之下的他气得团团转。凡见此状的人,个个都说,要是麦克莱伦当时去了陆军部的办公室,斯坦顿一定会冲上去,将他打翻在地。

蔡斯更是怒不可遏。他可不想把麦克莱伦打一顿,他说应该把这个家伙一枪给崩了。此言出自虔诚的蔡斯口中,虽然不够婉转,但至少不带一点夸张色彩。他简直就想蒙上麦克莱伦的双眼,让他背靠石墙而立,然后朝他射出一梭子子弹。

不过,善解人意且以慈悲为怀的林肯并没有谴责任何人。鲍勃失败了,这是事实,难道是他没有全力以赴吗?林肯本人就曾经历过无数次失败,因而没有责怪任何人的习惯。

于是,林肯便将鲍勃派往西北部,让他前去平息苏族印第安人的叛乱,然后将军队交还给麦克莱伦指挥。他为什么这样做呢?因为林肯曾这样说过:"在联邦军中,能将部队整顿得像模像样的也就只有他了……如果说他本人不善作战,但他能让手下的人愿意打仗。"林肯总统知道,这次将"小麦克"官复原职,他会招来谴责。他的确招来了谴责,而且是严厉的谴责,包括来自其内阁的。事实上,斯坦顿和蔡斯曾声称,他们情愿让李将军攻占华盛顿,也不愿意看到那个有叛国嫌疑且卑鄙无耻的麦克莱伦再来指挥军队。

由于内阁成员的强烈反对,林肯深感备受伤害,于是他说如果内阁希望他辞职,他会乐意照办。

安提塔姆一战之后的数月时间里,麦克莱伦断然拒绝林肯要求追击李的命令,于是再次被剥夺了军权,此人的军事生涯从此结束了。

波托马克军不可无帅。可是谁能接管呢?此人又在何方呢?谁都不知道。

万般无奈之下,林肯将指挥权交给了伯恩赛德。伯恩赛德算不上是合适的人选,他本人也心知肚明。他曾两次拒绝上任,当他发现自己不得已而接管这支军队之时,他流泪了。之后,他亲自率领队伍,朝李将军的弗雷德里克堡各防御工事发起了仓促的进攻,结果损失了一万三千名将士。军队遭此损失,却让人看不到一丁点胜利的希望。

大量的军官及士兵开始临阵脱逃。

如此一来,伯恩赛德被解职,这支军队的指挥权则交给了另一名吹牛皮大王,即"战神乔·胡克"。

"但愿上帝可怜李,"胡克瞎吹道,"因为我是绝不会可怜他的。"

胡克带着自诩为"本星球最出色的军队"去讨伐李。他拥有的兵力是南方联盟的两倍,不过,李却在昌塞洛斯维尔把他打回到了河的对岸,同时还让他失去了一万七千人的兵力。

这场战斗是内战期间北方军队最具灾难性的失败之一。

该战斗发生在一八六三年的五月。总统秘书在其记录中称,在那些难以入眠的可怕时刻,他曾听到林肯那沉重的脚步声。他一边来回踱步,一边叫喊:"完了!完了!一切都完了!"然而,他最终还是去了弗雷德里克堡,给"战神乔"鼓劲儿,给他的部队打气。

林肯因为这次徒劳无益的流血事件而饱受谴责。全国上下沉浸在一片沮丧和失望之中。

就在一场场军事失利之后，林肯很快又遭遇到家庭的不幸。对自己的两个幼子泰德和威利，林肯可谓宠爱到了无以复加的地步。为了陪两个孩子玩"小镇球赛"游戏，林肯常常在夏天夜里溜出去。他从一垒跑向另一垒，那上衣的后摆都随风飘了起来。在从白宫到陆军部办公室的途中，他有时还陪着两个孩子一边走着，一边打弹珠。在夜里，他喜欢躺在地板上，跟他们一起滚来滚去、相互追逐。在明亮而温暖的日子里，他有时会走出白宫的后门，跟两个儿子以及家里的两只山羊玩耍。

泰德和威利把白宫弄得乱哄哄的。这两个小子组织(白人扮黑人的)说唱演出，拿仆人进行军训，在一群求职者中跑来跑去。如果他俩喜欢上某个求职者，就会想方设法立刻带着对方去见"老亚伯"。如果他俩无法带着求职者从前门进去，那他俩知道那些后门在哪儿。

跟自己的父亲一样，两个小子不拘小节、标新立异。有一次，两小子擅自闯入会议室，还打断了内阁会议，就为告诉总统地下室的猫刚下了几只小猫咪。

另有一次，泰德爬到父亲背上，最后还骑到他的肩上，甚至还斜坐在他的脖子上，这可激怒且烦透了一向严厉的萨尔曼·P.蔡斯，因为他这时正在跟总统讨论国家财政所面临的严峻局势。

有人送给了威利一匹矮种马。那小子不管冬天如何寒冷，坚决要骑马玩，结果全身被弄得透湿，患上重感冒病倒在床上。不久之后，病情发展成了严重的高热。林肯每天晚上守在他的病床前，一坐就是数小时。当那个小家伙去世后，他的父亲泣不成声地说道："我可怜的儿子！我可怜的儿子！他太好了，连这个地球都容不得他，上帝都把他召唤回去了。他走得让人好难过，好难过呀。"

当时就在房间里的科克利夫人如是说:"林肯将头埋在双手里,他那高大的身躯悲恸得直抽搐……林肯夫人望着死去儿子那苍白的面孔,不断地抽搐起来。她伤心过度,最后竟连他的葬礼都没能去参加。"

威利去世之后,林肯夫人不忍心看儿子的照片。科克利夫人如是说道:"她不忍心看到儿子生前喜欢的任何东西,甚至连一朵花也不忍心看到。每次献给她的昂贵鲜花,都让她不寒而栗地转过背去。她要么把花搁在她见不着的房间里,要么扔到窗外。她把威利的所有玩具都送了人……而且,在威利去世之后,无论是他去世时的客房,还是给他涂抹香油的绿色房间,她再也没跨过这两间屋子的门槛。"

处于极度的悲痛之中,林肯夫人请来一名所谓的招魂师。此人借"科尔切斯特君主"之名四处招摇撞骗。后来有人拆穿了这个不折不扣的骗子,并以逮捕他相威胁才将他赶出了华盛顿。然而,深陷悲痛不能自拔的林肯夫人竟然在白宫接待了这位"科尔切斯特君主"。就在白宫某一间黑黢黢的屋子里,招魂师忽悠说,那护墙板的刮痕、墙上的拍击声以及餐桌上的叩击声等,都是她那辞世的儿子发来的爱的信息。林肯夫人竟然信以为真。她一边接受这些信息,一边哭泣着。

林肯也被悲痛彻底击倒了,沉浸在绝望之中,无精打采。他几乎无法料理自己的公务,无数的信件以及电报原封不动地堆在办公桌上。他的私人医生担心他无法恢复,甚至还会在无尽的孤寂中了此一生。

林肯总统有时会坐起来,接连大声朗读数小时,他的秘书或者助手便是唯一的听众。他通常朗读的是莎士比亚的作品。一天,他开始对着自己的助手读起《约翰王》来。当林肯读到康斯坦丝为她辞世的儿子痛哭那一段时,他合上书本,凭着记忆背诵出了相关内容:

天父啊,我曾经听您说过,

我们将认出天堂里的朋友，

果如此，我会再见到儿子。

"上校，你可曾见过你仙逝的任何朋友？"总统问道，"并觉得在跟他进行甜美的交流时，却伤感地意识到那不是真的？我常常就这样梦见我的儿子威利。"说完，他一头撞在桌上，号啕大哭起来。

第二十一章　内阁的矛盾

内阁成员中，差不多人人都自以为比林肯高明。让他们无缘总统宝座的不就是一场政治变故、一匹歪打正着杀进来的"黑马"嘛！

面对自己的内阁，林肯发现它跟军队的不和睦别无二致，争吵和嫉妒无处不在。

国务卿西华德把自己看成是"内阁总理"，对内阁里的其他成员不屑一顾，还因干扰他人的事务而招致极大的怨恨。

财政部长蔡斯鄙视西华德，讨厌麦克莱伦将军，憎恨陆军部长斯坦顿，厌恶邮政总局局长布莱尔。

先说说布莱尔吧。用林肯的话来说，此人到处乱"踢马蜂窝"，还叫嚣说，每当他在内阁"参加一次战斗"，就是"参加一场葬礼"。他谴责西华德是"一个办事不讲原则的骗子"，而且拒绝跟他有任何往来。至于说斯坦顿和蔡斯二人，布莱尔不屑跟这两个无赖说话，即便是在内阁会议上。

布莱尔跟其他内阁成员结怨太多，最终却参加了自己的"葬礼"——这里仅就政治而言。他引发的憎恨过于强烈，波及面太广，林肯最终只能叫他辞职。

可内阁的仇恨无处不在。

副总统汉尼巴尔·哈姆林从不跟海军部长吉迪恩·威尔斯说话。而头顶精致假发、留着精心修饰过的大花白胡须的威尔斯有个记日记的习惯,此人差不多在每页日记中对自己的每位同僚都"大肆进行挖苦和蔑视"。

威尔斯尤其看不惯格兰特、西华德和斯坦顿三人。

至于性情暴烈且傲慢无礼的斯坦顿,内阁成员中没有他不恨的人。他鄙视蔡斯、威尔斯、布莱尔、林肯夫人以及他眼前见到的差不多每个人。

"他毫不顾忌他人的感受,"格兰特写道,"在他看来,拒绝他人的请求比同意他人的请求能带给他更大的快乐。"

谢尔曼对斯坦顿的憎恨可谓强烈至极,他竟然在大庭广众之下的检阅台上羞辱对方,甚至在十年后写自己的回忆录时还对此事津津乐道了一番。"当我走近斯坦顿先生时,"谢尔曼说道,"他朝我主动伸手过来,我却当面谢绝了他,这一事实被在场的人都看在了眼里。"是人就没几个像斯坦顿那样遭人记恨的。

内阁成员中,差不多人人都自以为比林肯高明。

话又说回来,他们凭什么一定得屈从于这个粗俗不堪、笨拙无比、只会讲故事的西部蛮子呢?让他们无缘总统宝座的不就是一场政治变故、一匹歪打正着杀进来的"黑马"嘛!

在一八六〇年,身为司法部长的贝茨是非常有希望成为总统候选人的。他在日记中写道,共和党人在提名林肯之时犯了一个"严重的错误",因为林肯是一个"缺乏意志和目标"的人,而且"没有统领全局的能力"。

蔡斯也希望当时的候选人是自己,而不是林肯,而且直到生命结束之时，他仍然对林肯持有"某种仁慈的鄙视"。

西华德也是满腹不平。"失望？你跟我说失望，"他曾一边踱步，一边跟某位朋友大发感叹，"我才是有资格获得共和党总统候选人的，可我不得不靠边站，眼睁睁地看着那个总统候选人资格落到伊利诺伊州一个名不见经传的律师身上！你跟我说什么失望啊！"

西华德知道，若不是霍拉斯·格里历从中捣鬼，他本人已经坐上了总统宝座。他熟悉如何运作各种事务，在处理国家诸多大事方面拥有二十年的经验。

可林肯曾处理过什么事儿？除了他那个新塞勒姆的杂货店之外，什么都没搞过，况且就连那个杂货店也让他给"搞砸"了。哦，没错，他还曾在邮政所工作过，可不就是把信件放到他那顶礼帽里四处瞎跑吗！

这便是那位"大草原政治家"所有行政经验的家底。

可现在他却坐在了白宫的总统宝座上，一脸茫然，办什么事儿就出什么岔子！就在国家滑向灾难的深渊之时，他却得过且过、无所事事。

西华德认为——成千上万的众人也都认为——自己之所以被任命为国务卿，就是让他管理这个国家，而林肯则不过是个傀儡而已。人们称呼西华德为总理，他本人也乐意别人这么称呼。他认为拯救这个国家的重担落到了自己的肩上，而且只有他才扛得起。

"我将竭尽全力，"他在接受任命之时说道，"拯救自由和我的祖国。"

可林肯刚接任总统才五个星期，西华德竟给他送去了一份备忘录，此举着实过于放肆。这太令人惊讶啦！还不仅仅如此，此举非常带有侮辱性。在本国的历史中，从来没有任何内阁成员会如此放肆且蛮横地向总统送去这种文件。

"我们一个月的行政工作已经结束，"西华德如此写道，"却不见任何内政或者外交政绩。"随后,他以一种平和却貌似高人一等的口气,开始批评这位新塞勒姆杂货店的店员,还告知他政府应该如何运转才是正确的。

在备忘录的结尾时,他竟然厚颜无耻地暗示,从此刻开始,林肯应自觉退到后台,让政务娴熟的他来掌管国事,以防止国家垮台。

西华德还提出过一个更荒唐、离谱的建议,以至于让林肯惊愕不已。西华德不喜欢法国和西班牙近段时间以来在墨西哥的所作所为,于是建议跟这两个国家讨要一个说法。对了,还有大不列颠和俄国也是如此。倘若"两国不给出令人满意的解释",你猜猜他打算干什么?

宣战。没错,在这位政治家看来,一场战争还不够!他竟然想同时让一连串战争全面开花。他还真草拟了一份口气十分傲慢的照会,准备发给英国——该照会满是警告、威胁和侮辱的措辞。若不是林肯将其中的最具挑衅性的段落删除,另将别的段落做了低调处理,那还真就引发了战争。

西华德吸了一撮鼻烟,接着说他乐意看到一个欧洲大国支持南卡罗来纳州来干涉美国的内战,因为到时候,北方就会"攻击那个大国",所有南方各州也会帮着抗击外敌。

在当时,美国与英国的确差一点就开战。一艘北方的炮舰在公海拦截了一艘英国游轮,并带走两名打算前往英法两国的南方联盟官员,并将他们关进了波士顿监狱。

英国开始备战,将数以千计的兵力经过大西洋运送至加拿大,准备进攻北方。

尽管林肯承认那是他"曾吃过的最难以咽下的药丸",但也只得释放那两名南方联盟的官员,外加赔礼道歉。

西华德某些不靠谱的主意让林肯惊愕不已。从一开始,林肯深切

159

地感受到，面对自己必须处理的那些重大而严酷的重任，他的确缺乏经验。他需要援手，需要智慧和引导。他任命西华德就是为了达到这一目的。你瞧现在这一摊子事儿！

整个华盛顿都在谈论，说是西华德在执掌国政。这触及到了林肯夫人的尊严，也引发了她那熊熊的怒火。她带着怒气冲冲的眼神，敦促自己那位谦卑的丈夫主张自己的权力。

"我或许不能主宰我自己，"林肯向夫人保证道，"但可以肯定，西华德一定主宰不了我。唯一能主宰我的就是我的良心和我心中的上帝。那些人迟早会明白这一点的。"

一切该来的那一刻终于来啦。

萨尔曼·P. 蔡斯在内阁可是个"切斯特菲尔德式"的人物：相貌非常英俊，身高六英尺二英寸，天生一副领导者的形象，温文尔雅，是个学者，精通三门语言。他的几个女儿中的一个是华盛顿上流社会中最迷人、最受欢迎的女主人之一。说得直白一点儿，白宫里如有人不懂得怎样点餐，那蔡斯便会非常惊讶。

蔡斯很虔诚，非常虔诚：他每个星期天做三次礼拜；即便是在洗浴时，他也会引用《圣经》里的"诗篇"；他还在钱币上写上"我们信仰上帝"这一箴言。他每晚入睡前必读《圣经》和布道书籍，自然就难以相信一位总统在上床时带着的竟是一本阿特穆斯·沃德或者贝特罗林姆·纳斯比的书。

林肯的幽默天资，无论何时或者何种场合都随意发挥，这惹得蔡斯大为恼火。

有一天，林肯的某位老朋友从伊利诺伊州过来拜望他。守卫带着挑剔的眼光，对来人打量了一番，然后说总统这时候不见客，还说他正在开内阁会议。

"开会不开会都没关系,"来访者抗议道,"你只消告诉亚伯,说奥兰多·克罗格来了,想跟他说说一桩荒谬审判的经过。他一准会接见我的。"

林肯下令立刻将此人带进去,还跟他热情握手问候。总统转过身去,面向内阁成员说道:"各位先生:这是我的老朋友奥兰多·克罗格。他想告诉我们一桩荒谬审判的经过。这事挺好玩的,因此现在就请各位暂时放一放手头的活儿。"

于是,严肃的政治家们放下了正在处理的种种国家大事,等着奥兰多在那儿胡扯一气,而林肯则笑得前仰后合。

这是让蔡斯很恶心的事儿,他真替国家的未来担心着呢。他抱怨林肯"在拿战争开玩笑",还说总统很快会把这个国家推向"崩溃和毁灭的深渊"。

蔡斯的嫉妒心很强,恰如一个中学联谊会的女生那样。他原本期待着当上国务卿的。为什么就没当上呢?为什么自己一直被人冷落?为什么那个尊贵的职位就落到西华德的身上了呢?为什么他只当上一个区区的财政部部长?他既痛苦又仇恨。

可现在他只能屈居第三位。没错,他打算让其他人瞧瞧他的能耐。一八六四年眼看就要来临,到时就会进行新一轮的总统大选。之后,他决定非拿下那个总统宝座不可。除此之外,他别的什么事情都不想,全身心投入到林肯称之为"蔡斯疯狂追逐总统宝座"那件事上。

当着林肯的面,蔡斯摆出一副朋友的模样。一旦林肯不在眼前,也听不见他的谈话之时,蔡斯便成了这位总统永无休止、尖酸刻薄且卑鄙无耻的政敌。林肯常常做出一些得罪权贵人物的决定。每当发生一起类似事件,蔡斯就匆匆前往那位心怀不满的当事人那儿,以示自己同情对方,还向对方保证说他本无过错,以此竭力将怨恨洒向林肯,并促使对方相信，如果是他萨尔曼·P.蔡斯在处理那些政务的话，对方一定能得到公平的对待。

"蔡斯就像一只醒醒的苍蝇，"林肯评论道，"凡他能找到的任何腐烂场所，他都会产卵的。"

对于蔡斯的这一切卑劣行径，林肯数月前便了如指掌，但他表现得宽宏大量，并没动用自己的职权。他说道："蔡斯是一个非常能干的人，不过在谋求总统位置上，他有点不够理智。他近段时间来表现得有些不大守本分，人们纷纷跟我说：'现在是收拾他的时候了。'唉，我可不喜欢收拾任何人，于是决定，只要他履行好自己作为财政部部长的职责，那我就对他所患的'白宫热'病睁一只眼闭一只眼。"

不过，事态持续恶劣下去。当任何事情不合蔡斯的心意时，他便以辞职相威胁，前后有五次之多，而林肯每次都亲自找他，以表扬的方式好言相劝，说服他继续履行其职。不过，长期忍让的林肯终于难以再听之任之下去。两人之间的恶感这下发展到了见面就没好脸色的地步。因此，当蔡斯第六次请求辞职之时，总统便信以为真，接受了对方的辞呈。这让蔡斯惊讶不已，他为自己的虚张声势买了单。

参议院下设的财政委员会一帮人集体赶赴白宫。他们抗议，说蔡斯的辞职将会是一场国之不幸或者灾难什么的。林肯聆听着对方大说一通，之后他陈述了自己跟蔡斯共事期间那些让人痛苦万分的经历，还说蔡斯想独揽国家大权，并且对他（林肯）的权力愤恨至极。

"即使他存心要气我，"林肯说道，"我也会拍着他的肩膀，哄他继续任职。而我认为自己没必要那样做，我认为他是真心请辞的。他作为内阁官员的作用就到此为止了，我不想再提此事。如果有必要，我愿意辞去总统之职。我倒巴不得回到伊利诺伊州的某个农场上，靠耕种过日子，而不再继续忍受这不可忍受的状态。"

可就是这个曾经让他含垢忍辱之人,林肯又是如何评价的呢?"在本人认识的那些大人物中,蔡斯的能力差不多可一个顶俩。"

尽管对方挑起了他俩之间的恶感,但林肯后来还做出了他一生中最漂亮且大度的事儿。林肯在美国总统的职权范围内授予了蔡斯最高的荣誉:任命他为美国最高法院的首席法官。

然而,相比性情暴烈的斯坦顿而言,蔡斯不过是一只温驯的小猫而已。斯坦顿个头矮小但却粗壮如牛,此人还真有牛的凶猛及残忍的一面。

他的一生是莽撞而古怪的一生。他的父亲是一名医生,曾在斯坦顿儿时玩耍的仓库里挂过一副人体骨架,以此鼓励他将来子承父业。年轻的斯坦顿曾跟自己的玩伴们大讲特讲什么人体骨架、摩西、地狱之火、洪水等,之后却去了俄亥俄州的哥伦布,在一家书店做店员。他曾租住在某私人的家里。一天早上,他刚离开屋子不久,那家人的女儿突患霍乱病而死,并在斯坦顿晚上回家吃晚饭前入土为安。

他怎么也不相信这是真的。

由于担心那姑娘是被活埋的,斯坦顿匆匆赶去公墓,找来一把铁锹,怒气冲冲地挖了数小时,直至见到那姑娘的尸体后才算罢休。

多年之后,他女儿露西的离世也让他难以走出绝望的阴影,竟然在她被掩埋了十三个月之后将其挖掘出来,然后搁置在他的卧室长达一年有余。

当夫人去世之后,斯坦顿便将其睡帽、睡衣放在自己的床边,每晚大哭一场。

他的确是个古怪之人,有些人说他已经疯了。

林肯是在审理一次专利案子时结识斯坦顿的。在处理那个案子时,他俩连同来自费城的乔治·哈尔丁均被聘为被告方的辩护律师。林肯曾细致地研究过这个案子,还非常小心而勤勉地做好了准备工作,希望到时得到发言的机会。不过斯坦顿和哈尔丁认为林肯会丢他俩的面子,于是不屑一顾地将他排斥在一边,羞辱他,甚至在审判期间没让他开口说一句话。

林肯为他俩提供了一份自己的发言稿,可对方却自信那稿子就是一堆"垃圾",甚至连看都没看上一眼。

在来往于法庭的路上,那两人根本就不跟林肯走在一起。他俩不愿邀请林肯去他们的房间坐坐,甚至不愿跟林肯同桌进餐。他俩拿林肯当叫花子对待。

斯坦顿说过——林肯本人还亲耳听见对方说过:"我才不愿意跟他妈的那样一个笨拙的长臂猿来往呢。在办理这个案子时,如果我的合作者看上去不像是个非常绅士的人,那我情愿放弃。"

"之前,我从没有被像斯坦顿那样的人粗鲁地对待过。"林肯说道。受到如此侮辱,林肯回到家中,再度陷入极度郁闷之中。

当林肯登上总统宝座之后,斯坦顿的鄙视以及憎恶可谓变本加厉。他称林肯是"一个令人不快的白痴",并声称对方绝无管理政府的能力,还说林肯应该被一个军事独裁者取而代之。斯坦顿曾多次揶揄,说美国当时的生物学家杜·谢鲁真笨,竟然大老远跑到非洲去寻找什么大猩猩,可大猩猩的鼻祖当时就坐在白宫挠痒痒啊。

在写给布坎南的那些信中,斯坦顿谩骂林肯的语言简直恶毒之极,在此不便记述。

林肯就任总统十个月之后,一件全国性丑闻传遍了大江南北。政府遭到打劫,数百万美元打了水漂!有一群牟取暴利之徒!还有战时诈骗合同!等等。

除此之外,林肯和陆军部部长西蒙·卡梅隆在是否让奴隶武装起来这个问题上出现了严重的分歧。

林肯要求卡梅隆辞职，之后必须得有个新人执掌陆军部。林肯心里明白，这个国家的未来可能取决于他的这一选择，他也完全知道他所需要的人是谁，他曾对一位朋友说道："我已经决定放下自己的尊严——这也许还是我自尊心的一部分——将斯坦顿任命为陆军部部长。"

这一任命后来被证明是其做出的最为英明的决定之一。

斯坦顿一到陆军部办公室，往自己办公桌前一站，简直就是一股活脱脱的龙卷风，恰如东方奴隶面前的巴夏老爷一般，让周围的雇员们胆战心惊。他拒绝回家，在办公室日夜操劳，连吃饭、睡觉都在那儿。一见那些为害军队的吊儿郎当、耀武扬威、胸无点墨的军官，斯坦顿便怒火中烧、义愤填膺。

于是，他对这帮人来了个全方位的炮轰。

他还连咒带骂地羞辱那些多管闲事的国会议员。对那些招摇撞骗的承包商，他发起了猛烈而无情的炮火，甚至不顾且违反《宪法》原则，连将军也被他抓了起来，未经审判便投进了监狱，让他们在那里面一待就是数月之久。他训斥麦克莱伦，仿佛像在训导一个团的士兵一样，宣称他必须去打仗。他发誓说，"波托马克军不能再喝香槟，也不能再吃牡蛎"，他掌控了所有的铁路，强行征用所有的电报线路，让林肯的电报经过陆军部办公室收发，掌管所有军队的指挥权，甚至连格兰特的命令也得经他同意后才能传达到陆军副长官办公室。

多年以来，斯坦顿一直饱受头痛症的困扰，他还患有哮喘及消化不良等病症。

尽管如此，一种引人入胜的热情使他像发动机一样不停运转：他大刀阔斧、左劈右砍、四面出击，直至南方重归联邦为止。

为了达到这一目的，林肯可谓无所不能忍让。

一天，一位国会议员说服了林肯给他签发一道调动几个团的命令。此人带着那道命令匆匆前去陆军部，将命令往斯坦顿的桌上一放。可斯坦顿却非常严厉地说自己绝不会干这种事情。

"可是，"那名政客反驳道，"你可别忘了我这儿有总统的命令。"

"如果总统给过你这样一道命令，"斯坦顿回顶了他一句，"那他妈的就是个笨蛋。"

那名国会议员又急匆匆赶回到林肯那儿，以为他会愤然而起，随后将陆军部长作革职处理。

可林肯认真听了事情的经过后，两眼闪烁着光芒，随即说道："如果斯坦顿说过我他妈的是个笨蛋，那我一定就是，因为他似乎都是对的。我这就亲自过去见见他。"

他还真去了。斯坦顿让他明白了那道命令的错误所在，林肯也收回了成命。

意识到斯坦顿非常痛恨他人干扰自己的工作，林肯通常放手让对方独行其是。

"我不能再给斯坦顿先生增添麻烦，"林肯说道，"世上最难处的位置非他莫属。因得不到晋升而责备他的军官数以千计，因无法获得任职而怪罪他的士兵也是成千上万。他身上的压力巨大无比且没完没了。他就是我国海岸上的那块岩石，任凭一道道狂吼的巨浪不停地拍打。他阻击着海水，不使其破坏、淹没这片国土。我真不知他是如何抵挡住了这一切而没被击垮。要是没有他，我早就被摧毁了。"

然而，按林肯总统的说法，他偶尔也"决不让步"，然后——见风使舵。如果"老战神"随后说他啥都不想再干了，林肯就会细声细气地回答道："我想，部长先生，你一定还得再干下去。"

而斯坦顿就把事情给干了。

有一次，林肯亲自书写了一道命令："别给我玩'如果'、'但是'之类辞藻，请任命埃利奥特·W.奈斯上校为陆军准将。林肯。"

还有一次，林肯写信给斯坦顿，要求"别管此人是否知道尤利乌斯·凯撒的头发是什么颜色"，一定让他给某人下任命状。

最后，斯坦顿、西华德以及多数起初诽谤、鄙视林肯的其他人也都开始敬重起他来。

在福特剧院街对面的那个出租屋里，当林肯处于弥留之际，这位曾经责骂林肯为"一个令人不快的白痴"的铁人斯坦顿说道："躺在这里的是世人曾见过的最完美的领导人。"

约翰·黑伊曾是林肯的秘书之一。他对林肯在白宫的工作方式做过栩栩如生的描述：

> 林肯的工作毫无章法可言。在四年时间里，我和尼克莱都在努力使他采用一些有条不紊的规则。我俩把每个规则订立得有多快，他就以同样的速度打破它。凡有不让他跟人接触的任何条文，他都不同意，哪怕是有些人那不近情理的抱怨和要求差不多都让人烦得要死。
>
> 他亲自书写的信件寥寥无几，在收到的信件中，他没有读过五十分之一。我们起初只是让他留意那些信件，可到最后，他还是把整个事情推给了我，然后，他连看都没看就让我以他的名义在回信上签名了事。
>
> 他或许每个星期最多亲自写过六封信，但绝不会超过这个数。
>
> 当总统遇上需要离开华盛顿才能处理的任何颇为麻烦事儿，他很少写信，一般都是派我或尼克莱前去代为处理。
>
> 他通常在十点至十一点钟上床睡觉……但起床很早。当

他在乡下住在士兵营房时,他总是很早就起床、穿衣、吃早饭(用餐简朴至极,一个鸡蛋、一片烤面包、咖啡等),八点之前骑马进入华盛顿。他冬天住在白宫时,起床时间就没那么早。他的睡眠不太好,会在床上躺上很长一段时间……

他中午时分的用餐就是一块饼干,冬天喝一杯牛奶,夏天吃些葡萄之类的水果……他在饮食方面甚为节制,比我见到过的任何男性吃得都少一些。

他除了水之外不喝别的东西,这并非出于原则方面的考虑,而是因为他不喜欢喝红酒或者白酒……

有时候,总统会去听一场演说、音乐会或者去看戏剧表演,但只是为了稍作休憩。

他阅读的东西很少。除非我提醒他留意有关某个主题的一篇文章,他很少看报纸。他常常说:"我比他们任何一个人都知道得多。"看来称他是个谦虚的人这一说法很是荒谬。大人物从来都不谦虚。

第二十二章 解放黑人奴隶

亚伯拉罕·林肯知道，如果他颁布《解放黑人奴隶宣言》，欧洲人将会从另一个角度来审视这场战争。到那时，欧洲各国政府便不敢擅自承认南方联盟的合法性。

如果现在问一位普通的美国人南北内战为何而起，人们给出的答案多半是："为了解放黑人奴隶。"

是这样的吗？咱们一起来看看。这儿有一句话，它摘自林肯的第一次就职演说："无论是以直接的，还是间接的方式，我均无意干涉美国现存的奴隶制度。我知道自己没有法律赋予的权利去干涉，因此也不打算去干涉。"

事实上，在林肯签署《解放黑人奴隶宣言》之前，轰鸣的枪炮声以及伤者的呻吟声差不多已经持续了十八个月之久。就在那段时间里，激进分子以及废奴主义者都在敦促林肯立刻行动起来，还通过报刊杂志抨击他，还在大众讲台上对他进行大张旗鼓的谴责。

有一次，芝加哥的一个牧师代表团来到白宫，他们声称自己带来了万能之主要求马上解放奴隶的旨意。林肯告诉他们，他认为如果万能之主真有什么旨意，那他会带着旨意直接降临到总部，而不会绕道去芝加哥托人送达。

最后，霍拉斯·格里历被林肯的拖延以及不作为惹得恼羞成怒，于是在一篇标题为《两千万人的祈祷》的文章中对他发起了进攻。两大版满是愤愤然的抱怨。

林肯对格里历的回应不失为那场战争中的经典之作：简洁、明了、有力。他以如下让人难以忘怀的言语结束其回应：

> 在这场斗争中，我的最高目标是挽救联邦，不是拯救或者摧毁奴隶制度。如果我在不解放任何奴隶的情况下能挽救联邦，我一定会那样做的；如果我通过解放一些奴隶能挽救联邦，我也一定会那样做的。至于解决奴隶制度以及有色人种等问题，我会尽到我的义务，因为我相信这有助于挽救联邦。至于我需要忍受的事儿，我会尽力忍受，因为我认为这无助于挽救联邦。当我相信自己的有所为对挽救联邦产生伤害时，我会尽力无所为，反之，我会尽力有所为。当有人指出我的错误时，我会尽力纠正。只要各种新颖观点看起来是符合实际的，我将会欣然采纳。
>
> 在此，我已依照我的公务职责阐明了自己的观点，而且无意更改自己经常表明的个人意愿，那就是世界上所有人都可以是自由的。

林肯认为，如果他能够在挽救联邦的同时不让奴隶制扩大，那么这个制度会适时寿终正寝。可一旦联邦被摧毁，该制度则有可能还会再持续几个世纪。

在保留奴隶制的各州中，仍有四个留在联邦里。林肯意识到，如果他在这一冲突期间过早签发《解放黑人奴隶宣言》，就会逼着它们加入到南方联盟,给南方增强实力,从而可能让联邦不复存在。当时有一说法,那就是"林肯希望万能的上帝站在他这一边,而他又不想失去肯塔基州。"

于是,林肯伺机而行,处事小心谨慎。

由于婚姻关系,林肯本人跟诸边缘州中一个拥有奴隶的家庭沾上了边。他的妻子从其父亲房产中分得了些许钱财,而那一部分就来源于奴隶的贩卖。林肯曾有过的唯一真正亲密的朋友——乔舒亚·斯皮德——此人家中就拥有奴隶。林肯非常同情南方人的观点。此外,身为律师的林肯从传统意义上尊重《宪法》、法律以及财产的持有权,他不希望自己的工作给任何人带来巨大的苦难。

他认为,对于美国奴隶制度的存在,南北双方均有不可推卸的责任,而且在废除这一制度问题上,双方均应承担同等的职责。因此,他最后拟定了一项十分贴近其个人心意的计划。根据这一计划,忠于北方的诸边缘州的奴隶主若释放一名黑奴可得到四百美元的补偿。解放奴隶的过程应该缓慢且循序渐进。这一过程将延续到一九〇〇年一月一日才彻底结束。林肯将诸边缘州的代表请到白宫,并恳求他们接受他的这个建议。

"想来这种变化的到来,"林肯辨析道,"有如天堂的雨露,不会对任何东西产生裂变或者破坏性的影响。难道诸位也不愿意接受它吗?仅靠单方面的努力,我们过去做的好事不够多,诸位,可现在正是我们依照上帝的旨意行使自己特权的时候。但愿在遥远的未来,诸位不会因为自己曾忽略过此事而惋惜。"

可是那些代表就忽略了此事,还拒绝了整个计划。这让林肯失望到了无以复加的地步。

"我必须力所能及地挽救这个政府,"林肯说道,"同时也不妨让人们明白，既然还有牌可打，那本人绝不放弃这一局……从军事的必要性来看，我认为释放黑奴，并将他们武装起来已成了一件不可或缺的事。我已被迫在解放黑奴和放弃联邦之间做出抉择。"

林肯不得不立刻行动起来，因为法国和英国即将承认南方联盟的合法性。为什么呢？原因就明摆在那儿。

咱们先来看看法国的情况。拿破仑三世已经迎娶了特瓦女伯爵，即据称是世上最为美丽的玛丽·欧仁妮·德·蒙蒂若。他准备为此炫耀一番。拿破仑三世还想效仿他那位举世闻名的叔叔拿破仑·波拿巴，让自己辉煌满身。于是，当他发现美国内部正处于相互乱砍乱杀时，便知道对方已经无暇顾及维护门罗主义一事，他便让一支军队进犯墨西哥，还枪杀了几千当地人，占领了这个国家，并称其为法兰西属下的一个帝国，继而把马克西米兰大公扶上了帝国宝座。

拿破仑三世有理由认为，如果南方联盟军获胜，那它就会拥护他的帝国，可如果联邦军获胜，美国就会立刻采取行动，将法国人赶出墨西哥。因此，拿破仑三世的如意算盘是，南方如果打算独立，那么他在方便之时即会鼎力相助。

在内战开始之初，北部海军封锁了南方所有海港，把守着一百八十九个码头，且时常巡逻在长达九千六百一十四英里的海岸线、海峡、海湾以及河道上。

这可是世人曾见过的最为庞大的封锁线。

南方联盟的人们急得像热锅上的蚂蚁。他们的棉花无法卖出去，也买不回枪支、弹药、鞋子、医疗药品以及粮食。他们煮制栗子和棉花籽充当咖啡用；熬煮黑草莓叶子以及黄樟根以替代茶叶。他们把报纸印在墙纸上；熏制房中浸满腌肉油滴的泥地被翻挖开来，放在水中煮沸取盐；教堂里的大钟被熔化后铸成大炮；里士满街上的电车轨道被扒拉出来铸成军舰的铁甲。

南方联盟无法修复铁路或者购买新的设备,因此交通几乎处于停滞状态。在佐治亚州,两美元可买到一蒲式耳的玉米,而在里士满就得花上十五美元。弗吉尼亚人眼看将面临饥肠辘辘的考验。

为解燃眉之急,必须得采取措施。于是,南方主动找上拿破仑三世,说如果他愿意承认南方联盟的合法地位,那么他将得到的回报是价值一千两百万美元的棉花。此外,南方联盟还承诺提供若干订单,以确保法国每家工厂的烟囱日夜不停地冒出烟来。

因此,拿破仑三世转而敦促俄国和英国跟他联合承认南方联盟的合法性。统治英国的贵族们扶了扶单片眼镜,倒上几杯苏格兰威士忌,急不可待地聆听拿破仑三世的种种提议。美国将变得富强,这着实让这些国家高兴不起来。他们希望美国出现分裂、联邦遭致瓦解。再说,他们急需南方的棉花。数十家英国工厂已经倒闭,一百万人不仅闲着没事可干,而且穷困潦倒,差不多到了要饭的地步。孩子们饿得嗷嗷待哺,成百上千的人即将被饿死。为英国工人购买粮食的公开征订单遍及世界最偏远的角落,就连遥远的印度以及贫困无比的中国都俯拾皆是。

要想得到棉花,英国有一个办法,也是唯一的办法,那就是加入拿破仑三世的行列,一起承认南方联盟的合法地位,并打开那条封锁线。

如果事情发展到那一步,在美国会出现什么变化呢?南方将会得到枪支、弹药、信贷、粮食、铁路设备以及信心和士气的巨大提高。

那么北方将得到什么呢?两个强大的新对手。此刻已经够糟糕的局面将会变得无法收拾。

就这一点而言,没人比亚伯拉罕·林肯更明白。"我们差不多已经亮出了自己的底牌,"他在一八六二年坦言道,"我们要么改变自己的策略,要么输掉这场比赛。"

在英国人看来，他们所有的北美殖民地都已一一赢得了独立。这下南北方的殖民地也依次相互脱离了。可北方打仗的目的，就是为了威胁并降服南方。无论是对一名伦敦的贵族，还是对巴黎的王子来说，田纳西州和得克萨斯州是归属于华盛顿，还是归属于里士满，这有多大不同吗？没什么不同。在他们看来，打仗毫无意义，且没有太大的胜算把握。

"我所处时代燃起过的每场战火，"英国作家卡莱尔曾写道，"在我看来，无不荒唐之极。"

林肯认为必须改变欧洲对待这场战争的态度，并且知道如何加以因势利导。《汤姆叔叔的小屋》在欧洲的读者多达一百万之众，他们曾为此流过泪，也逐渐憎恶奴隶制度带来的痛心事件及其不公平。因此，亚伯拉罕·林肯知道，如果他颁布《解放黑人奴隶宣言》，欧洲人将会从另一个角度来审视这场战争，从而不会去玩命争吵是否该保留一个与己无关的联邦，反倒可能升华成一支旨在消灭奴隶制度的神圣的十字军。到那时，欧洲各国政府便不敢擅自承认南方联盟的合法性。任何人要去协助一个民族为奴役人类而战，公众舆论也是绝不会容忍的。

因此，在一八六二年七月，林肯终于决定颁布自己的宣言。可是，麦克莱伦和鲍勃不久前才吃过几次败仗。西华德告诉总统，说那时不宜颁布其宣言，应该等到联邦军处于实力高潮之时为佳。

这听起来是个明智之举。于是林肯耐心等着。两个月后，胜利终于来临。林肯随即召集内阁成员，旨在讨论自《独立宣言》以来美国历史上最著名文件的发布。

那是一个历史性的时刻，而且还是个庄严的时刻。可林肯表现得庄重而严肃吗？他才不呢。每当他读到一个不错的故事时，他特别喜欢与人分享。他习惯于在床上阅读阿特穆斯·沃德的书籍。当他读到任何幽默的东西，他就会起床，只穿着睡衣，一路穿过白宫大厅，来到秘书们的办公室，把幽默故事讲给他们听。

就在内阁会议即将讨论《解放黑人奴隶宣言》的头一天，林肯得到了阿特穆斯·沃德撰写的一本新书。林肯觉得里面有一个故事非常有趣，因此，就在内阁成员坐下来开会前，他将那个故事读给在场的人们听。故事的标题是《尤提奇城里的铁腕暴行》。

一通开怀大笑之后，林肯把书放到一边，然后才一本正经地说道："当叛军还在弗雷德里克堡时，我就决定，等我们将其赶出马里兰州之后，便发布一项解放黑奴宣言。我没跟任何人提起过这事，可我曾向自己，也向我的上帝承诺过。现在，叛军已被赶了出去，我将履行自己的诺言。我让诸位聚集于此，想请大家都听一听我的文稿。我不想在这一问题上听取各位的建议，因为我已经有了自己的主张。我所写下的内容，就是我长期思考后打算说的话。不过，如果我采用的表达，或者其他某个细节问题，在座的任何一位认为最好还是变动一下，我将非常乐意接受建议。"

西华德建议在措辞上做一点小更动。过了一会儿，他又提出了另一个建议。

林肯问对方为什么不把两个建议一并提出来。之后，林肯为讲一个故事还暂停过对《解放黑人奴隶宣言》的讨论。他说在他老家印第安纳州有这么一个雇工，这家伙告诉自己的雇主，说犁地的那对牛死了一头。过了一会儿，这名雇工又说："犁地的那对牛中的另一头也死了。"

"那你为什么不一并告诉我那一对牛都死了？"农场主问道。

"唉！"雇工叹气回答道，"我不想一次说得太多，以免伤害你嘛。"

一八六二年九月，林肯将自己撰写的宣言提交给了内阁，但该宣言在一八六三年一月一日方才生效。于是，当十二月份召开国会时，林肯恳请议员们予以支持。在做出自己的恳求之时,他说出了自己一生中写出过的最气势恢宏的一句话——一句充满着诗意的话。

在谈及到联邦之时,他说道:"我们要么高贵地守住,要么卑贱地失去这世上最后且最好的希望。"

一八六三年新年到来的那一天,林肯花了好几个小时跟聚集在白宫的来访者一一握手。就在那天下午,他回到办公室,将自己的笔蘸上墨水,准备签署自己撰写的《解放黑人奴隶宣言》。犹豫了一会儿之后,他转身对西华德说道:"如果奴隶制度没错,那么世上就没什么有错。在我这一生中,我还从未觉得自己干对过什么事儿。可从今天上午九点钟开始,我就一直在接受人们的问候,跟他们握手。这下我的手都有些僵硬麻木了。现在,我的签名可是要经后人严密考证的。如果考证者们发现我的手抖动过,那他们会说:'他曾有过一些后悔。'"

他休息了一会儿,然后缓缓地签署那个文件,三百五十万奴隶从此获得了自由。

这项宣言在当时并未得到广泛的认同。"该宣言在当时产生的唯一效果,"林肯最亲密的朋友、最铁杆支持者之一奥威尔·H.布朗宁写道,"就是让南方抱成一团,使其怒火万丈,同时让我们北方涣散了人心。"

军队出现了兵变。为挽救联邦而应征入伍的士兵发誓,说他们不愿意为已经获得自由的黑鬼挺身挡子弹,也不愿意让他们跟自己平起平坐。数以千计的军人当了逃兵,而各地的征兵工作也纷纷落空。

林肯赖以信任的平民百姓彻底让他失望了。在秋季的选举中,人们对他的支持严重下滑。就连他家乡的伊利诺伊州都纷纷抨击共和党。

除了民意测评失败之外,很快又出现这场战争中最具灾难性的一个逆转局面——伯恩赛德对驻扎在弗雷德里克堡的李将军部队发起了贸然进攻,结果以损失一万三千人马告终。这是一场愚蠢而无用的厮杀。至此为止,在长达十八个月的时间里,类似事件频频发生。难道这种现象就停不下来吗?举国震惊。人们被赶上绝望之路。猛烈斥责声如潮水般从四面八方涌向林肯总统。他失败了,他的将军们失败了,他的政策失败了。人们对此不会再容忍下去。就连参议院的共和党人都站出来反对他。为了把林肯赶出白宫,他们找上他,要求他改变自己的政策,并让他的内阁集体辞职。

这可是一个令人蒙羞的打击。林肯坦然承认,在其政治生涯中,没有任何一个事件比这个更让他深感不安。

"他们一心想赶走我,"他说道,"我还真想满足他们的愿望。"

霍拉斯·格里历这下深切地痛惜自己,说悔不该在一八六〇年之时迫使共和党人将林肯提名为总统候选人。

"那是个错误,"格里历承认道,"我一生中所犯下的最大错误。"

格里历连同不少知名的共和党人发起了一场运动,旨在达到如下种种目的:迫使林肯辞职,让副总统哈姆林入主白宫,同时强迫哈姆林将联邦军队的指挥权交给罗斯克兰斯。

"我们这下已到了毁灭的边缘,"林肯坦白道,"在我看来,就连上帝都在反对我们。我几乎看不见一丝希望。"

第二十三章　葛底斯堡战役

李将军的大炮刚在哈里斯堡城前隆隆响起，就突然接到消息，称联邦军队即将突破其后方的各条交通线。两军在此进行的那场交锋成为了美国历史上最为著名的战斗。

一八六三年春季，李将军被一连串非同凡响的辉煌战绩冲昏了头脑，竟然决定发起反击攻势，进犯北部领地。他计划抢占宾夕法尼亚州那些富饶的制造中心，为自己手下那些衣衫褴褛的士兵弄到粮食、药品和崭新的服装，如果可能，再占领华盛顿，强迫法国和大不列颠承认南方联盟的合法地位。

这可是一步大胆却无比冒失的险棋。南方军队的确在吹嘘，说他们能够一个抵挡三个北方佬，而且对此深信不疑。于是，当他们的长官告诉他们一到宾夕法尼亚州后就可享受每日两餐之时，他们立刻摩拳擦掌，恨不得马上出发。

就在李将军即将离开里士满之前，他收到家中传来令人不安的消息，说大事不好啦！他的一个女儿被人当场抓住偷看一本小说。这位著名的将军被搅得心神不宁，于是写信，恳请那个女儿在闲暇时间可阅读一些不伤大雅的经典之作，诸如柏拉图、荷马的著作，以及普鲁塔克的《传记集》等。写完那封信之后，李开始习惯性的捧读《圣经》，跪地祈祷，然后吹灭了蜡烛，上床入睡……

随后不久，他便率领手下七万五千名将士挥师北去。他那支饿狼般的部队趟过波托马克河，所到之处的乡村被搞得人心惶惶。农场主们纷纷赶着自家的马匹、牛羊，逃离坎伯兰河谷。吓得直翻白眼的黑奴四处乱跑，唯恐再被抓去沦为奴隶。

李将军的大炮刚在哈里斯堡城前隆隆响起，就突然接到消息，称联邦军队即将突破其后方的各条交通线。于是，他迅疾转过身来，就像一头愤怒的公牛准备顶撞在其身后吼叫的一只狗一样。真可谓无巧不成书，这头牛和那条狗居然相会在宾夕法尼亚州一个沉睡的小村庄。这个拥有一所神学院的地方名叫葛底斯堡。两军在此进行的那场交锋成为了美国历史上最为著名的战斗。

在前两天的激战中，联邦军损失了两万人。第三天，李希望乔治·皮克特将军麾下的新增部队通过激烈的突然猛攻，一举歼灭敌人。

这是李将军采用的新战术。他之前和自己的将士采用的是构建防御工事和以密林为掩护的作战方式，这下，他准备在空旷地带对敌发起一场殊死的进攻。

一想到这种意图，李手下最出色的助手朗斯特里特将军可是吃惊不小。

"我的上帝！"朗斯特里特将军大叫起来，"李将军，您瞧瞧我军和北方佬两线之间那些难以逾越的屏障——陡峭的崇山峻岭、一排排的大炮、坚实无比的围墙。之后，我们得靠自己的步兵去拼对方的炮兵。瞧瞧我们必须穿越过的地势，差不多有一英里是空旷的地带，正好处在对方霰弹筒及弹片的覆盖范围之内。以属下之见，就以往战场布阵来看，没有一万五千人的兵力，根本拿不下那一地带。"

然而李将军却坚持己见。"以往的军队也不曾有过我们现在的勇士,"他回敬那位最出色的助手,"只要率领有方,他们就会无处不敢闯、无险不敢冒。"

就这样,李坚持自己的决定,从而铸成了他一生中最为悲痛性的错误。

南方联盟军在神学院山岭已经排列好了一百五十门大炮。倘若诸位前往葛底斯堡参观,至今仍可看到它们原封不动地摆放在那儿,一如决定命运的那个七月天的下午一样。当时它们万炮齐鸣,那种激烈的程度可谓史无前例。

在这一情景下,朗斯特里特的判断力高过了李将军。他认为这种冲锋除了毫无意义的伤亡之外,一无是处。他随后低头哭泣,不愿发布命令。最后,另一名军官接替了他的指挥权,乔治·皮克特按照那一指示,将其南方军队带进了西方历史上最引人注目、最具灾难性的一次冲锋战中。

说来还真是奇怪,向联邦防线发起一次次进攻的这位将军竟然是林肯的一个老朋友。事实上,他能上西点军校,正是得益于林肯的帮忙。皮克特其人的长相非常引人注目。他留着一头差不多与肩齐平的褐色长发,还跟在指挥意大利战役期间的拿破仑一样,战场上的他差不多每天都写上一封炽热似火的情书。那天下午,他的军帽潇洒地斜戴在右耳上方,策马朝着联邦防线欢快奔去,那些忠诚的士兵们不禁向他喝彩。他们一边喝彩,一边紧随其后,人挨着人,队列挨着队列,军旗和刺刀在阳光中翻卷、闪亮。那场面如画、勇猛、壮观!一见此景,联邦防线中传来阵阵称羡的低语声。

皮克特带领的士兵从容前行。他们穿过果园、玉米地,跨过草地,越过沟壑。整个过程中,敌方的炮弹在他们的队列中不停地撕开硕大的口子。然而,他们依旧坚忍不拔、锐不可当地向前推进。

突然间,埋伏在公墓岭石墙后的联邦步兵一拥而起,对着皮克特手下那群毫无防备的士兵一阵猛烈的射击。山顶成了一片火海、一个屠场、一座正在喷发的火山。几分钟之后,皮克特手下所有的旅长,除一个之外全部毙命。他率领的五千名军人中,竟有四千人相继倒下。

  坎伯之军千夫亡,
  加尼喋血千人躺。
  迷眼烈火呛烟雾,
  残兵炮中冒死突,
  追随将军防线闯。

阿米斯特德将军带领军队做最后的冲锋。他在前面奔跑着,越过石墙,一边挥舞着刺刀上挑着的军帽,一边高声叫道:"小伙子们,让他们尝尝刺刀的滋味!"

士兵们遵令而行。他们跟着越过石墙,用刺刀捅向敌人,用枪托狠狠敲砸敌人的脑袋,最终将南方联盟的军旗插上了公墓岭。

军旗在那儿迎风飘着,不过,也就飘扬了那么一会儿。尽管那只是短暂的一会儿,但却记录下南方联盟军最为辉煌的那一刻。

皮克特的这场冲锋战可谓杰出而英勇,但却成了最终失败的开始。李将军败了,他没法突破北方防线。他本人深知这一点。

南方联盟注定了失败的命运。

皮克特手下那些浑身鲜血的残兵退出了那场灾难性的冲锋战,挣扎着回到原地。李将军独自一人骑马上前给他们打气,招呼他们时的口吻带着颇为庄重的自责语气。

"这一切全是我的错,"他毫无讳言地说道,"输掉这一战责任全在我身上。"

七月四日夜里，李将军带着部队开始撤退。当时正下着倾盆大雨。等他们来到波托马克河时，那里的河水已成暴涨之势，他和军队无法趟过。

在那儿，李已深陷进退维谷之境，前有无法通过的大河，后有一支大获全胜的敌军。由此看来，他成了米德的囊中之物。林肯这下高兴不已，他确信联邦军队会朝着李的军队侧翼和后面猛扑过去，迅速击败并俘获这支部队，从而以北方凯旋的姿态让这场战争戛然而止。如果换作是格兰特将军在指挥那场战斗，事态就极可能是那样的。

可惜米德这人爱慕虚荣且学究气十足，跟斗牛犬般的格兰特大相径庭。在整整一周时间里，林肯每天不断敦促、命令米德发起进攻，可是他偏偏小心有余，勇敢不足。他不想打仗，他犹豫不决，他在电报中推三阻四，他直接抗拒命令，召开了一场军事会议，却毫无结果。与此同时，河水退去，李带着军队逃掉了。

林肯怒不可遏。"这意味着什么？"林肯高声叫道，"我的上帝啊！这意味着什么？他们就在我们的股掌之间。我们只消一伸手，便可将其手到擒拿。然而，不管我说什么、做什么，我们的部队就是原地不动。在那种情况下，任何一位将军都能打败李。换成是我在那里指挥，我肯定也打败了他。"

在痛彻心扉的失望之中，林肯坐下来给米德写信。他在信中如是写道：

> 我亲爱的将军，李的逃脱会带来巨大灾难，我绝不认为你会因此感到欣慰。他已经处于我们的掌控之中，如果对其发起攻击，再加上我们最近在其他战场取得的一连串战果，这场战争早已结束。就目前情况来看，这场战争将会无限期延长。如果你上星期都不能毫无差池地进攻李，你现在的人

马大致为当时的三分之二,又岂能在大河的南岸向他进攻呢?这种期待不合情理,我不指望你现在能有太大的把握。你已经丢失了黄金时间,正因为此事,我本人的沮丧心情可谓难以言表。

林肯读完此信,茫然地望着窗户,然后思忖起来:"假如我处于米德的位置上,"他或许这样沉思着,"而且也跟他是一样的性情,同时又面临着胆怯下属军官们的建议,再假如我跟他一样,也是接连数夜没有合眼,加上看见了那种血流成河的场景,我或许也会放李将军一马。"

这封信根本就没寄出去,米德也从未看到过这封信。林肯去世之后,人们在他的文件中发现了这封信。

葛底斯堡这一战发生在七月的第一个星期。战场上受伤和死亡的军人分别为两万七千人和六千人。教堂、学校以及仓库被临时改作医院。伤员发出的痛苦呻吟不绝于耳,每时每刻都有受伤的军人死去,尸体在极度炎热的天气中快速腐烂。各个葬礼分队只得加快处理速度。为亡者开挖墓穴的时间不多,因此在很多情况下,尸体上仅盖上了一层薄土而已。一周几场大雨过后,不少尸体已经半露在外。人们将联邦士兵从临时掩埋之处集中到一个永久的安息之地。在接下来的秋天时节,公墓委员会决定奉献出一片墓地给阵亡的将士,并邀请美国最著名的演说家爱德华·埃弗里特前来致辞悼念。

总统、内阁成员、米德将军、国会两院的所有议员、各阶层杰出的市民以及外交使节团等均在正式受邀之列。上述人员中前往者甚少,许多人根本不接受这一邀请。

让该委员会万万没想到的是,总统居然会出席这一仪式。事实上,该委员会根本就没曾想到过要给总统本人发去邀请。他本人收到的不过是一份统一印制的邀请函。该委员会凭想象，认为那些秘书甚至不等总统看上一眼便会将其扔进某个垃圾桶里。

于是，当总统来信说自己将亲自出席时，整个委员会大为惊讶，甚至还有那么一丝尴尬之感。他们该怎么办呢？要不要请总统发表演说呢？一些委员称总统忙得不可开交，根本就连准备的时间都没有。另一些则直言不讳地发问："那好，就算他有时间，他会致悼词吗？"他们对此表示怀疑。

哦，没错，总统在伊利诺伊州时确实做过有关政治方面的演说，不过他能在公墓捐献仪式上致悼词？不可能。那可是另一回事儿。那也不是林肯的风格。尽管如此，鉴于总统决定要出席，那他们总得干点事儿才像样吧。于是，该委员会最终还是给总统去信，恳求林肯先生在埃弗里特先生致完悼词之后，也"适时说上几句"。这便是他们在信中的措辞方式——"适时说上几句"。

这种邀请差不多就是一种侮辱，但总统照样接受。为什么？这背后藏着一个人所不知的趣事。前一年秋天，林肯曾去过安提塔姆战场。一天下午，他和来自伊利诺伊的老朋友瓦德·拉蒙驱车外出。总统转身面向拉蒙，请他唱一唱林肯称之为"伤感小调"的那首歌。那可是林肯最喜爱的歌曲之一。

"有好几次，无论是在伊利诺伊州巡回办案之时，还是在白宫，就我和林肯独处之时，"拉蒙说道，"每当我哼起那首平凡的曲调，我总是看到林肯两眼泪花。"

其中的歌词是这样写的：

我闲逛着去村头，汤姆，就在那棵树下坐过，
那校舍操场的树荫，曾经提供阴凉给你和我；

二十年前的伙伴，我俩曾在草坪上一起嬉戏，
不曾过来问候，汤姆，连认识者也寥寥无几。

在那泉边的榆树上，汤姆，我刻上你的大名，
以及她的芳名，汤姆，你也做过那样的事情。
不知谁狠心剥去树皮，那榆树必将慢慢死去，
就像二十年前你刻上名字的她一样离别人世。

我的眼睑已干涸，汤姆，但眼泪却照流不止；
我想起深爱的她，还有那些早已不存的联系：
我去过那陈旧的教堂院落，还带上一些鲜花，
在我俩二十年前各自爱恋过的人坟头前撒下。

这下，每当拉蒙唱起那首歌，林肯或许便会缅怀起自己曾经唯一爱过的女人安·拉特利奇，想到她独自躺在伊利诺伊大草原上那孤寂的墓穴之中。这突如其来的令人痛苦的回忆，常常让林肯泪流满面。于是，为了不让林肯再忧郁下去，拉蒙改唱一首幽默的黑人歌曲。

这件事情的经过也就如此而已。这首歌并不带任何恶意，甚至听起来很伤悲。可是林肯的政敌却偏要予以歪曲，非拿这事大做文章不可，甚至试图将其弄成全国性丑闻。这些人执意要让这首歌显得有伤风败俗之感。在差不多长达三个月的时间里，纽约的《世界日报》变着法子重复这一丑闻。林肯被指责为在那"一批批悲痛的人员正忙于掩埋尸体"的战场上讲笑话，唱滑稽歌曲。

事实的真相是这样的：林肯根本就没开什么玩笑，他也没唱任何歌曲，而且在唱歌事件出现之时，他离那战场相距数英里，再说那些死

去的将士在此前早已被掩埋，坟墓早已经历过雨水的冲刷。这些都是明摆在那儿的事实。但是他的政敌们却不要事实真相，他们迫切想要的是血腥之事。一场针对林肯的激烈而野蛮的抨击叫嚷声席卷全国。

林肯受到了极大的伤害。他痛苦至极，甚至无法去阅读那各种各样的攻击言词。不过，他觉得也没必要去——回应，因为那样做只会让那些攻击者们自觉形象更高大。他于是默默地忍受着。当他收到前往葛底斯堡公墓捐献仪式上发表演讲的邀请之时，他欣然答应前往。这正是他希望得到的机会，可以借此机会让那些政敌——闭嘴，同时向崇高的捐躯者们表达其谦卑的敬意。

邀请函到达晚了一些，他仅能在两周时间的空闲之时准备自己的演讲稿。他在忙中偷闲时——如穿衣、刮胡子、吃午饭、在斯坦顿办公室和白宫之间的路上——对此进行思考。躺在作战办公室的皮沙发上等待最新电文时，他深思熟虑过此事。他将初稿写在一张浅蓝色的大页纸上，然后放进礼帽里随身带着。在发表演讲的前一个星期天，他说道："演讲稿我已经写了两三篇了，但还没有完成。我还得再打磨一下，直到我本人满意为止。"

林肯在公墓捐献仪式的前一天到达葛底斯堡。那个小镇被挤得水泄不通，原来一千三百人一下暴涨到三万人。当日天气不错，夜晚十分晴朗，一轮圆圆的明月当空穿行。来宾中只有少部分人订到了床位，数以千计的人只能在村子来回走动直至天明时分。人行道很快就被塞得无法通过，于是成百上千的人手挽着手行进在各条土路上，边走边唱："约翰·布朗的尸体躺在墓穴中。"

林肯将整个夜晚都用在演讲稿的"再打磨一下"上。到十一点钟时，他去了隔壁国务卿西华德住的房间，跟他大声朗读自己的演讲稿，希望得到对方的批评建议。第二天吃过早饭后，林肯仍在不停地修改文稿，直到有人敲门提醒,他这才明白前往公墓的时间到了。

当队列开始行进之时,他起初还正襟危坐,但不一会儿,他在马鞍上的身躯便往前倾斜,脑袋耷拉在胸前,两个纤长的手臂无力地垂吊在两侧……他已陷入了沉思,在默默地回顾那篇短小的演讲稿,还在不停地给它"再打磨一下"。

葛底斯堡悼念仪式的指定演讲人爱德华·埃弗里特犯了两个错误:一是他迟到了一个小时;二是他的演讲竟长达两小时。

林肯之前通读过埃弗里特的演讲稿。当他意识到演讲者接近尾声时,他知道快轮到自己发言了。他当时真的觉得自己准备得不够充分,于是显得很紧张,还在自己的椅子上扭动起来。之后,他从阿尔伯特王子牌外衣口袋里掏出文稿,戴上他那副老式眼镜,快速浏览一遍。

不一会儿,他手持讲稿,向前挪动了一步,并在两分钟之内结束了自己的演说。

林肯的听众们是否意识到,他们在那个和煦的十一月下午听到的是有史以来人类最伟大的演说呢?不,没有。多数听众只有好奇而已:他们从未见过或者听过美国总统发表过任何演说,于是伸长自己的脖子望着林肯,结果惊讶地发现,这么一位高大的男子,竟有这么一副尖亮的嗓音,而且说话还带着南方口音。听众们忘了林肯是个地地道道的肯塔基人,自然会保留着家乡人说话的语调。等到他们觉得总统快要讲完引言部分并将发表演讲时,林肯却坐回了原位。

什么?难道他忘词了吗?或者说他要讲的就只有那么一点吗?听众们太惊讶、太失望,以至于没人鼓掌。

早在印第安纳州时,林肯每年春天都只得用一只生锈的犁头翻土,可是土壤老是粘在犁壁上,黏成一团,怎么也搞不"干净"。人们当时用的就是那个字眼。在其一生中,每当林肯想表明某件事情没做成,就会频频借用玉米地里这个惯用的说法。这时，他转身对瓦德·拉蒙说道："这场演说完全失败了，拉蒙。没搞干净，人们很是失望。"

他说得没错。每个人都很失望，包括陪同林肯总统坐在台上的爱德华·埃弗里特和国务卿西华德都有同感。他俩均认为林肯的演讲失败得一塌糊涂，同时都为此深表遗憾。

林肯本人感到非常不安，焦虑得头痛难忍。在回到华盛顿的路上，他不得不在火车上的会客室躺下，还用冷水洗头。

林肯沮丧得无以言表，认为自己在葛底斯堡的演讲完全失败了。就现场效果而言，他的确如此。

由于谦卑的品格，林肯真心觉得"世人不会留意，也不会长久记住"他在葛底斯堡的演讲，但他们会永远记住那些勇士们的事迹。倘若林肯这下能够醒来，并意识到人们是如何记住了他那没弄"干净"的葛底斯堡演讲，他该会有多么的惊讶！见到他演讲中的那十个不朽绝句，在内战早被人忘却之后数百年里，将极可能会成为文学瑰宝以及世人的财富之一，那他该有多么的惊奇！

林肯在葛底斯堡发表的演说不仅仅是演说，而是从一颗因苦难而升华、伟大的罕见灵魂中发出的神性表达。那是一首浑然天成的散文诗，它饱含着史诗篇章所有的雍容华贵和深刻：

> 八十七年前，我们先辈在这块大陆上创立了一个新的国家，它孕育于自由之中，奉行人人生而平等的原则。
>
> 现在，我们正从事一场伟大的内战，以考验这个国家，或者任何一个孕育于自由和奉行人人生而平等原则的国家是否能够长存下去。现在，我们集会在这次战争中的一个伟大战场上。烈士们为使这个国家能够长存下去而献出了自己的

生命，我们来到这里，旨在贡献出这战场的一角，用作他们的安息之所。我们理所当然地应该这样做。

　　但是，从更广泛的意义上说，对这块土地我们不能够奉献、不能够圣化、不能够神化。那些曾在这里战斗过的勇士们，无论是活着，还是已经去世，已经把这块土地神圣化了，这远不是我们的微薄之力所能增减的。我们今天在这里所说的话，世人不会留意，也不会长久记住，但那些勇士们的事迹，世人却会永远铭记。对我们这些还活着的人来说，从此应该奉献于勇士们，并以崇高的境界向前推进其未尽的事业。对我们这些还活着的人来说，从此应该奉献于仍留在我们面前的伟大任务——我们要从这些崇高的捐躯者身上吸取更多的献身精神，并完成其一心为之献身的事业。在此，我们下定最大的决心，不让这些英勇的捐躯者白白牺牲。我们要在上帝保佑下，使我们的国家获得自由的新生，使这个民有、民治、民享的政府永世长存。

第二十四章 传奇将军格兰特

当人们告诉林肯总统格兰特喝了不少威士忌时,对方却询问道:"他那威士忌是什么牌子的?我想给手下的其他将军也送几桶过去。"

一八六一年,当这场内战爆发之时,在伊利诺伊州加利纳某皮草店的包装箱上,坐着一名衣衫褴褛、意志消沉的男子。就当时而言,这个抽着陶制烟斗的人是那个店里的伙计,他同时还是一些农场主的生猪、皮草的买主。

此人的两个弟弟是这家店铺的老板,他俩无论如何都不想让这个哥哥待在店铺里。可是,此人在圣路易斯大街上闲逛了四个月,就是没能找到任何合适的工作。到这时,家里的妻子和四个孩子已经穷得叮当响。最后他被逼无奈,于是借了几美元,买了张火车票前往肯塔基州去恳求自己的父亲为他救急。他家的这位老爷子倒是不差钱,但就是一分钱都不愿拿出来。他坐下来,给在加利纳的两个小儿子去了一封信,要求他俩给他们的大哥安排一个工作。

于是,多半出于亲属关系和兄弟情分,这两个弟弟给大哥开出了工资。

每天两美元——这就是他的工资额度——他也许还值不了这个数,

因为他跟长耳大野兔一样,毫无生意头脑:他既懒惰又邋遢,还酗酒,所以老是债务缠身;他老喜欢跟朋友们借点小钱,因此债主一见他总是把头转到一边去,赶紧穿街而过,以免再碰上他。

至此为止,无论他干什么,他总是以失败、受挫告终。但这一切将要结束了,不会再继续下去了。因为好消息和令人惊讶的好运就在不远处向他招手。没过多久,他注定要像一颗闪亮的流星一跃而起,划过名人堂的天空。

这时的他虽不能赢得那些家乡人对他的尊重,在三年之后却统帅着世界上最为强大的军队。

在四年之后,他会打败南方联盟的李将军,结束内战,将自己那光辉灿烂的名字写进历史的篇章中。在八年之后,他将入主白宫。

在那之后,他将以凯旋者的身份游遍全球,接受各国军政要员授予的无尽荣誉、奖章、鲜花以及宴会之后对他的溢美之词。再想想当年,加利纳的朋友们可是见他必穿街而过、唯恐躲之不及呀!

这的确是个让人吃惊不已的故事。

有关他的一切都无不奇特,就连他母亲对他的态度也显得不太正常。他那位母亲对他似乎不怎么上心,即便是在他当上美国总统后,这位母亲也拒绝前去看他。当他出生后,这位母亲竟连名字都不想给他取,还是母方的亲戚用抽彩票的方式给他取的。当他到了六周的时候,亲戚们把纸袋撕成条状,一人写上一个自己喜欢的名字,然后放进一个礼帽里摇匀,之后抽出一张。他的外祖母辛普森一直阅读荷马的书籍,于是她在自己的那张纸条写下了一个名字:希拉姆·尤里西斯。巧合的是,就这个名字被抽中了。于是,他在家里一直沿用这个名字直到十七岁那年。

不过,他是个害羞且反应迟钝的人,于是村里的那些才子干脆叫他"游离误事"格兰特。

在西点军校时,他还有一个名字。为他填写材料且将他招进这所军事院校的那个政客想当然,认为他的中名准是他母亲的娘家姓辛普森,于是就称其"U.S. 格兰特"[1]。当军校的学员们一听到这个名字,不禁哄堂大笑起来,还高兴得将自己的帽子扔向空中,大声嚷道:"兄弟们,我们跟山姆大叔在一起啦!"直到他去世之时,他昔日的同学一直都叫他山姆·格兰特。

对于这一称呼,格兰特并不在乎。他的朋友寥寥无几,所以不在乎人们如何称呼他,也不在乎自己的外表。他总是敞着外衣,不擦枪,不擦鞋,集合点名时也是经常迟到。在西点军校,他不学拿破仑和腓特烈大帝采用过的任何军事原理,而是把时间花在阅读《劫后英雄传》和《最后一个莫西干人》等小说上。

令人难以置信的是,他一生中从未读过一本军事策略方面的书籍。

当他赢得内战胜利之后,波士顿的市民们集资为他购买了一个图书馆,还指派一个委员会前去查看他曾拥有过的藏书。然而,该委员会吃惊地发现,格兰特竟然没有任何一本有关军事方面的专著。

他不喜欢西点军校、军队以及与其相干的任何东西。就在他已成为世界名人之后,他还在检阅德国军队那一刻对俾斯麦说:"本人对军事方面的事务没多大兴趣。事实上,与其说我是一名军人,还不如说我是一个农夫。尽管我经历过两次战争,但我却是抱着悔恨从军,带着喜悦回家。"

格兰特承认自己根深蒂固的毛病就是懒惰。他也从不喜欢学习,即便从西点军校毕业后,他仍然连写"敲门"都会丢掉第一个字母,

---

[1] U.S. 为 Uncle Sam(山姆大叔)的简称。

写"安全"一词也是一样。不过,他对数字倒是颇为擅长,希望有朝一日能成为一名数学教授。可惜他却没机会获得那个职位,于是在正规军队里一待就是十一年。他总觉得要混口饭吃,当兵似乎是最简单的办法。

一八五三年,格兰特被派往加利福尼亚州的洪堡德要塞驻扎。在临近的一个村子里,有一个怪人,名叫瑞恩。此人不仅开了一个店铺,还经营着一家锯木厂,每周也兼做一些勘测之类的活儿。他每个星期天还要去布道。在那个年代,威士忌十分便宜。瑞恩牧师在店铺的后面有一桶威士忌敞开着,桶的边上还挂着一个锡制的杯子,所以只要顾客想喝上两口,就可以随意取用。格兰特就经常那样做。他感到孤独,想忘掉自己鄙弃的军队生活。结果,他因为多次喝醉了酒而被开除了军籍。

他身无分文,又没了工作,于是漂泊着回到东部的密苏里州。在随后的四年时间里,他在其岳父的八十英亩农场上干起了种植玉米、杀猪等活儿。在冬天,他砍伐堆积柴,拖到圣路易斯卖给城里的人。可是他干得一年不如一年,最后还弄得债务越来越多。

他后来离开了那个农场,搬到圣路易斯,去那儿另谋出路。他试着帮人做房地产,结果干得一塌糊涂,然后在城里闲荡了几个星期,希望找到工作——干啥事儿都可以。到最后被逼无奈之时,他试图将妻子的几个黑奴出租给他人,以便弄回钱来还上日常开销的欠债。

这里不妨说说有关内战中最令人吃惊的一个事实:李将军认为奴隶制度不合理,因此早在南北发生冲突之前便释放了自己家的那些奴隶。可是,就在格兰特为消灭奴隶制度而带着北方军队作战之时,他的妻子居然还拥有奴隶!

当内战爆发之时,格兰特非常厌烦自己在加利纳皮草店铺的活儿,反倒想过上军人的日子。

对一个上过西点军校的人而言，这可以说是一件不费吹灰之力的事儿，因为军队里有成千上万的新兵急需调教、训练。事实上，那些新兵根本就不像个样儿。加利纳镇招集起了一个连的志愿兵，让格兰特来训练他们，因为在那个镇上，他是唯一懂得些许军事操练的人。然而，当这些士兵挂着鲜花、扛着枪开拔奔赴战场之时，格兰特只有站在一边观望的份儿。带领这批新兵的上尉军官早已另有其人。

之后，格兰特给陆军部写信，讲到了自己的从军经历，请求担任上校团长之职。他写的那封信石沉大海，不过在他当上总统之后，在陆军部的档案里查到了那封信。

最后，格兰特在斯普林菲尔德的陆军副官办公室谋到了一个差事，所干的工作原本可交给一个十五岁的女孩子干的。他整天干活时戴着帽子，不停地抽烟，抄写各种命令，所用的那张摇摇欲坠的办公桌只有三条腿，只有靠着墙角才勉强支撑住。

不久之后，一件谁也不曾想到的事儿发生了。正是这件事儿让格兰特踏上了成名之路。伊利诺伊州志愿兵的第二十一团已经堕落成一群兵痞。他们无视任何命令，诅咒自己的军官，还将年迈的古德上校赶出了军营，并起誓说，如果他再出现在军营中，他们就会将他的人皮钉在一棵酸苹果树上。

叶茨州长为此深感忧虑。

这位州长并不看好格兰特，但鉴于他毕竟上过西点军校，于是决定给他一个机会。在一八六一年一个阳光灿烂的六月天，格兰特步行来到斯普林菲尔德的练兵场，接过了其他人都无法控制的那个团的指挥权。

他手持军杖，腰上缠着一条红色的大手帕——这两项东西便是他唯一可见的权威标志。他没有马可骑,没有军服可穿,也没钱买得起这两样东西。他那汗迹斑斑的礼帽顶上还有一个破洞,他的双肘也露出了穿在身上的那件破旧外套。

他手下的人立刻嘲笑起他来。一个家伙开始在他的后面做出要揍他的拳击手势,另一个家伙则冲到拳击手后面,将他往前使劲儿一推,弄得他一个趔趄,一下撞到格兰特两个肩膀之间的地方。

格兰特立刻阻止这一切愚蠢行为。他警告说如果有谁再不听命令,必将被绑在一根柱子上,示众一整天;如果此人还敢破口大骂,那他的嘴里就会被塞进一块东西。如果全团点名时有人迟到——类似事件时有发生——就会受到一整天不得进食的处罚。这位来自加利纳镇的皮草店店员就这样驯服了那帮顽劣之徒,之后还率领他们南下密苏里州打仗去了。

之后不久,另一件好得出奇的美事让格兰特赶上了。在那些日子里,陆军部将要晋升几十名准将。伊利诺伊州西北部已经把埃里胡·B.沃什伯恩推进了国会。而沃什伯恩拥有极强的政治野心,迫不及待地想让家乡的人们知道他在尽心尽责地工作,因此便赶到了陆军部,要求他所在的地区也应该配备一名准将。这倒没问题。不过谁能担当那个职务呢?再简单不过了:在沃什伯恩推荐的人中只有一个跟西点军校沾边。

于是,几天之后,格兰特抓起一份圣路易斯报纸,竟然读到了自己晋升为准将的那则令人惊讶的消息。

他受命前往设在伊利诺伊州的开罗司令部,随即开始了各项工作。他率领手下的官兵乘船,沿俄亥俄河北上,占领了肯塔基州的战略要点帕迪尤卡。他建议南下进入田纳西州,去攻打多纳尔森要塞。这个要塞控制着坎伯兰河的交通要道。哈勒克等军事专家却反对道:"简直是胡扯!格兰特,你在说傻话吧。那地方可是打不下来的。你这去就等于送死。"

格兰特照干不误,他去了,结果一个下午便夺下了要塞,还捕获了一万五千名战犯。

就在格兰特进攻之时,南方联盟的将军送来一封信,要求停战,并开出了投降的条件,可格兰特斩钉截铁地回答道:"我唯一的条件就是立刻无条件投降,否则我将马上向你的军事工事发起进攻。"

收到上述简短回信的那位南方联盟的将军是西蒙·巴克纳,此人在西点军校时就跟格兰特相识,还在格兰特被开除军籍后借钱给他作伙食费。鉴于自己曾借钱过给对方,巴克纳自认为对方本该在措辞方面更婉转一些,不过他还是原谅了格兰特,整个下午和格兰特一起抽烟,回忆他们在一起的那些往事。

多纳尔森要塞的攻陷产生了各种非常深远的影响:它为北方赢得了肯塔基州,使得联邦军队长驱直入二百英里,将南方联盟的军队赶出了田纳西州的大部分地区,切断了他们的后勤补给,促使纳什维尔、哥伦比亚要塞以及密西西比州的直布罗陀等地的相继陷落,让深感沮丧的整个南方沦陷地区继续扩大范围,使得从缅因州到密西西比州的各个教堂丧钟长鸣,战火不停地燃烧着。

那是一场巨大的胜利,它甚至还对欧洲也产生了巨大的影响。这一胜利真正成了这场内战的转折点之一。

从那时起,山姆·格兰特便以"无条件投降"格兰特之名著称,"我将马上向你的军事工事发起进攻"成为了北方的战斗口号。

这下,这个国家一直等待着的伟大领导者出现了。国会授予他陆军少将军衔,还任命他为田纳西州西部的军部指挥官。他很快成为了国人的偶像。一家报纸提到了格兰特在作战期间喜欢抽烟之事。说时迟那时快!人们给他送去了一万多箱香烟。

不过，在此事过后不到三个星期时间，格兰特便受到一个心怀嫉妒的高级军官的不公平对待。事实上，他是流着愤怒而屈辱的眼泪度过那段时间的。

他在西部时的顶头上司名叫哈勒克，是个不折不扣的大笨蛋。海军上将福特称此人为"一个军事白痴"，林肯总统的海军部部长吉迪恩·威尔斯跟此人私交甚密，他对此人的评价如是："哈勒克无创见、无预测、无建议、无计划、无决策，可谓一无是处、一无所长，只会骂人、抽烟、挠胳膊。"

不过,哈勒克的自我感觉非常不错。他一直是西点军校的助理教授，还撰写过不少军事策略、国际法、采矿等方面的著作，曾做过某银矿的矿长、铁路局的局长、成功的律师，他还通晓法语，翻译过一本有关拿破仑的大部头著作。在他个人看来，他亨利·韦杰·哈勒克就是一名出类拔萃的学者。

可格兰特是个什么玩意儿呀？无名小卒、酒鬼一个、不足挂齿的上尉军官而已。在攻打多纳尔森要塞之前，格兰特前去拜见他，哈勒克显得非常粗鲁，还以愤怒且不屑一顾的方式将对方提出的种种军事建议随意打发。这下格兰特赢得了一场伟大的胜利，让国人对他顶礼膜拜起来，相比之下，哈勒克却依旧默默无闻、无人理会，仍留在圣路易斯挠他那双胳膊肘。这让他大为光火。

更为糟糕的是，他老觉得这个曾经的皮草收购者在侮辱他。他日复一日地给格兰特发去电报，结果他的一道道命令却公然遭到对方一次次的不予理会。至少哈勒克是这样认为的。不幸的是，他的猜测是错的。格兰特一次又一次地回复了他的报告。只是多纳尔森要塞被攻陷之后，电报线路的中断使得他发出的一封封电报无从收到。然而，哈勒克对此毫不知情，于是表现出义愤填膺的样子。该不是胜利以及公众的崇拜冲昏了格兰特的头脑了吧？那好吧，他打算要好好地教训教训这个暴发户般的毛头小子。于是，他一次次给麦克莱伦发去电报，对格兰特大加谴责，说他这不对、那有错，比如说他傲慢无礼、酩酊大醉、无所事事、违抗军令、无能之辈等。"我对此玩忽职守以及办事不力的家伙忍无可忍。"

麦克莱伦刚好也非常嫉妒格兰特的名气，于是便给哈勒克发去了一份"立即逮捕他（格兰特），如有必要，让C.F.史密斯接任指挥权"的电文。从历史的角度看，这无疑是内战期间最骇人听闻的电文。

哈勒克立刻剥夺了格兰特的军事指挥权，几乎将其软禁起来，然后躺在自己的椅子上，非常悠然自得地挠着自己的胳膊肘。

内战自此差不多打了一年，唯一为北方赢得大胜仗的那名将军竟然被剥夺了军权，还公开受到了屈辱。

格兰特随后被官复原职。他后来在西罗战役中犯了惨痛的错误。若不是南方联盟军的将军约翰斯顿在战斗中因失血过多阵亡，格兰特极可能难逃被全军包围且被活捉的命运。当时的西罗战役是美洲大陆最大的一场战役，格兰特的损失可谓令人唏嘘不已：一万三千人！由于他当时愚蠢冒进，结果惨遭敌方的突然袭击。他受到了劈头盖脸的抨击，还被误控在西罗战役中喝得酩酊大醉。数以百万计的民众信以为真。一场海潮般的民愤席卷全国，公众强烈要求将其革职查办。可林肯却说："我可饶不了此人，让他给我打仗。"

当人们告诉林肯总统格兰特喝了不少威士忌时，对方却询问道："他那威士忌是什么牌子的？我想给手下的其他将军也送几桶过去。"

次年一月，格兰特担任了征讨维克斯堡的指挥官。这个天然的要塞坐落在高出密西西比河二百英尺高的悬崖峭壁之上。这场战役漫长而令人心碎。那个地方被重兵把守着，河中的小炮艇无法让炮弹触及到要塞。格兰特需要解决的问题就是让军队尽力靠近一些再进攻。

他回到密西西比河的中心位置，试图从东边征讨那个要塞，但没能奏效。

之后，他挖开了那条河的防洪堤，让军队乘船穿越沼泽地，从北面靠近要塞，此举同样未能奏效。之后，他开挖了一条运河，试图改变密西西比河的河道走向，但仍然以失败告终。

那是一个非常考验人的冬天，雨几乎从未停止过，大河淹没了整个流域。格兰特的部队挣扎着穿过数英里的沼泽地、软泥、河湾、荆棘、蔓藤缠绕的丛林。将士们站在齐腰深的软泥中，吃饭在软泥中，并且还睡在软泥中。疟疾、麻疹以及天花爆发了。卫生条件根本谈不上，士兵的死亡率高得令人瞠目结舌。

维克斯堡战役是一场败仗——这就是传遍各地的说法。一场愚蠢的败仗，一场悲剧性的败仗，一场犯罪的败仗。

格兰特手下的几名将军，如谢尔曼、麦克菲森、罗根和威尔逊，均认为他的种种计划荒谬无比，还认为他们将会败得一塌糊涂。全国的媒体也是尖酸刻薄至极，国人纷纷要求对格兰特做革职处理。

"除我之外，格兰特这时几乎连一个朋友都没有。"林肯说道。

尽管自己身处一片反对声中，林肯却力挺格兰特。总统的信任最终得到了丰厚的回报，因为在七月四日那天，也就是那个胆怯的米德让李将军逃离葛底斯堡的那一天，格兰特骑着从杰斐逊·戴维斯庄园弄来的一匹马冲进了维克斯堡，赢得了一场伟大的胜利，一场自华盛顿时代以来，任何其他一位美国将军都不曾取得过的胜利。

在经历了八个月让人深感凄苦的失败之后，格兰特在维克斯堡要塞捕获了四万人，将整个密西西比河牢牢控制在联邦军队的手中，同时将南方联盟切成了两半。

这一消息让全国呈现出一片欢腾的景象。

为确保格兰特能被晋升为中将，国会还颁布一项特殊的法案。这项荣誉自华盛顿去世以来还不曾有人享受到过。林肯将他召进白宫，还在任命他为联邦各兵种部队的总司令时发表了简短的演说。

格兰特之前已获通知，他得在接受军衔晋升后致答谢词。他从兜里掏出一张皱巴巴的纸条，上面仅有三句话。就在他朗读答谢词时，他的两个面颊绯红，双膝不停地颤抖，声音卡在了喉咙里。他完全崩溃了。突然，他双手紧紧抓住那张抖动的纸条，挪动了一下位置，深深地吸了一口气，重新朗读了一遍。

在仅有十一名观众的面前，这位来自加利纳的生猪及皮草购买者发现，面对子弹竟然比做一个八十四个字的演讲容易多了。

林肯夫人利用格兰特在华盛顿的机会，迫不及待地为他准备了一场社交活动，甚至连宴会和舞会都为他准备就绪。不过格兰特恳请得到原谅，他说自己必须马上赶回前线去。

"不过，我们无法原谅你，"总统坚持道，"林肯夫人的宴会没了你，岂不成了《哈姆雷特》剧里没了哈姆雷特。"

"为我而准备一次盛宴，"格兰特回答道，"就意味着国家每天损失一百万美元。再说，我已经受够了这种虚头巴脑的玩意儿。"

林肯非常喜欢说话如此直来直去的人，一个跟他一样鄙视"噼里啪啦的烟火工程"的人，一个"勇于担当、敢做敢为"的人。

林肯此时的信心倍增，可谓直冲云霄。他确信，有格兰特统帅军队，一切就会很快好起来。

不过他错了。在不到四个月的时间里，这个国家再一次陷入比过去更加乌云密布、更让人失望的处境之中。林肯再一次通宵达旦地在屋子里来回踱步，他面容憔悴、疲惫不堪、绝望至极。

第二十五章 连任总统

林肯也因此在当年十一月份再次当选为总统。他不仅没有把此次连任看作是他个人的胜利，而是精辟地盛赞人民显然明白"船在江心不补漏，人过河中不换马"的道理。

一八六四年五月，凯旋高歌的格兰特率领十二万两千将士渡过了拉皮丹河。他打算一鼓作气消灭掉李的军队，从而一举结束这场内战。

李与格兰特的交锋就在弗吉尼亚州北部的荒原上。这地方取名为"荒原"非常贴切。那里是一片高低不平、绵延起伏的小山和泥泞沼泽构成的湿地，长满了茂密的次生松树和橡树，灌木丛遍地都是，它们非常密集地缠绕在一起，就连白尾灰兔都无法在里面爬行。在那种昏暗、树藤相缠的密林中，格兰特打了一场残酷血腥的战役。伤亡数字骇人听闻。由于丛林产生了自燃现象，导致数百名伤员惨遭大火吞噬。

到第二天结束之时，就连意志坚强的格兰特都觉得当时的场景惨不忍睹，于是回到自己的帐篷中大哭了一场。不过，每打完一仗，不管其结果如何，他发出的全是相同的命令："前进！前进！"

到第六个血腥之日结束之时，他发出了那封著名的电文：哪怕这场战斗持续整个夏天，我决定在这条线上战斗到底！

唉，那场战斗还真就打了一个夏天。此外，这一仗还持续到整个秋天、整个冬天，乃至来年春天的一段时间。

格兰特这时投入到战场上的兵力已是敌方的两倍，而在他后方的北部还预留有大量的人员可供他调集，相比之下，南方联盟的新兵以及各种给养已差不多枯竭。

"那些叛军，"格兰特说道，"已经把老人和孩子都征集完了。"格兰特坚持认为，唯一快速结束内战的方法就是继续消灭李将军的兵力，直至其投降为止。

假如北方和南方士兵的伤亡比例达到一比一，那又会怎样呢？格兰特赔得起，但是李却不敢奉陪。于是，格兰特不停地轰炸、射击、砍杀。

在六周时间里，格兰特损失了五万四千九百二十六名官兵，相当于李将军部队投入的总人数。

在科尔德港口一战中，格兰特仅在一小时内便损失了七千人，这个数量比葛底斯堡战役中南北双方在三天之内损失的人数还多出一千人！

那么如此大的损失换来了多大的优势呢？我们不妨让格兰特自己来回答这个问题："没有一点儿优势。"这便是他本人的估计。

进攻科尔德港口是他一生中最具悲剧性的过失。如此大规模的厮杀远非人的神经以及人的身躯所能承受。此举挫伤了军队的士气，全军官兵几乎到了有闹兵变的边缘，手下的军官们差不多随时准备群起反叛他。

"激战到现在都已经三十六天了，"格兰特属下的一名集团军指挥官说道，"从本人面前经过的送葬人群从未间断过。"

尽管林肯这时已经伤痛欲绝，但他意识到除了坚持，别无他法。他给格兰特发去电报，要求他"就像斗牛犬一般地咬住敌人不放、咀嚼、吞掉"。然后，林肯发布了一道命令，再征集五十万兵力，服役期限为一至三年。

这道命令在全国引起一片哗然，国人一下陷入了绝望的深渊。

"目前的一切尽是昏暗、疑虑、气馁。"林肯的一位秘书在其日记中写道。

七月二日，国会通过了一项决议。该决议听起来简直无异于《旧约全书》中一名希伯来预言师所著的那首《耶利米哀歌》。它要求所有的民众"坦白并忏悔自己的多重罪过，恳求得到万能之主的同情和宽恕，并祈求他以世界最高统治者的身份不要灭掉我们这个民族"。

此时的林肯所遭到的猛烈诅咒，可谓没有南北之分。他被谴责为篡位者、叛徒、暴君、魔鬼、怪物等，是"一个血腥的屠夫，高喊完全采用白刃战，叫嚣要将更多的人送进他的屠宰场中"。

一些跟林肯不共戴天的宿敌声称，说他早该被杀掉以谢国人。一天晚上，他正策马奔向设在"士兵之家"的夏季指挥部时，一名暗杀者朝他开了一枪，结果子弹从他那高高的丝质礼帽一穿而过。

几个星期之后，宾夕法尼亚州米德维尔的旅馆老板，在其窗玻璃上发现如下刻印上去的文字："亚伯拉罕·林肯因中毒而死于一八六四年八月十三日。"前一个晚上租住在该房间的是当红的演员布斯，其全名为约翰·威尔克斯·布斯。

就在刚过去的六月份，共和党人已经提名林肯出任下一届总统。这下，他们觉得自己犯了一个错误，一个令人悲哀的错误。共和党内一些最著名的人物敦促林肯退出候选人名单。还有一些人很想得到这一提名。候选人还打算再度召集一次大会，以便认定林肯的执政是失败，继而取消他的候选资格，将另一名候选人放在选票的首要位置。

林肯有位挚友，名叫奥维尔·布朗宁。就连他在一八六四年七月的日记中都曾写过"本国的当务之急就是推出一位能执掌国事的精明领导者"等字眼。

此时的林肯自感其前途无药可救,他放弃了任何连任的想法。他已经失败了,他手下的将军们也一样失败了,他推行的战争政策已经失败了。人们对他的领导集体已经失去了信任,尽管他仍在为联邦即将惨遭毁灭的命运担忧不已。

"就连天堂都笼罩在一片黑暗之中。"林肯叹息道。

最后,一大批对林肯怀有憎恶心理的激进分子再度召集了大会,将独具魅力的约翰·C.费雷蒙特提名为其候选人,共和党由此遭受到了分裂。

形势仍然严峻。毫无疑问的是,如果不是费雷蒙特后来退出了竞选,民主党派的候选人麦克莱伦将军将毫无悬念地战胜那些四分五裂的对手,那这个国家的命运就注定走向另一个方向。

即便是费雷蒙特退出了竞选,林肯也只比麦克莱伦多出了二十万张选票而已。尽管尖酸刻薄的指责不断涌来,林肯总统仍然坦然面对,继续自己的工作,尽力不对任何人做出回应。

"我渴望,"林肯说道,"就这样处理这些行政事务,即便是在我最后交出权柄之时,我在这世上连一个朋友都没剩下,那我至少在内心深处还有一位……我未必注定能取胜,但我注定会忠于职守。我未必注定能成功,但我注定会对得住自己的职责。"

尽管深陷疲惫、沮丧之中,林肯常常躺在沙发上,拿起一本小小的《圣经》,面向约伯寻求慰藉:"现在,你要像勇士一般挺起腰来。我且问你,你要回答我。"

一八六四年夏天,林肯完全变成了另外一个人,无论是在心理上,还是在体格上,他都变得不再有三年前从伊利诺伊大草原走出来的那个巨人形象。年复一年,他的笑声越来越稀少,脸上的褶皱越来越深,他的双肩已经耷拉下来,他的双颊已经凹陷进去,他的肠胃患上了慢性消化不良,他的双腿一直冰冷,他无法入眠,他那张脸上习惯性地挂着痛苦的表情。他曾对一位朋友说道:"我觉得自己好像永远都没法快乐起来。"

一见到制作于一八六五年春季的林肯面部雕塑,著名的雕塑家奥古斯塔斯·圣-高登斯便认为那是一副死者的面部雕塑,还坚持认为自己绝对不会看走眼。事实上,死亡的阴影早已罩在了林肯的脸上。

为绘制《解放黑人奴隶宣言》的场景,艺术家卡品特曾在白宫居住过数月。他如是写道:"在荒原战役打响的第一周内,总统先生几乎不曾睡过觉。有一天,我从公寓大厅经过之时,遇上了总统本人。他身着长长的睡袍,双手背在背上,在那里来回踱步,两眼下是一道道黑圈,脑袋耷拉在胸前,一副痛苦、忧虑、焦急的样子……接连数日,每当我望着他那皱纹满布的脸庞,就禁不住想哭泣。"

来访者常常见他瘫倒在椅子上。林肯疲倦之极,当他们跟他打招呼之时,他既不抬头,也不作声。

"我有时在想象,"林肯声称道,"在每天前来看望我的人群中,每个人都冲着我指指点点,按照自己的喜好数落我,夺走我仅有的那点活力,扬长而去。"

他曾跟《汤姆叔叔的小屋》的作者斯托夫人讲,说自己将永远看不到和平的那一天。

"这场战争简直是要我的命啊。"林肯说道。

眼见林肯面容变化如此之大,朋友们都惊讶不已,于是纷纷敦促他去度假。

"两三周时间对我来说似乎没什么用,"林肯回答道,"我总不能不想事情吧。再说,我都不知道该怎样休息。我之所以累,那是累在心里,这是难以消除的。"

"孤儿寡母的哭叫声，"林肯的秘书说道，"总在他的耳边响起。"

每天都有哭闹的母亲、恋人、妻子奔他而去，希望能说服他放过她们那即将奔赴前线送死的男人。不管有多累、有多的疲惫不堪，林肯总是耐心听完对方的述说，通常都会答应她们的请求，因为他从不忍心见到妇女的哭泣，尤其是那些怀抱婴儿的妇女。

"等我不在人世以后，"他哀叹道，"我希望有人能这样评价我，说我拔掉的是刺蓟，在我认为凡可栽花的地方都种上了鲜花。"

将军们将他责怪一通；斯坦顿对他大发雷霆，说林肯的仁慈正在摧毁军纪，他必须阻止总统再插手此事儿。可真相却是，林肯对那些准将们的粗暴方式以及正规军的专制深恶痛绝。从另一方面来看，对那些他赖以取得胜利的志愿兵，林肯表现出了怜爱之心。跟他一样，他们都来自森林和农场。

就因为他们有懦夫行为就一定得枪毙吗？林肯总是赦免他们，还说："如果我在战场上，我也难保自己什么时候不会弃甲逃跑。"

那么某个志愿兵因为想家而逃走呢？"嗯，我想就是枪毙他也不会起什么作用。"

要是一个疲惫不堪的佛蒙特州士兵因在站岗放哨时打瞌睡而被枪毙呢？"我本人也有可能会那样做。"林肯总是这样说道。

仅他开出的一张特赦令名单都可以写满数页纸。

林肯曾给米德将军发去电报："我不愿意见到任何十八岁以下的士兵被枪毙。"在联邦各兵种里，十八岁以下的士兵在一百万人以上。事实上，小于十六岁的士兵就占其中的五分之一，十五岁以下的达一万人。

即使在其最为严肃的电文里，林肯总统也不时表现出一点幽默意味。比如，在给马利根上校发去的电文中，他如是措辞："你若还没有枪毙巴尼·D 的话，那就饶了他吧。"

那些母亲的丧子之痛使得林肯深有同感。在一八六四年十一月二十一日那天，他写下了毕生中最为优美的一封信。牛津大学将这封信的复印件挂在了墙上，作为"迄今为止最为纯洁而精美的措辞典范"。

尽管那封信是以散文形式写成的，但它的确是一首能从潜意识中引起共鸣的诗：

华盛顿行政大楼

一八六四年十一月二十一日

寄给马萨诸塞州波士顿的比克斯比夫人

亲爱的夫人：

  在陆军部印发的文件中，有马萨诸塞州将军副官的一份报告，我从中获悉您有五个儿子。他们全都光荣地战死在沙场上。我觉得，要使您从如此巨大的丧子之痛中得以解脱，无论我用任何语言都会显得苍白无力，但我还是禁不住要向您表示慰问，并以他们为之牺牲的共和国的名义向您深表谢意。我祈愿我们的天父能够抚平您那伤悲的心灵，让痛失的至亲者们的美好回忆留存您的心中，同时独享昂贵的自由祭坛上那份庄严的自豪。

您的真诚敬仰者

A. 林肯

有一天，诺亚·布鲁克斯送给林肯一本奥利弗·温德尔·霍尔莫斯的诗集。林肯一翻开诗集，便大声朗读《莱克星顿》那一首诗。可他还没读完"青青的草丛之下躺着那些烈士！没寿衣没墓碑，他们长眠于此"这一诗节,他的声音就颤抖不堪,哽咽住了。林肯一边将诗集递回到布鲁克斯手中,一边悄声说道:"你读吧,我读不下去。"

数月之后,林肯却给白宫的朋友们一字不漏地背出了这首诗。

一八六四年四月五日,林肯收到宾夕法尼亚州华盛顿县一名伤心欲绝的女子的来信。"除了恐惧和担心,我犹豫再三,"那名女子在信头如是写道,"但最终还是决定向您说出我内心的苦楚。"原来是她那位订婚数年的未婚夫曾经入伍,后经允许返回老家参加投票选举。据那名女子讲,他俩"由于过分放纵自己而在婚姻上干了傻事,"至此,"除非总统您怜悯我俩,批准他休假,以便弥补过去的错误……否则我俩的放纵行为将以一个非法家庭告终。我希望向上帝祈祷,您不会因鄙视和失望而对我的请求置之不理。"

读完那封信后,林肯被深深打动了。他茫然地望着窗外,两眼无疑噙满了泪水……

林肯提起笔来,在那名女子来信的下方批注道:"务必设法让他回到她的身边。"之后,林肯将此信转给了斯坦顿。

可怕的一八六四年夏天终于拖到了尽头,秋天带来了一个又一个好消息:谢尔曼攻占了亚特兰大,正率领部队朝着佐治亚州挺进;海军上将法拉格特在经过一场惊心动魄的海上战斗之后,抢占了莫比尔海湾,并加强了对墨西哥湾的封锁;谢里丹在谢南多厄河谷赢得了数场辉煌而壮观的胜利。这下,由于李将军不敢在空旷地带交锋,格兰特将军决定对彼得斯堡和里士满展开一场包围战……

南方联盟差不多到了气数已尽之时。

林肯手下的将军们这下处处打胜仗,他的英明决策已经得到了证明,北方的斗志犹如展翅的鸟儿腾空而起。林肯也因此在当年十一月份再次当选为总统。他不仅没有把此次连任看作是他个人的胜利,而是精辟地盛赞人民显然明白"船在江心不补漏，人过河中不换马"的道理。

经历四年的艰苦鏖战之后，林肯在心中并不记恨南方人民。他一次又一次地说过："'切勿妄加评判。'如果处于他们那种境地，我们也一样会那样去做。"

于是，在一八六五年二月，正当南方联盟土崩瓦解之际，而李的军队还有两个月的苟延残喘之时，就废除奴隶制度一事，林肯曾提议联邦政府给南方各州下拨四亿美元，但因其内阁成员均表示反对而只好作罢。

在接下来的那个月里，也就是在他第二任总统就职之时，林肯再次发表了一次演说。已故的牛津大学校长厄尔·柯尔曾声称这次演说为"若非是神灵般的雄辩，也是人类最纯金的雄辩"。

林肯健步向前，亲吻一本翻至第五章《以赛亚书》的《圣经》，然后开始了他的演讲，那模样有如戏剧中的某个大人物。

"他的演说就像一首圣洁的诗，"卡尔·舒尔茨写道，"从来没有哪位统治者像他那样跟自己的臣民说话。在此之前，没有哪一位美国总统曾经说出过如此多的肺腑之言。"

在笔者看来，这场演讲的结尾词是迄今为止出自人类口中的最高贵、最美丽的言辞。林肯朗诵起来时，仿佛响起了大教堂中那柔和灯光下的伴奏声。

> 我们衷心地希望——我们热切地祈祷——这场巨大的战争浩劫尽快离我们而去。然而，倘若天意难违——正如三千年前预言中所说的那样——战争还将持续到奴隶们二百五十年来辛勤创造的财富消耗殆尽之时，还将持续到备受鞭笞之

人拔剑以牙还牙之时,那么我们仍然得说出那句话:"上帝的审判不仅是正确的,而且是正义的。"

  与人无怨,博爱天下。由于上帝让我们看到了正义之所在,那就让我们站在正义之立场上,让我们全力以赴去完成未竟的事业,让我们为国人包扎好伤口,让我们关注承受过战争之苦的人们,以及他们的遗孀和遗孤。总之,为实现并珍惜人民之间、各民族之间的正义且持久的和平,我们都应全力以赴。

  刚好就在演说发表两个月后的那一天,人们在斯普林菲尔德为林肯举行的葬礼上再次宣读了这一演说词。

第二十六章　宽大的受降

投降条件为什么如此温和而大度呢？因为这些条件全是亚伯拉罕·林肯本人的口谕。

在一八六五年三月下旬，在弗吉尼亚州里士满发生了一起非同寻常的大事。南方联盟总统杰斐逊·戴维斯的夫人处理掉了自己所有的马匹，将她的个人财产拿到一家杂货店里变卖，然后包装好余下的私有物品，准备继续往南行进……看来大事不好。

到此时，这个南方联盟的首都已被格兰特的部队包围长达九个月之久。李将军的部队已经衣衫褴褛、饥肠辘辘，军饷已经微乎其微，士兵们几乎没什么薪水可领。即便发给他们薪水，那也只不过是南方联盟印发的纸币，到这时也差不多一文不值。买一杯咖啡得花上三美元，买一根木柴得花五美元，买一桶面粉得花一千美元。

所谓的独立成了泡影，奴隶制度也保不住了。对此，李将军明白，他手下的人都明白。至此，逃兵人数已达一万人之多。整团整团的官兵都在忙于收拾背包，准备集体出逃。每个帐篷差不多都在举行祷告集会。士兵们都在叫嚷、哭泣，频频见到幻觉。每个团都在出征前跪地祈祷。

尽管人们如此虔诚，但里士满已然处在风雨飘摇之中。

四月二日，星期天，李将军的部队点燃了城里的各个棉花以及烟草仓库,烧掉了军火库,毁掉了各个码头所有的半成品船只,并趁着黑夜中一团团冲天的火光逃到了城外。

李的军队刚一出城,格兰特就率领其七万两千人马一边跟踪追击,一边从两侧和后面发起一通猛攻。与此同时,谢里丹将军的骑兵则赶在逃兵的前面,拆掉铁路,截获那些提供给养的列车。

谢里丹在给总部发去的电报中说道:"如果这时紧追不放,我想李就会投降。"

林肯回电文指示道:"那就紧追不放。"

没错,在长达八十英里的追击战之后,格兰特终于将南方军队团团围住。这下,李将军知道了自己军队所面临的困境,也意识到再作无谓的流血纯属徒劳。

此时,格兰特由于突患剧烈头疼而双眼模糊,于是落到自己的部队后面,最后在某星期六晚上暂时停留在一家农舍里。

"我整个晚上,"他在其回忆录中写道,"将自己的双脚浸泡在加有芥末的热水中,还用芥末药膏敷在手腕和后脖上,希望第二天早上可以痊愈。"

第二天上午,他痊愈得可谓神速,不过起作用的不是一剂芥末膏药,而是一个骑兵。这个骑兵带着李将军的一封亲笔信沿路飞奔而来,还说李打算投降。

"当那位(送信的)军官来到我的面前,"格兰特写道,"我仍然头疼得厉害,但等我看完信中内容的那一刻,我全好啦。"

那天下午,两位将军在一个未铺地毯的砖房小客厅里会面,商谈投降条件。格兰特依旧邋遢着装:他那双鞋子满是泥污,没有佩剑,除了肩上的三颗银质星星表明他的身份之外,他的装束跟队伍上的任何列兵没什么两样。

贵族出身的李将军戴着一双缀满珠子的长手套，腰上别着一把嵌有珠宝的宝剑，这跟格兰特形成了鲜明的对比！李将军看上去恍如一位刚从钢凹版印刷品中走出来的某位皇家征服者，而格兰特则像去城里卖生猪和皮草的密苏里州农民。一意识到自己那身不洁的装束，格兰特立刻向李将军道歉，说自己本该在这种场合下穿得更体面一些才是。二十年前，当美国准备对墨西哥开战之时，格兰特和李两人都是正规军队里的军官。于是，他们两人这下不由得回忆起那远去的岁月，回忆起两位"老友"在墨西哥边境上度过的那个冬天，回忆起通宵达旦玩过的扑克游戏，回忆起他们那业余的演出作品《奥赛罗》，格兰特在剧中扮演的是苔丝狄蒙娜这一可爱的女性角色。

"我俩的交流非常愉快，"格兰特写道，"以至于我差一点忘了我俩会晤的目的。"

最后，李将话题引回到了投降条件上，不过格兰特的回答甚为简洁。然后他又将话题岔开，又一次次谈起了二十年前的那些往事，如基督圣体节以及一八四五年冬天，当时狼群在大草原上嚎叫……阳光在巨浪上翩翩起舞……一匹野马仅值三美元。

若不是李将军再次打断格兰特的话题，说自己此行的目的是带部队来投降的，恐怕格兰特会整个下午都漫无边际地说下去。

于是，格兰特叫人取来笔和墨水，几笔写出了投降条件。不举行任何带有侮辱性的投降仪式，而一七八一年英国人投降之后，华盛顿则强令在约克城搞过这样的仪式，还拿那群无助的敌军空着双手游街示众，满脸兴高采烈的征服者在两旁各站成一字长队。而这次不搞任何报复行动，而在那血雨腥风的四年时间里，北方那些激进分子一直要求将李将军及从西点军校毕业的叛军军官以叛国罪处以绞刑。不过，格兰特开出的投降条件不难接受，因为李将军的军队被允许保留武器，手下的士兵可以获得假释,并被护送回家。凡是要马匹或者骡子的士兵,都可以各自骑着回到自己的农场或者棉花地,重新开始自己的农耕生活。

投降条件为什么如此温和而大度呢?因为这些条件全是亚伯拉罕·林肯本人的口谕。

就这样,这场共夺走五十万条生命的战争终止于弗吉尼亚州的一个小村庄,即阿波马托克斯的法院。投降仪式在一个宁静的春季下午举行,当时空气里弥漫着丁香花的气息。那天恰好是圣枝主日。

就在那个下午,林肯正乘坐豪华的"水上女王"号游轮返回华盛顿。他接连给自己的朋友们朗诵了几小时的莎士比亚作品。他很快读到了《麦克白》中的这一段:

> 邓肯现在睡在他的坟墓里,
> 经过了一场人生的热病,
> 他现在睡得好好的,
> 叛逆已经对他施过最狠毒的伤害,
> 再没有刀剑、毒药、内乱、外患,可以加害于他。

这寥寥数行文字给林肯留下了非常深刻的印象。他重新朗诵了一遍,然后停下,两眼茫然地朝舷窗外望去。不一会儿,他又大声朗诵了一遍。

五天之后,林肯离开了这个世界。

第二十七章　泼妇总统夫人

令人敬仰的威尔西·莫洛在其《玛丽·托德·林肯》一书中写道:"百分之九十九到百分之一百的人都极可能会说,她是个泼妇、丈夫的魔咒、大笨蛋、疯子。"

现在,我们得倒回去一下,因为笔者想给诸位说说里士满失守之前发生过的一件令人意想不到的事儿。差不多二十五年来,林肯一直默默忍受着家庭的种种不幸,而这件事算是其中一个生动的体现。

这件事发生在格兰特的指挥部附近。格兰特将军邀请林肯及其夫人去离前线不远的地方放松一个星期。

林肯夫妇欣然同意前往,因为总统先生真是疲惫到了极点。自林肯入主白宫以来,他还从未休过假。林肯也很想借此机会,躲开那些在他第二任开始之际缠着他谋求一官半职的人群。

于是,林肯及其夫人乘"水上女王"号沿波托马克河南下,穿过切萨皮克湾的下游,经过古老的康福特岬角,再北上詹姆斯河,最后到达了岬角城。在那儿,离水平面二百英尺高的悬崖上,坐着来自加利纳的那名前皮草收购者,他一边抽烟,还一边吹着口哨。

数天之后,来自华盛顿的一群达官贵人应邀跟随总统一行,其中还包括法国外长M.若弗鲁瓦。十二英里之外便是波托马克军阵地的前沿，来宾们自然想亲眼目睹一番。于是，这群人在第二天便启程前往那儿。男人们骑着马，林肯夫人以及格兰特夫人则坐在一辆半敞开的马车里紧随其后。

亚当·巴德将军是格兰特将军的军事秘书兼副官，同时还是格兰特最为要好的朋友之一。当天，他受命护卫两位夫人，于是便背对马匹、面朝她们坐在马车的前排。对于当天所发生的事儿，他是其中的目击证人之一，还曾著有一本名为《和平时期的格兰特》一书。现将该书第三百五十六页至三百六十二页引述如下：

> 在交谈中，我偶然提及到前线军官的夫人们都得撤回到后方去。这是一个即将开战的确信无疑信号。我还说任何一位女士都不得留下，但查尔斯·格里芬将军的夫人除外，因为她已获得了总统的特许。
>
> 一听到这话，林肯夫人便提出抗议。"喂，先生，你说那话是什么意思？"她大叫起来，"你是说她单独去见过总统了吗？你知不知道我从不允许总统单独接见任何女人的？"
>
> 可怜的亚伯拉罕·林肯虽然貌不惊人，可总统夫人的嫉妒之心却非常强。
>
> 我试图平复总统夫人的怒气，同时也替自己说出的话辩护，但是对方已到了怒不可遏的地步。"先生，挂在你脸上的微笑模棱两可，"她高声说道，"马上给我停车，让我下去。我要去问问总统，看他是不是单独接见过那个女人。"
>
> 格里芬夫人，即后来的艾斯特赫奇伯爵夫人，是卡罗尔家族的一员，也是华盛顿最知名、最优雅的女性之一，同时跟格兰特夫人私交甚密。格兰特夫人竭力平复总统夫人的怒

气,结果无济于事。林肯夫人再次命令我让驾车的人停车。我正处犹豫之际,她朝我的方向伸出双臂,将驾车的人牢牢抓住。不过,格兰特夫人最后总算止住了她,说等到大伙儿都下车后再说。

晚上,等我们都回到营地之后,格兰特夫人跟我讲起了那事儿的经过,还说这件事很是伤人,也很丢脸,让我俩谁都别再提及此事。至少,我必须对此事保持沉默,而她则只会向格兰特将军转述此事。由于"后来事态更糟"的缘故,我第二天没法信守诺言。

第二天上午,总统一行人前去看望詹姆斯河北岸的军队。这支部队的指挥官是奥德将军。行程安排跟前一天没什么太大的区别。我们一行人乘坐轮船沿江而上,之后,男人们再次骑马前行,而林肯夫人以及格兰特夫人则改坐救护车。我一如既往受命充当护卫,不过我又叫上了一人随我同行,因为有了前一天的经历,我不希望成为马车里唯一的军官,于是霍拉斯·波特上校受命加入进来。奥德将军的夫人则陪伴在丈夫的身边。由于她是指挥官的夫人,因此不在受命撤回后方的夫人之列。然而,不等那天行程结束,她就希望自己是在华盛顿,或者远离军队的任何地方,就这一点而言,我非常确信。因为救护车已满,所以她只好骑马行进。她一直骑在马上,有那么一小会儿跟总统并排而行,自然就行进在总统夫人的前面。

林肯夫人见状,不由得怒火连天。"那个女人骑着马跟总统并排而行,她是什么意思?"她大声嚷嚷着,"而且还走在我的前面,她是什么意思?"

林肯夫人这下疯狂至极,言行举止越来越放纵起来。

格兰特夫人试图再次安抚她,可她随后竟然对这位夫人也动起怒来。而我跟波特能做的只能是尽力保证她俩别打起架来。我俩还担心她会跳下车去,并朝着走在前面的那拨人高声叫喊。

其间,失控的林肯夫人曾冲着格兰特夫人说道:"我想你自以为能入主白宫,是吗?"格兰特夫人显得非常从容镇静且不失尊严,她只是以自己非常满足现状、绝没动过那一念头等话语回应对方。不过,林肯夫人却高声挖苦道:"哦!如果有那能力,你最好还是入主白宫。那可是件美事啊!"紧接着,林肯夫人又将话题转回到了奥德夫人身上,而格兰特夫人则冒着遭致对方更大迁怒之险替朋友辩护。

中途短暂休息时,国务卿的侄子、奥德将军参谋部的军官斯沃德少校骑马上前,试图说句俏皮话。"总统的那匹马很会献殷勤,林肯夫人,"他开口说道,"它坚持要陪在奥德夫人的身边。"

这句话无疑起到了火上浇油的作用。

"你说那话是什么意思,先生?"总统夫人叫喊道。

斯沃德这下发现自己犯了一个大错误,而他的马立刻变得奇怪无比,竟然迫使主人落到队伍的后面,从而避开了那场风波。

最后,整个总统一行人员抵达目的地,奥德夫人来到了救护车面前。林肯夫人随后对其进行了大肆侮辱,还当着一群军官的面对她破口大骂,质问她跟着总统是何居心。这位可怜的女性哇的一声大哭起来,并问对方自己做错了什么。不过,林肯夫人依然不肯作罢，一直发飙，直到骂累了才停了下来。格兰特夫人试图为自己的朋友挡驾，在场的人既惊讶又惶恐。当然，任何事情总有结束之时。没过多久，我们一行人回到了岬角城。

那天晚上，总统夫妇在轮船上宴请了格兰特夫妇及其参谋人员。林肯夫人当着我们众人的面，跟总统大肆数落奥德将军，还敦促将其革职。她说奥德将军不胜任其职，至于奥德夫人根本不值一提。坐在旁边的格兰特将军毫无惧色地维护着自己的手下。奥德将军自然也没遭到革职处理。

在整个行程中，类似闹剧还在不停地上演着。就因为格里芬夫人和奥德夫人的那点事，林肯夫人当着其他军官的面对其丈夫进行了三番五次的攻击。在如此危急的关头，林肯总统承载着全体国民之忧愁，竟然遭受如此难以名状的公开屈辱。眼见到这位国家元首此时的窘境，即便不是好友的我都感到莫大的侮辱和痛心。然而，有如基督教徒一般的林肯，带着切肤之痛苦以及伤悲，颇为安详且非常有尊严地默默忍着。他仍以长期习惯的坦率方式称呼她"妈妈"，用眼神和话语恳求，同时努力解释或者平复他人对她的冒犯，直至她像一只母老虎般转而进攻他。林肯随后走开了，同时掩藏起他那张高贵而丑陋的脸庞，以便不让我们再看到其痛苦的全貌。

作为其中某些场景的见证者之一，谢尔曼将军多年前曾在自己撰写的回忆录中也提到过：

海军上校巴恩斯也是一名见证者和受害者。在那次不幸的出行中，陪伴着奥德夫人的便是这位上校。他后来坚持认为奥德夫人没什么错。林肯夫人一直都没原谅他。那件事刚过了一两天，他因公前往拜见总统，正巧林肯夫人以及其他人也在场。总统夫人对他说了一通非常难听的话，旁边的人也都听得真真切切。林肯没吭声，不过一会儿之后，他走到那位年轻人的跟前，抓住对方的手臂，接着将他带进了自己的小屋，说是要让他看看一张地图，或者某个文件什么的。巴恩斯告诉我，总统对刚发生的事儿只字未提。他不便指责自己的妻子，但却表达了自己的遗憾以及对那名军官的关怀。在我看来，此举似乎就是人所能想象到的最佳教养的些许体现吧。

在这些事情发生之前，斯坦顿夫人已经去过岬角城，我刚好也跟她问到过有关总统夫人的某个问题。

"我可不见林肯夫人。"她如是答道。

不过，我觉得一定是听错了对方的意思。陆军部部长的夫人肯定要去见总统夫人的，于是，我又追问道。

"不明白我的意思，先生？"她重复道，"我不去白宫。我不见林肯夫人。"我跟斯坦顿夫人根本不熟，但是这话太非同寻常，因此终生难忘。不过，我后来才明白了其中的含义。

林肯夫人对待格兰特夫人的态度依旧，但对方仍旧努力安抚她，直至其越来越恼火。林肯夫人还曾因格兰特夫人坐在她的面前而严加斥责过。"我没叫你，"林肯夫人说道，"你竟敢坐下？"

这次陪伴林肯夫人前往格兰特指挥部的还有一位女士，名叫伊丽莎白·科克利。她谈到了些许"总统夫人"在"水上女王"号上的某次宴会情况。

其中一位客人是卫生委员会的年轻军官。他坐在离林肯夫人很近的位子上,于是开玩笑似地跟她寒暄道:"林肯夫人,前几天,您可是没看见总统凯旋进入里士满的情形。他成了万众瞩目的焦点。女士们朝他飞吻,还挥舞着手帕向他问好。在一群年轻、漂亮女士的包围中,他真是个了不起的英雄。"

这位年轻的军官突然住嘴,带着满脸的尴尬神情。只见林肯夫人两眼直冒怒火,转身望着对方,说他那些套近乎的言语是对她极大的冒犯。

紧接着便是一场闹剧。那个惹恼过林肯夫人的上尉,我想他会终生难忘那个值得牢记的晚上。

"在我的一生中,我还从未见到性情比她更为怪异的女人。"科克利夫人说道,"找遍整个世界,你也不可能找出第二个像林肯夫人这样的人来。"

"你若见着任何一个美国人便问:'林肯的妻子是个什么样的人?'"令人敬仰的威尔西·莫洛在其《玛丽·托德·林肯》一书中写道:"百分之九十九到百分之一百的人都极可能会说,她是个泼妇、丈夫的魔咒、大笨蛋、疯子。"

林肯一生的悲剧不在于他惨遭刺杀,而在于他失败的婚姻。

当布斯开枪之后,林肯并不知道是什么东西击中了自己,不过,二十三年来,他差不多每天会收到的——用赫恩登的话来说——都是一些"不幸婚姻的苦果"。

"在一场场政党相互愤恨以及对抗斗争的风波之中,"巴德将军说道,"他所受的痛苦犹如背负的十字架,还要忍受家庭生活带来的不幸,对于这些,林肯都一一牢牢藏在心中,他只是说:'上帝啊,恳请原谅:他们都不知道自己在做什么。'"

来自伊利诺伊州的议员奥维尔·布朗宁,是林肯担任总统期间最为亲密的朋友之一。他们两人相识长达二十五年,布朗宁是白宫宴会上的常客,有时还在那儿过夜。他有一本记载得非常详细的日记,但凡涉及林肯夫人的事儿,他在里面到底记录了些什么,人们只能凭空猜测,因为凡为他写传的作者,都必须以自己的人格担保,绝不泄露任何有损这位夫人人格的内容,否则就不能阅读他的手稿。这份手稿最近已被拍卖,但出版的条件是,凡有关林肯夫人的惊人话语在付印之前都必须一一删除。

在白宫所有的公众接待会上,总统按照惯例要选除夫人之外的一名女性陪同出场。

可林肯夫人不管这是惯例,还是传统,就是不能容忍。什么?让另外一个女人走在她的前面?还让总统挽着她的胳膊?绝对不行!

于是,林肯夫人自行其是。华盛顿唏嘘不已。

她不仅不让总统跟另外的女性走在一起,就连跟某个女性说话也会招来她那妒忌的双眼以及严厉的斥责。

每当前往一次公众接待场合,林肯总来到他那醋意十足的夫人面前,问她自己可以跟谁说话,而对方总是将某些女性一一列举,说她讨厌这个,憎恶那个。

"可是妈妈,"林肯往往辩驳道,"我总得跟人说话吧。我总不能像个傻子似的站在一旁,啥都不说吧。如果你不说我可以跟谁说话,那就请你告诉我,我不可以跟谁说话吧。"

她不管三七二十一,依然我行我素。在某一个场合上,她竟然扬言,如果林肯不提拔某位军官,她就当着所有在场人的面一头扎进泥浆里。

还有一次,林肯正在进行一次重要的会晤,他的夫人却闯进办公室来,劈头盖脸地把他大骂一通。林肯从容起身,抱起她走出办公室,然后放了下来,返回去,关上门,若无其事地继续自己的工作。

林肯夫人向一名巫师请教,结果被对方告知,说林肯内阁里的成员人人都是她的敌人。这倒没让她感到一丝的惊讶。她压根儿就没喜欢过那些人。

她瞧不起西华德,称呼他"伪君子"、"废奴运动的内奸",还说对方不值得信赖,并警告林肯别跟他有任何瓜葛。

"对于蔡斯,"科克利夫人说道,"林肯夫人可以说恨得要死。"

其中一个原因就是:蔡斯有个叫凯特的女儿,嫁给了一位有钱人。他这个女儿在华盛顿社交界是最漂亮、最引人注目的女性之一。每逢白宫有任何公众接待活动,凯特一次都不会落下。让林肯夫人非常气愤的是,凯特总能把所有男人的目光吸引到自己的身上,独占鳌头。

科克利夫人说道:"由于林肯夫人非常妒忌他人的人气指数,因此根本就不曾想过要对凯特的父亲施以政治恩惠,从而跟对方建起某种社交关系。"

由于恼怒和愤恨,她一而再再而三地催促林肯将蔡斯逐出其内阁。

林肯夫人憎恶斯坦顿。每当受到对方的抨击,林肯夫人"一贯以给他送去书籍和剪报的方式回应,上面把对方描绘成一个易怒而且可恶的人物。"

对于这些指责,林肯总是说:"妈妈,你可错了。你那些偏见太强烈,而且毫无道理。我要是都听你的话,那我的内阁很快就会烟消云散。"

林肯夫人对安德鲁·约翰逊持有强烈的反感;她愤恨麦克莱伦;她鄙视格兰特,称呼对方是"一个顽固的笨蛋、屠夫",声称她比对方更

223

能掌管军队，还经常发誓，说要是格兰特当上了总统，那她就会离开美国，只要此人还在白宫一天，那她就绝不回国。

"唉，妈妈，"林肯总是说，"假如我们让你掌管这支军队的话，你无疑会比那些受到审判的将军们干得好一些。"

在南方联盟的李将军投降之后，格兰特夫妇来到华盛顿。整个城里灯火通明：随处可见人群在唱歌、点燃篝火、狂欢。于是，林肯夫人写信给格兰特将军，邀请他陪同总统和她一起到街上兜风，以便"观赏灯火"。

可她竟然没有邀请格兰特夫人同行。

然而，数日后的某个晚上，她安排了一场戏剧晚会，竟然邀请格兰特夫妇以及斯坦顿夫妇共坐总统包厢。收到请柬之后，斯坦顿夫人立马赶到格兰特夫人那儿，询问对方是否会一同前去。

"除非你接受邀请，"斯坦顿夫人说道，"否则我也会拒绝去的。除非你也在场，否则我绝不会跟林肯夫人同坐在一个包厢里。"

格兰特夫人对应邀一事显得很是犹豫。

她知道，当将军走进包厢之时，观众一定会对这位"阿波马托克斯英雄"报以一阵阵掌声。

到那时，林肯夫人会做出什么样的反应呢？谁也说不准。她或许又会弄出个丢人现眼、令人难堪的闹剧来。

格兰特夫人拒绝了邀请，斯坦顿夫人如法炮制。正是由于这两位夫人的拒绝，结果却保住了自己丈夫的性命，因为那天晚上，布斯偷偷潜入了总统的包厢，并枪杀了林肯。如果斯坦顿和格兰特也都在场的话，布斯极可能会将他们一并干掉。

第二十八章　遇刺身亡

几周之后，李投降了，内战就此结束。有鉴于此，这时的布斯意识到，绑架总统也就没什么意义，于是决定马上刺杀林肯。

在一八六三年，弗吉尼亚州的一伙奴隶主贵族组建起了一个秘密团体，还对其提供资金。该组织的目的就是暗杀亚伯拉罕·林肯。在一八六四年十二月，亚拉巴马州塞尔玛出版的报纸里出现了一则广告，恳请公众募集一笔基金，也旨在用于这一意图，而其他南方的各种杂志也为刺杀林肯开出了现金悬赏。

然而，最后枪杀林肯的那名男子的动机并非出于什么爱国情怀，或者任何商业目的。约翰·威尔克斯·布斯的刺杀目的只是为了出名而已。

布斯是个什么样的人物呢？他是一名演员，上帝给予了他非同凡响的外表和个性吸引力。林肯的几位秘书把布斯描述为"他自己那片小天地的宠儿，跟拉塔莫斯山上的恩底弥翁一般风度翩翩"；弗朗西斯·威尔逊在其为布斯所写的传记中，声称"他曾是世界上最成功的情人之一……每当布斯经过之时，大街上的女性均驻足，继而本能地回头将他欣赏一番"。

在他年仅二十三岁之时，布斯已经成为了女性们崇拜的舞台偶像。他扮演的最著名的角色自然是罗密欧。无论他在何处演出，多情的少女们纷纷给他寄去满是甜言蜜语的情书。正当他在波士顿演出期间，成群成堆的女性站满特雷蒙特大楼外的大街小巷，迫切等着他经过之时能亲眼看到自己心中的英雄。一天夜里，一个名为亨莉塔·欧文的女演员，出于对其他女性的嫉妒，竟然在一家旅馆房间里捅了他一刀，然后试图自杀。林肯遇刺后的第二天早上，布斯的另一个情人艾拉·特纳，即他在华盛顿某"洗发店"的那位同居女友，听说他成为了杀人犯，还逃城而去，深感沮丧，于是将其照片紧握在胸前，喝下三氯甲烷，倒地身亡。

可是，这潮水般的女性谄媚给布斯带去了极大的幸福感吗？少得可怜，因为他一次次的成功差不多完全局限于内陆那些欠缺识别力的观众的欣赏，而让他心中始终难以释怀的却是一种高昂的雄心，即在大城市的中心赢得观众们的交口称赞。

不过，纽约的评论者们均不看好他，他在费城还曾遭到人们喝倒彩。

这让他伤心不已，因为布斯家族的其他成员都是台上的名角。在差不多三分之一个世纪中，他的父亲朱尼厄斯·布鲁图斯·布斯一直都是一流的舞台之星。他对莎士比亚作品的成功演绎被国人传为美谈。在美国的戏剧历史中，还没有第二个人赢得过如此超乎寻常的名气。那位老布斯曾经努力培养过自己的宠子约翰·威尔克斯，相信他注定会能成为布斯家族中了不起的人物。

然而事实上，约翰·威尔克斯却没有多少天赋，就连那仅有的一点天资他也没能加以充分利用。他长相不错，但却骄纵、懒惰，拒不潜心钻研。相反，他还将自己的青春年华浪费在马背上，穿梭于马里兰州农场的森林里，对着林中的树木和松鼠发表一通无畏的演说，还拿一杆在墨西哥战争中使用过的旧式军用长予朝空中胡乱抛掷。

年迈的朱尼厄斯·布鲁图斯·布斯从不允许家中餐桌上出现任何肉食，还告诫自己的几个儿子，说随意屠杀生灵无异于罪过，哪怕是一条响尾蛇也不可遭到虐杀。然而，约翰·威尔克斯显然没有严格遵从其父亲的处世哲学。他偏偏喜欢上了射击和破坏。有时候，他会拿枪砰砰地朝着奴隶们的那些猫和狗乱开一通，还曾打死过邻居家的一头母猪。

后来，他竟然成了切萨皮克海湾里的牡蛎偷捕者，之后才当上了一名演员。此时的他已经二十六岁，成为了热情奔放的女中学生的最爱。可在他自己的眼中，他却是个失败者。此外，他嫉妒自己的哥哥埃德温到了两眼发绿的程度，因为他已经功成名就，而这正是自己热切盼望得到的东西。他为此思考了很久，最后决定要在一夜之间成为世人永远铭记的人。

他起初的计划是这样的：他打算某个晚上跟踪林肯前往剧院，就在其南方联盟助手关掉汽灯的那一小会儿，他飞快进入林肯总统的包厢，用绳子将他绑好，把他扔到下面的舞台上，然后经过后门将其强行带走，再把他推进马车里，趁着夜色疯狂逃离。

通过马不停蹄地赶路，他可以在拂晓之前到达沉睡中的托巴科港旧镇，然后再划船渡过宽阔的波托马克河，接着策马快速穿过弗吉尼亚州，直至他将这位联邦军队总司令安全移交到里士满的南方联盟军手中为止。那么接下来呢？哦，南方联盟就会借此开出条件，让这场内战戛然而止。

那么如此彪炳千秋的功劳将归功于谁呢？自然是归功于绝顶天才约翰·威尔克斯·布斯。他的知名度将是他哥哥埃德温的双倍，甚至一百倍。他头顶上的光环将跟历史上的威廉·退尔一样多。这便是他的美梦。

他当时每年靠演出能挣上两万美元，可他却彻底地放弃了。这下，钱对他来说没啥意思，因为他打算赌一把的东西对他的价值远远超过了其所拥有的物质。于是，他将自己的所有积蓄用来资助一伙南方联盟分子。这群游荡在巴尔的摩和华盛顿周边的南方同情者是他精心挑选出来的。布斯向这些人承诺，到时一定让他们每个人都名利双收。

瞧瞧这一群乌合之众！斯潘格勒是个喜欢酗酒的舞台布景者兼捕蟹人；阿泽罗特是个留胡须、扎着多个辫子的无知喷漆工及封锁线偷越者，为人粗鲁、凶猛；阿诺德是个懒惰的农场工及南方联盟军的逃兵；奥劳夫林是个马夫，浑身上下散发出一种马骚臭和威士忌味儿；苏拉特是个自以为是的小职员；鲍威尔是一个施礼牧师的儿子，是个半疯的愣头青；赫罗尔德是个傻呼呼、嘻嘻哈哈的游荡者，常在马厩周围游逛，要么谈论马匹，要么谈论女人，全靠他那寡母和七个姐妹施舍些小钱度日。

借着这帮不着调的配角支持，布斯准备上演其人生中的重要角色。哪怕只是策划一些微不足道的细节，他都既肯花时间，也不吝惜金钱。他买来一双手铐，在恰当地点安排好快马进行接力。他还买来三条船，备好桨橹，让船工在托巴科港码头等候，随时听候行动。

最后，在一八六五年一月，布斯认为伟大的时刻已经到来。林肯定于当月八日晚上前往福特剧院观看埃德温·弗里斯特演出的《杰克·凯德》。这一小道消息传遍了全城。布斯获知了这个消息。于是，他当天晚上怀揣绳子和希望到达了现场。可发生什么事儿了呢？什么也没发生。林肯压根儿就没去那儿。

两个月之后，据传林肯将在某天下午出城，去附近一个兵营观看戏剧演出。于是，布斯及其同谋怀揣鲍伊猎刀和左轮手枪，骑马前往，掩藏在林肯必经之地附近的树林里。可当白宫马车经过之时，林肯却不在里面。

行动再次受挫之后，布斯气得团团直转。他一边抓扯着自己那乌黑的胡须，一边诅咒，还拿鞭子抽打脚上穿着的靴子。他已经受够了这些，再也输不起了。他对天起誓，如果他不能活捉林肯，那他可以杀掉他。

几周之后，李将军投降了，内战就此结束。有鉴于此，这时的布斯意识到，绑架总统也就没什么意义，于是决定马上刺杀林肯。

布斯不需等待多久。在随后的星期五那天，布斯出门理了一个头发，然后去福特剧院领取自己的邮件。在那儿，他听人说总统已经预订了当晚演出的包厢。

"什么！"布斯高兴地叫了起来，"那个老流氓今晚要来这儿？"

布景工人们已经在为一场大型演出做准备：他们给以饰带为背景的左边包厢插满了旗子，挂上了华盛顿的画像；他们取掉了隔板，加大了一倍的空间，四周镶衬着绯红的彩纸；为方便总统活动他那修长的双腿，他们还特地布置了一张硕大无比的核桃木摇椅。

布斯贿赂了一名布景工人，要求他严格按自己的希望摆放那张摇椅。布斯希望的是，包厢中那张椅子的位置跟观众靠得最近，以便他溜进去时不容易被人发现。他在摇椅正后方的内门上掏出了一个细小的猫眼，然后在门后连接前排座位和两个包厢间的灰泥墙面里挖了一个凹槽，这样一来，他就可以用一块木板挡住入口的位置。做好这一切之后，布斯回到自己的旅馆，给《国家情报员》编辑写了一封长信，还以爱国主义的名义来标榜其蓄谋已久的刺杀行为，还声称子孙后代一定会以他为荣。他在信末签上了自己的名字，交给一名演员，要求他在第二天将此见诸报端。

之后，布斯去了一个马厩，租来了一匹小型的枣红马，据他吹嘘，这种马可以跑得"像一只猫"那样快。接着，他召集自己的那些助手，让他们全都上马等待，还给阿泽罗特一杆枪，让他去射杀副总统，给鲍威尔一把手枪和一把刀，命令去他干掉西华德。

那个星期五刚好是耶稣受难日。就剧院的上座率来看，按说那天晚上是一年中最不理想的时间，不过全城仍然挤满了无数想一睹军队总司令风采的官兵。为了庆祝内战结束，整个城里仍处在喜气洋洋的氛围之中。一道道凯旋拱门依旧横跨在宾夕法尼亚大道上。那天晚上，当总统乘车经过各条大街时，人们一边欢快地举行火炬游行，一边兴高采烈地朝他欢呼。当总统抵达福特剧院时，那里已是人满为患。于是，数以百计的人被赶离现场。

八点四十分整，在第一幕中途，总统一行人走进了剧院。演员们暂停演出，纷纷鞠躬以示欢迎。穿戴得光鲜亮丽的观众一齐发出惊天动地的迎候掌声。乐队突然奏响一曲《向领袖致敬》。林肯鞠躬回谢所有在场的人，掀了掀后摆，朝一张垫成红色的核桃木摇椅坐了下去。

在林肯夫人的右边坐着应她之邀而来的客人：宪兵司令部办公室的拉斯波恩少校及其未婚妻克拉拉·H.哈里斯小姐。这位小姐是纽约参议员艾拉·哈里斯家的千金，从华盛顿社交界角度看，她的这一正宗血统足以达到那位挑剔的肯塔基女主人的各种要求。

当时正在上演的是著名喜剧《我们的美国表亲》，这一场剧是劳拉·基恩的告别演出。此时正处于欢快愉悦的场合，观众发出的哄堂笑声此起彼伏。当天下午，林肯及其夫人赶了很长的路。总统夫人后来说，这是她多年以来见到的总统最快乐的一天。总统能不快乐吗？和平、胜利、联邦、自由等一样都不少。当天下午，总统还就自己第二任期结束、离开白宫后的打算，跟玛丽交换了意见。他们准备先去欧洲或者加利福尼亚好好休个长假，之后或许会在芝加哥开个律师事务所，或者干脆回到斯普林菲尔德，骑马走在大草原上，接着干自己喜爱的巡回办案，以此度过余生。就在那天下午，总统先前结识的几位伊利诺伊老友还到过白宫拜望他，而他也一直兴冲冲地讲些笑话，结果弄得林肯夫人都没法催促他吃晚餐。

前一天夜里，林肯做了一个非常奇怪的梦。第二天上午，他还把那个梦告诉了自己的那些内阁成员："我仿佛就在一艘别具一格但却难以描绘的船上，"他说道，"那船朝着一个黝黑、模糊的岸边疾驶而去。每当发生什么大事件、取得胜利之前，我都做这种非同寻常的梦。在安提塔姆、石头河、葛底斯堡、维克斯堡等大战役之前，我都做过这样的梦。"

他相信这个梦是个吉祥的征兆，它预示着喜讯的来临，美好的事情即将发生。

十点过十分，布斯仗着威士忌壮胆，身着黑色骑马裤、脚穿长靴、手持马刺，平生最后一次进入剧院，并观察好了总统的位置。他手握一顶黑色的宽边软帽，登上通往前排座位的楼梯，然后侧身挤过塞满椅子的通道，最后来到通向两个包厢的走廊。

见总统的一名警卫拦住去路，布斯信心十足、傲慢无比地递上一张名片，说是总统要召见他，之后不等得到许可，便推开、顺手又关上走廊大门，还从乐谱架上取下一根直木条把门牢牢抵住。

透过之前在总统身后门上钻出的小孔，布斯目测好了距离，然后将门静悄悄地推开。他将手中那支高精准的大口径短筒手枪迅猛逼近受害者的头颅，扣动扳机，旋即朝着下面的舞台跳去。

林肯的脑袋先是往前一栽，接着随其身子瘫软在椅子上时耷向一侧。总统没有发出任何声音。

就在那一刹那间,观众还以为那声枪响和往台下的那一跳是戏剧的一部分。没人,就连那些演员都没觉察到总统这时已经受伤了。

突然间,一个女人的刺耳尖声穿透了整个剧院,所有的目光均转向那个扯着帷幔的包厢。手臂上血流如注的拉斯波恩少校高喊道:"抓住那名男子!抓住他!他枪杀了总统!"

片刻寂静之后,一缕烟雾从总统包厢飘然而出。接着,悬念不复存在。恐怖及疯狂躁动让在场的观众不知所措。他们在那些座位之间乱冲乱窜,碰得椅子来回转动不停;他们翻过围栏,试图爬上舞台,相互抓扯,结果踩着了那些年迈体弱者,他们身上的骨头在挤轧中断裂。妇女们尖声叫喊,继而昏了过去,痛苦的叫声连着狂暴的呐喊声不绝于耳:"绞死他!"……"枪毙他!"……"烧掉剧院!"

有人高喊,说剧院即将爆炸。恐慌带来的愤怒成倍地增加。一群狂乱的士兵冲进剧院,端着带刺刀的火枪对准观众:"给我滚出去!他妈的,快滚!"

观众中的一些内科医生检查了总统的伤口,立刻意识到其致命性,坚决不让这垂死之人沿着鹅卵石道一路颠簸回到白宫。于是,四名士兵扛起总统,两人抬肩膀,两人抬双腿,将林肯那修长的身躯搬出了剧院,接着来到街上,伤口里流出的鲜血染红了人行道。人们跪在地上,用手帕沾上一点血迹,留做终身纪念,并在临终之时,当作无价之宝传给后人。

骑兵用闪闪发光的军刀以及腾跃的战马开辟出了一点点空间,一双双爱心的手捧着不幸的总统穿过大街,来到一个裁缝的低廉出租房子里,将林肯那长长的身躯斜放在一张软塌塌的床上。相比林肯的身长,那床显得过于短小。人们将那张床移动到一个泛着淡黄光的汽灯下。

那是一间九英尺长、十七英尺宽的房屋,床头的墙上挂着一幅廉价的名画复制品,即罗萨·博纳尔德尔的《马市》。

这一悲剧性的消息犹如飓风一般迅疾传遍了华盛顿。而紧随其后的是另一灾难:就在林肯被害的同时,国务卿西华德在床上遇刺,不大有生还的可能。除了这两起骇人的事件外,一些骇人的传言又像连续不断的闪电划过夜空:副总统约翰逊惨遭杀害、斯坦顿遭到谋杀、格兰特遭枪杀。这些无稽之谈可谓飞得满天都是。

这时,人们确信李将军的投降只不过是个阴谋诡计而已,认为南方联盟的人已经神不知鬼不觉地潜入到了华盛顿,并打算一举消灭联邦政府,还说南方的千军万马又已经拿起了武器,一场比先前更为血腥的内战即将爆发。

一些神神秘秘的信使在其住宅区域来回穿梭,在人行道上发出两道短促的敲击声,再重复三次——这是联邦某秘密协会的危险信号。被这一信号惊醒之后,该组织的成员们抓起步枪,风风火火地冲到街上。

一群群手持火把和绳子的暴民一边气冲冲穿城而过,一边吼叫道:"烧掉剧院!"……"吊死叛徒!"……"杀死反叛者!"

那一夜算得上是美国历史上最为疯狂的一个晚上。

电报将这一消息飞速发向各地,顷刻间把全体国民的情绪都调动了起来。支持南方者以及"铜头蛇"[1]被统统抓起来绑在木柱上,插上羽毛,再涂上沥青,其中一些人的头颅被铺路石砸开了花。巴尔的摩的画廊遭到冲击和毁坏,因为人们认为那里收藏有布斯的一些画像,马里兰州的一名编辑遭到枪杀,因为此人曾发表过对林肯大肆谩骂的文章。

由于林肯这时奄奄一息,满头沾着稀泥的副总统约翰逊醉倒在

---

[1] 指同情南方的北方佬。

床，国务卿西华德因刀伤濒临死亡，这个国家的大权一下子旁落到爱德华·M.斯坦顿手中。生性易怒、古怪暴躁的斯坦顿时任陆军部部长。

斯坦顿认为联邦政府里的所有高官均可能在被谋杀之列，于是一气之下发出了众多命令。每道命令均是他坐在其奄奄一息的领导旁边、拿自己那顶丝质礼帽垫着写出的。他命令卫兵保护好他的住宅以及所有同僚的住所；他没收了福特剧院充公，并抓走了与剧院有关的所有人员；他宣布华盛顿处于紧急状态；他的命令发向所有哥伦比亚特区的军队以及警察、周边所有军营以及要塞的军人、美国秘密警察局的一切人员以及由军事法庭管辖的所有特工人员；他在整个城市的四周每五十码设置了一道警戒线；他在每个渡口布置警戒哨所，还命令所有的拖船、轮船以及炮艇在波托马克河上巡逻。

斯坦顿还给纽约警察局局长发去电文，把自己手下一批最优秀的侦探调配给对方，一次次电令他严格把守加拿大与美国接壤的边境，还命令负责巴尔的摩－俄亥俄一线的铁路局局长，要求他在费城拦下格兰特将军，并请他立马赶回华盛顿，让一辆车头在他的火车前面探路。

斯坦顿还在马里兰州的低洼地区投入了一个旅的步兵，同时派遣一千名骑兵马不停蹄地跟踪追击刺杀林肯总统的凶手。他一次又一次地警告："他会试图逃到南方，要严密把守城南的波托马克河。"

布斯射出的子弹从林肯左耳下方穿入他的头骨，成对角线进入其大脑，停在离右眼半英寸的地方。生命力更弱一些的人会立即毙命，但林肯在沉痛的呻吟中支撑了九个小时。

林肯夫人被人守着留在隔壁房间里，但她一直在那儿连哭带闹，一刻不停地要求守在林肯的旁边。她嚷道："哦，上帝啊，难道是我把自己的丈夫推向死亡的吗？"

有一次，当她一边抚摸着林肯的脸庞，一边将自己那湿漉漉的面颊贴上去的时候，林肯的呻吟及呼吸突然加快起来。这位慌神的妻子惊叫起来，迅疾向后跳了起来，晕倒在地。

一听到这杂乱之声，斯坦顿赶紧冲进房间，高声叫道："把这女人带走，别让她再闯进这屋里来。"

次日清晨七点刚过，随着呻吟声的停止，林肯的呼吸声也趋于平静。"一种难以言表的宁静神态，"一位在场的林肯秘书写道，"浮现在他那饱经磨难的脸庞。"

有时候，认知和理解就在消融的那一刻，突然闪回到意识的那些密室中。

就在最后那宁静的片刻，幸福回忆的零碎片段——早已逝去的幻觉，或许阳光灿烂般地飘过林肯的大脑深处：在印第安纳州巴克汉河谷，夜里的一堆木火熊熊燃起在那敞开的木屋前；桑加蒙河流过新塞勒姆磨坊拦水大坝发出阵阵吼声；安·拉特利奇在纺车旁边放声高歌；"老伙计"嘶叫着要吃玉米；奥兰多·克罗格讲起那桩荒谬案件的经过；位于斯普林菲尔德的律师事务所，墙上墨迹斑斑，书架顶上的种子正在发芽……

在林肯处于生死关头之际，在那漫长的数小时中，坐守在一旁的军医李尔一直握着总统的手。在七点二十二分时，这名医生将林肯那没有脉搏跳动的手臂交叠在一起，在他的眼睑上各放上一枚五十美分的硬币，以便其闭上双眼，之后用一张手帕包好他的下颚。一名牧师做了祷告。冷冷的雨水啪嗒啪嗒地敲打着屋顶。巴恩斯将军将一张床单扯上去盖住已亡的总统脸部。斯坦顿边哭泣边拉下遮阳窗帘，以便挡住黎明的光线，同时说出了那整个夜里唯一值得人们记住的一句话：

"他现在已属于这个时代。"

第二天,小泰德在白宫跟一位来访者打听,询问自己的父亲是否已经去了天堂。

"我对此深信无疑。"对方答道。

"我很高兴他已到了那儿,"泰德说道,"因为自从来到这儿,父亲就从未快乐过。对他来说,这儿可不是个好地方。"

第四篇
永远的怀念

就在人群倚靠着灵柩号啕大哭之际,许多人则对着逝者喃喃细语,一些人还试图触摸林肯的脸。趁卫兵稍不留神之际,一名妇女竟然躬身亲了亲那具尸体。

林肯已经去世三十六年,多亏防腐工作者的出色工作,他才跟生前的模样别无二致。他的脸庞略显黝黑,他那条黑色领带的一角长出了些许霉斑。

第二十九章　悲痛的葬礼

　　在成群结队的悼念者的目送下,载着林肯遗体回到伊利诺伊州的火车缓缓驶离。葬礼仪式预定在纽约举行。日夜兼程赶往此处的火车鱼贯而入,给这座城市带来历史上最多的人群。

在成群结队的悼念者的目送下,载着林肯遗体回到伊利诺伊州的火车缓缓驶离。这列火车以绉纱裹面,车头则按照灵柩马车式样盖着一块巨型黑毯,上面点缀着一些银星。

随着火车呼哧呼哧地往北奔去,铁道两旁开始出现了一张张面孔——那些面孔越来越多,神情也越来越凝重。

离费城站还有数英里,火车便开始从密实的人墙之中穿过。当火车进入市区时,成千上万的群众将大街小巷堵得水泄不通。前去独立大厅哀悼的群众一排排站立等候着,长度足有三英里。他们一个接着一个,慢慢往前挪动持续长达十小时,就为了能够看上林肯最后一眼,哪怕只看一秒钟也成。星期六半夜时分,大厅的每道门都逐一关上,可是哀悼者仍不肯离去,整夜留在原地,到星期日清晨三点钟,人群居然更多,一些男孩还将自己占的位置以十美元的价格出售。

为确保道路通畅,士兵和骑警可谓大费周章,与此同时,数以百计的妇女晕倒在地，参加过葛底斯堡战役的老兵们也在维持秩序的中途累垮了。

葬礼仪式预定在纽约举行。然而在此前的二十四小时之中，日夜兼程赶往此处的火车鱼贯而入，给这座城市带来历史上最多的人群。各个旅馆爆满，私人住所也供不应求，所有公园，甚至轮船码头随处可见熙熙攘攘的人群。

第二天，由黑人驾驶的十六匹白马拖着灵柩走上百老汇大街，与此同时，一些悲痛欲绝的妇女在灵柩所经之地不断地抛洒鲜花。

紧随其后的是吧嗒、吧嗒、吧嗒作响的行进步伐，十六万名哀悼者举着随风飘动的旗子，上面写着："啊，可怜他吧，埃古[1]——可怜他吧！"……"安息吧，你知道上帝在此！"

为了看上一眼那长长的行进队列，五十万名观众不惜争抢位置，甚至相互践踏。在面朝百老汇的大楼里，二楼的每个窗户租价高达四十美元。为了给更多的人多留出一点空间，一些窗玻璃都被拆了下来。

一组组身着白色制服的唱诗班在各个街头角落唱起了赞美诗，一支支行进的乐队奏出了哀鸣的挽歌，每隔六十秒，一百门大炮的吼声就响彻全城。

林肯的棺材放置于纽约市政大厅。就在人群倚靠着灵柩号啕大哭之际，许多人则对着逝者喃喃细语，一些人还试图触摸林肯的脸。趁卫兵稍不留神之际，一名妇女竟然躬身亲了亲那具尸体。

星期二中午十二点钟，棺材的盖子合上了。未能看到遗体的数以千计的人群匆匆搭上火车，快速朝西赶到灵柩将作停留的那些地点。从这时起，直到火车抵达斯普林菲尔德，一路丧钟以及轰鸣的枪炮声

---

[1] 亦有人译为"伊阿古"。

几乎不绝于耳。白天，灵车从常青树枝以及鲜花扎成的无数道拱门下穿过，经过山腰之时，迎送灵车的是不计其数的手持旗子的孩子。晚上，灵车所经之地有数不清的火把以及熊熊的篝火照亮着，整个延伸长度差不多覆盖了半个北美大陆。

全国上下沉浸在一片悲痛之中，人类历史上不曾见过这般葬礼。各地均有意志力弱的人，他们因无法承受这种悲痛而精神崩溃。纽约一名青年用刀片割喉自尽，死前哭喊道："我随亚伯拉罕·林肯去矣！"

在暗杀事件发生后的四十八个小时里，来自斯普林菲尔德的一个委员会匆匆赶往华盛顿，恳请林肯夫人将其丈夫送回他的老家安葬。起初，林肯夫人坚决反对这一建议。她在斯普林菲尔德几乎没有朋友，她非常清楚这一点。不错，她的确还有三个姐妹生活在那里，可她非常厌恶其中的两个，而对另一个又根本不屑一顾。再说，对于那个是非满天飘的小镇，她除了鄙弃也只剩下鄙弃。

"我的上帝啊，伊丽莎白！"林肯夫人对她那位黑人裁缝说道，"我决不回到斯普林菲尔德那个地方。"

于是，她打算将林肯安葬在芝加哥，或者安放在国会大厦圆顶下原先为乔治·华盛顿修建的那座墓穴中。

然而，经过人们连续七天的不断恳请，她最终还是答应了把林肯的尸体送回到斯普林菲尔德去。该镇集资买下了一块差不多四个街区大小的风景优美之地——现为州议会大厦——然后雇人日夜挖掘修建。

五月四日上午，载着林肯灵柩的火车终于到达了斯普林菲尔德镇。墓穴已经备好，数以千计的林肯生前老友早已等候在仪式现场。这时，林肯夫人不知为何大发脾气，推翻了所有方案，并傲气十足地命令，说林肯的尸体不应该下葬到已经修好的墓穴中，而应是两英里之外、四周森林环抱的橡树岭公墓中。

这件事儿没有任何讨价还价的余地。她扬言道，如果不随她的意志去办，那她将采用"暴力"手段将尸体运回华盛顿。为什么呢？理由不那么令人信服：建在斯普林菲尔德小镇中心地带的墓穴位于著名的"马瑟街区"，而林肯夫人却瞧不起那个马瑟家族。数年之前，这个马瑟家族有个人曾以某种方式激起过她的极大愤恨。即便就在这服丧期间，林肯夫人仍然对先前的愤恨耿耿于怀，因此坚决不同意将林肯的遗体留在已被马瑟家族玷污的地方，哪怕一个晚上也不行。

逝者一直奉行"与人无怨"且"博爱天下"的原则，而这个女人曾跟他同在一个屋檐下生活长达二十五年，可惜她一如法国波旁王朝的那些国王那样，啥也没学到，啥都不忘。

斯普林菲尔德只得屈服于这位丧夫者的指令，于是在十一点钟的时候，林肯的遗体被送到了橡树岭公墓的公用地下室中。"战神乔·胡克"骑马走在灵柩的前面，紧随其后的是"老伙计"，它身披绣着"老亚伯之马"字样的红白蓝三色毛毯。

待到"老伙计"被送回到马厩后，它身上的毯子一片不剩。原来是那些纪念品收藏者将马背剥了个精光。更可恶的是，那些人有如秃鹫一般，一窝蜂地扑向那空空的灵柩，抓扯、抢夺那些帷幔，直到士兵拿着带刺刀的枪对准他们才算罢休。

林肯遇刺后的五个星期中，他的夫人一直躺在白宫哭泣，无论白天黑夜，她都拒绝离开自己的房间半步。

这个期间一直陪在她床边的伊丽莎白·科克利如是写道：

> 我将永远忘不了当时那一场景。那是一颗破碎心灵的恸哭，那是超乎寻常的惊叫，那是令人恐怖的抽搐，以及心灵深处因极度悲伤而爆发出来的癫狂，这些都让我终生难忘。

我用冷水给夫人的额头降温，竭尽所能安抚这位暴风雨般的女性。

小泰德对父亲的过世跟母亲一样悲痛，但是母亲一次次的发作吓得他一声不吭……

通常在夜晚，一听到母亲的哭泣声，身着白色睡衣的小泰德就会走到母亲跟前，还安慰道："别哭了，妈妈。您一哭我就睡不着。爸爸是个好人，他已经上天堂去了。他在那里很幸福。他就跟上帝还有威利哥哥在一起呢。别哭了，妈妈，不然的话，我也会哭的。"

第三十章　刺客逃亡

　　布斯拒不投降。他觉得自己是在为子孙后代而战。他朝着这群追兵高声吼叫，说在他的词汇里根本就没有"投降"这一词。

　　布斯刚朝林肯开枪，与总统同在一个包厢的拉斯波恩少校便一跳而起，抓住刺客，可是少校没法将其牢牢控制住，因为布斯拿手中的鲍伊猎刀朝着他拼命乱砍，导致其手臂被划开一道道深口。从拉斯波恩少校手中挣脱之后，布斯跳过包厢的栏杆，随即朝十二英尺下的舞台跳了下去。不过，就在他跳下的刹那间，他的马刺却卡在了总统包厢里插旗子的接缝里，这使他没能顺利落地，结果造成左腿小腿受伤。

　　他感到一阵钻心的疼痛，但他没有退缩，也没有丝毫犹豫。他此刻是在扮演其一生中至高无上的角色：他的行动注定会使其名垂千秋。

　　布斯很快便回过神来，他挥舞着那把猎刀，高喊着那句"打倒暴君"的弗吉尼亚格言，穿过舞台，朝着刚好挡住他去路的那名乐师捅了一刀，撞倒一名女演员。之后他朝一道后门冲了出去，健步跳上等候着他的那匹马，用其手枪的枪柄击倒一个名为"花生约翰"的男孩——此人试图要控制住布斯所骑的那匹马——最后策马沿着大街狂奔而去，那匹矮种马的钢掌摩擦着鹅卵石地面，在黑夜中散发出无尽的火花。

布斯在城里策马穿行了两英里，中途经过国会大厦地带。当明月升上树梢，他快速来到阿纳卡斯蒂亚大桥。在桥头，联邦哨兵科布中士端着带刺刀的步枪喝问道："什么人？干嘛这么晚还出城？难道不知道九点过后再放行是违反规定的吗？"

说来也奇怪，布斯竟然说出了自己的真实姓名，还说自己住在查尔斯县，是因公进城的，专门等着月亮出来后好赶路回家。

这话听起来倒是十分令人信服，再说啦，内战已经结束，干嘛还那么大惊小怪的呢？科布中士放下步枪让他过去了。

数分钟后，布斯的一名南方联盟助手大卫·赫罗尔德也以同样的解释穿过了阿纳卡斯蒂亚大桥，并在约定的地点跟布斯接上了头。之后，他们二人借着马里兰州低洼地带那些树木的掩护飞速向前驰骋，梦想着回到南方之后各州的人们给予他俩那无尽的狂乱赞许。

半夜时分，他俩在一个盟友瑟拉特·威尔的旅馆前稍作停留，同时为两匹气喘吁吁的马饮过水，取走了瑟拉特夫人当天下午留在那儿的双筒望远镜、枪支和弹药，还喝了一美元的威士忌。之后，他俩宣称已经枪杀了林肯，接着策马消失在黑夜中。

他俩原打算直接从这个地方前往波托马克河，希望第二天一大早赶到河边，立马划船过江进入弗吉尼亚州。这想法听起来很容易实现。要不是出了一件意想不到的事，他俩极可能就成功了，并且毫无被人活捉的可能。让他俩不曾料到的是布斯竟然摔断了腿。

不过，就在那天夜里，布斯不顾疼痛难忍，仍凭着无比坚强的意志，继续飞驰前进。如他在日记中所写的那样，尽管那块断成锯齿形的腿骨"随着马的每次跳跃扯动着肉皮"，但他继续驰骋向前。最后，他实在没法再忍受其带来的折磨，于是跟赫罗尔德策马朝着左边下道。就在星期六清晨即将来临之时，他俩来到了乡村医生玛德的屋前。这个全名为萨缪尔·A.玛德的医生住在华盛顿东南二十英里的地方。

布斯的身体这时极度虚弱,外加疼痛难忍,根本无法独自下马。他只得靠人扶下马鞍,并在呻吟中被抬到楼上的一个房间里。这个与世隔离的地区没有电报线路,也不通火车,因此在当地根本没人知道林肯遇刺的事儿。这样一来,那名医生啥也没有怀疑。那他这腿是怎么弄断的呢?依照布斯的解释,很简单——他从马上摔了下来。玛德医生就像对待别的患者一样对布斯进行医治。他剪开布斯左脚穿着的靴子,让断折的骨头恢复原位,再扯下装礼帽的硬纸盒做成夹板固定,然后再包扎上;还为他做了一根粗糙的拐杖,另外给了他一双鞋以便他行走时派上用场。

布斯在玛德医生的家里睡了一整天。当黄昏来临时,他忍着剧痛挪到床边。他没顾得上吃任何东西,刮掉了他那漂亮的胡须,还在自己的双肩搭上一条灰色的围巾,以便围巾末端能遮盖右手上那容易暴露其姓名首字母的纹身,然后再用一副假的连鬓胡子做了伪装,最后给医生掏了二十美元的现钱。他和赫罗尔德再一次骑上马背,朝着他俩的那条希望之河而去。

不过,就在他俩的正对面便是泽吉雅大沼泽,一个布满了灌木和山茱萸的泥塘,里面全是稀泥,到处是死水坑——蜥蜴和蛇便安家于此。在黑暗中,这两名骑马人迷了路,转来转去数小时也没能找到出路。

在后半夜,他俩被一个名为奥斯瓦德·斯瓦恩的黑人给救了。这时,布斯腿上的伤让他感到其痛无比,根本无法再骑在马背上,于是,他给了斯瓦恩七个美元,好让自己睡在马车里,由对方赶着马行走了半宿。到复活节的黎明到来时,那位黑人马车夫将自己那几匹白色的马停留在了"富人山"前。此地是一名富有且知名的南方联盟者考克斯上尉的家。

就这样,布斯那徒劳的逃命之旅的第一程暂且告一段落。

布斯将自己的身份及其所作所为一并告诉了考克斯。为了证明自己的身份,他还亮出了自己右手上用墨汁纹上去的姓名首写字母。

布斯恳请考克斯以其母亲的名义发誓不要出卖他,还哀求说自己病了,腿也瘸了,而且非常疼痛,甚至声称自己的行为非常有益于南方。

鉴于布斯当时的处境——他不论是坐马车,还是骑马都无法前行——考克斯便将两名逃亡者藏匿在离他家不远的一个松树林中。那地方可是个名副其实的丛林,遍地覆盖着月桂和冬青。在接下来的六天五夜里,这两名逃亡者一直都待在那里面,等着布斯的腿伤好到足能再继续逃亡。

考克斯有个结义兄弟,名为托马斯·A.琼斯。此人是个奴隶主,多年来都在积极地给南方联盟政府跑腿,在波托马克河上摆渡逃亡者,外加偷运战时违禁品。考克斯上尉敦促琼斯要好好照顾赫罗尔德以及布斯,于是他每天上午用篮子给这两名逃亡者送来食物。琼斯知道林子里的每条路都有人在搜查,而且密探无处不在,于是就拎着篮子,还一边吆喝自家的生猪,做出一副喂猪的样子。

尽管布斯急于想得到食物,但他更急于获得消息。他不停地恳请琼斯告诉他消息,以便知道国人是如何盛赞他这番行为的。

琼斯给他带来了一些报纸,布斯翻来覆去地寻求自己希望看到的消息,可惜怎么都找不着他希望看见的任何赞许。从那些报纸里,他看到的只有巨大的失望和痛心疾首。

为了到达弗吉尼亚州,他忍着皮肉之苦奔跑了三十个小时。尽管一路上的种种折磨让他难以忍受,但相比此刻精神上所忍受的痛苦,前者简直不值一提。至于北方人的愤怒——这个不算什么,他早已预料到了。不过,那些弗吉尼亚州的报纸表明,南方——他的南方——

也已经跟他杠上了,不仅谴责他,而且还将他列为异己,这下真的让他失望加绝望到了疯狂的地步。曾经梦想被人尊称为"布鲁图斯第二"、被人赞颂为当今的威廉·退尔的他,竟然发现自己被指责为是胆小鬼、笨蛋、帮凶、刺客。

诸如此类的攻击仿佛像一条蝰蛇的毒牙一次次咬噬他,招招致命。

可是他是否曾有过一丝的自责吗?没有,一点都没有。除了他自己和上帝之外,他指责任何人。他一直只不过是上帝手中的一个工具而已,这就是他所谓的辩词。他是受神的旨意去刺杀林肯的,他唯一的错误就在于他所服务的那一民族"太堕落",因而不知如何感恩。"太堕落"就是他在日记中的措辞。

"如果世人都知道我的心意,"他写道,"尽管我并不祈求成为伟人,但我前面的壮举本该让我成为了不起的人物……我有一颗伟大的心灵,不会像一个罪犯那样死去。"

布斯裹着一床鞍褥,躺在离泽吉雅大沼泽不远的湿地上瑟瑟发抖,用极其悲壮的高调大肆倾诉自己的心声:

> 我感到潮湿、寒冷、饥饿,再加上人人都指着我的鼻梁,因而深感绝望。我这都是为了什么呀?就因为做了布鲁图斯深感荣耀的事,就因为做了退尔成为英雄之前所做过的事。我除掉了一个连这两位先驱都不知道的更大暴君,结果却被当作刺客对待,然而,我的行为比他俩更纯洁……我没指望过得到回报……我自认为干得非常出色,对于自己予以暴君的那一打击丝毫都不后悔。

就在布斯躺在那儿写下日记之时,三千名侦探以及一万名骑兵正在马里兰州南方的每个角落进行搜索。他们搜遍了每栋房子,查看了每个洞穴,遍寻了每座大楼,就连泽吉雅大沼泽里的每个泥塘都认真梳理过一遍,他们决心要找到布斯,并将其捉拿归案,哪怕是死人也要见到尸体,然后前去领取各种奖赏——抓获布斯的奖赏大致为十万美元。布斯本人有时都能听见搜寻他的骑兵发出的声音,他们所骑的马匹在离他仅有一百码的公路上飞奔而过。

有时,他还能听到搜寻者的马匹之间发出的应答嘶鸣声。假如他和赫罗尔德的马匹回应了搜寻者的马匹发出的声音,那就注定了他俩会被活捉的命运。因此,就在那天晚上,赫罗尔德将那两匹马牵入泽吉雅沼泽中,然后一一处死。

两天后,成群的秃鹫出现了!起初,它们只像小黑点一般大小,在空中不停地盘旋,不过它们慢慢飞得越来越近,最后索性在两只死掉的动物头上来回翻飞、翱翔。布斯这下可吓得不轻。那些秃鹫会吸引追踪者的注意力,而这些人也会明白无误地认出他骑过的那匹枣红色的矮种马。

再说,布斯无论如何还得再找一名医生治疗腿伤。

于是,就在第两天,即四月二十一日,星期五的晚上——林肯遇刺刚过去一周——布斯从地上被搀扶着骑上托马斯·A.琼斯的那匹马,同赫罗尔德一起再次朝着波托马克河进发。

要达到此行的目的,那天晚上显得非常理想:迷雾重重,在四周一片黑暗中,他们三人只得靠触摸才能确定对方的位置。

琼斯这下成了两名逃亡者的忠实走狗,他把这两人从其藏身之处接了出来,然后将他们带往河边,其间偷偷穿过空旷的田野,越过公路,再经过一家农场。琼斯知道漫山遍野都有士兵和联邦特工,于是每次只能偷偷前行五十码,然后停下来,听听动静,再发出一声低沉的哨声。

布斯和赫罗尔德随后慢慢向他靠近。

不时感到风声鹤唳的他们,就这样慢慢地前行了数小时,最后终于来到了那条陡峭且弯曲的小道,沿着悬崖直下便可到达河边。那天一直刮着大风,但透过黑夜,他们依稀听得见下面河水拍打在沙滩时发出的凄惨声。

差不多一个星期以来,联邦士兵一直在波托马克河上来回巡逻,还将马里兰州岸边的船只一一毁掉。好在琼斯比他们技高一筹:他让自己家的黑人亨利·罗兰每个白天都划着船去垂钓美洲西鲱,一到晚上就将船只藏进登特草场里。

于是,当两名逃亡者在那天夜里赶到河边时,一切准备就绪。布斯悄声对琼斯表达了谢意,还掏出十七美元买下对方的船和一瓶威士忌,然后爬到船上,朝着五英里外弗吉尼亚的某个地点划去。

在整个大雾弥漫、漆黑一片的夜里,赫罗尔德一直在划桨,而布斯则坐在后面试图用指南针和蜡烛辨别方向。

不过,两名逃亡者还没走多远,便遇上了洪水潮。由于河道太窄,那个地方的水流非常湍急。他俩乘坐的那艘船被潮水反推回了数英里远,弄得他俩在大雾中迷失了方向。在躲过波托马克河上巡逻的一艘艘联邦炮艇之后,他俩在第二天清晨才发现自己往北走了十英里,不比头一天晚上更靠近弗吉尼亚那边的河岸。

于是,他俩在南杰莫伊湾沼泽藏了一整天。第二天晚上,他俩又饿又冷,将船划到了对岸。布斯感叹道:"我总算安全到达了古老而光荣的弗吉尼亚州了。谢天谢地!"

布斯匆匆赶到理查德·斯特瓦特医生的家里,期待着对方会当他是南方的救星那样欢迎他。理查德·斯特瓦特医生曾是南方联盟政府的雇员,在弗吉尼亚州乔治国王县算得上是最有钱的人。不过,这名医生因协助过南方联盟而被捕过数次，现在内战已经结束，所以不愿再冒着生命危险去给予这个枪杀林肯的人任何帮助。就这一点来看，他算得上是精明之人。因此，他没有让布斯走进自己的家门，不过还是勉强给了这两名逃亡者一点食物，让他们在仓库里就餐，然后打发他们去一家黑人那里过夜。

就连那家黑人也不想留宿布斯。布斯只得靠吓唬他们的方式才得以住了下来。这事竟发生在弗吉尼亚州！

诸位不妨想想，这可是布斯自信一提到其名，每座山都会向他回响起雷鸣般欢呼声的弗吉尼亚州呀。

布斯的逃亡之旅这下即将到头：就在三天之后，布斯并没跑远，在三名内战归来的南方联盟士兵的陪伴之下，他在皇家港口划船渡过了拉帕汉诺克河，还骑上了其中一名士兵的马，往南走了三英里，之后还在他们的帮助下，骗得一名叫作理查德·加勒特的农场主的信任，说自己名叫博伊德，是李将军手下的一名士兵，在里士满附近受了伤。

因此，在接下来的两天时间里，布斯留在加勒特的农舍里，边在草坪上晒太阳，边忍受着伤口的疼痛，边查看一张旧地图，边研究前往格兰德河的路线，边记录下通向墨西哥的道路。

就在布斯和加勒特一家人首次共进晚餐之时，主人家的小女儿不停地议论起刚从邻居家听来的有关林肯遇刺的事儿。她讲个不停，心想到底是谁干的那件事，这个人此刻到底又得到了多少钱。

"依我看来。"布斯突然插话道，"刺客没有得到一分钱，不过是为了臭名昭著而干了暗杀的勾当。"

第二天下午，也就是四月二十五日，布斯和赫罗尔德正仰躺在加勒特院坝的槐树之下，罗各斯少校——曾协助过他俩渡过拉帕汉诺克河的三名南方联盟骑兵中的一个——这时突然冲过来高声叫道："北方佬正在渡河，你俩千万要小心。"他俩快速藏进森林中，不过，等夜幕降临后，他俩又潜回到了农舍里。

在加勒特看来，这两人的举动让人疑窦丛生。他想立刻摆脱这两名"客人"。难道是因为他怀疑他们可能刺杀了林肯总统？绝对不是，他根本没有朝那方面去想。他认为这两人是盗马贼。当这两人在吃晚饭时说想买两匹马时，加勒特便开始加重了疑心。当就寝时间到来时，这两名逃亡者出于自身安全的考虑，拒绝上楼，坚持要睡在门廊或者仓库里。至此，主人对他俩的身份确信无疑。

加勒特这下非常肯定这两人一定是盗马贼，于是便让他们两人住进了一个陈旧的烟草仓库。这个仓库当时装满了干草和家具。等布斯及其同伙就寝之后，加勒特将其锁在里面。最后，为了做到双保险，这个老农叫来自己的两个儿子威廉和亨利，让他俩趁着黑夜，各自带上毛毯，蹑手蹑脚地赶到隔壁的一个谷物饲料槽里过夜。在那儿，兄弟俩可以观察并确保自家的马匹不会在夜里被人顺手牵走。

在那个值得记忆的晚上，加勒特一家人带着可能会出点什么小意外的心情上床睡去。不等天亮，意外之事还真光顾了这一家人。

两天两夜以来，一支联邦军队一直在追踪布斯和赫罗尔德的踪迹，边走边收集线索。他们跟一名亲眼见着他们渡过波托马克河的老黑奴打听过，找到了那名用平底驳船将他们渡过拉帕汉诺克河的黑人船夫罗林斯。这名船夫告诉这支部队，说他们过河之后，将布斯扶上马的那个南方联盟军人是威利·杰特上尉，这名军官有个情人住在十二英里之外的保林格林。他或许就去了那儿。

这听起来颇有可能，于是这支骑兵部队迅速上马，借着月光马不停蹄地直奔保林格林而去。到半夜时分，他们赶到了目的地，随即破门而入，找到了杰特上尉，一把将他从床上扯到地上，用枪抵住他的肋骨，大声喝问道："布斯在哪儿？你这狗东西，你把他藏到哪儿啦？快说，不然我们打爆你的脑袋。"

杰特只好骑上自己那匹小马驹，带着联邦骑兵朝着加勒特农场赶去。

那夜漆黑一片，月光已不见踪影，星星稀稀落落。在长达九英里的路上，飞奔的马蹄扬起一团团呛人的尘土。骑兵们分两列前行，将杰特夹在中间，同时把他的缰绳固定在他们的马鞍上，以防其趁着黑夜逃走。

这支骑兵部队快速悄然地包围了那栋房子，还拿枪对准每一扇门窗。这支骑兵的指挥官拿自己手上的手枪柄使劲敲击门廊的大门，要求屋里的人开门。

不一会儿，理查德·加勒特手持蜡烛，打开了大门。伴随着一群狗的疯狂吠叫，一阵风起，掀开了主人睡衣，露出他那双不断颤抖的双腿。

贝克中尉一把卡住对方的喉咙，掏出手枪顶住他的头部，强令他交出布斯。这位老人吓得张口结舌，发誓那两名陌生人不在屋内，说他们已经逃到林子里去了。

这是在撒谎，但听起来也不无道理，于是骑兵们将他推到屋外，在他的眼前晃动一根绳子，还扬言马上把他绑在院子里的一棵槐树上。

就在那时，在屋外某谷物饲料槽中睡觉的一个儿子跑过来道出了实情。那些骑兵一拥而上，将烟草仓库围了个水泄不通。

枪战之前曾有过不少的对话。在长达十五至二十分钟的时间里，北方士兵跟布斯一直在争辩，并敦促他出来投降。布斯回敬联邦骑兵，说自己现在是个瘸子，要求对方"给瘸子一次展现的机会"。他说，如果他们后退一百码，他就主动出来与他们这队人马挨个单挑。

赫罗尔德这时成了一个怂蛋，于是想投降。这让布斯非常恶心。"你他妈的懦夫，"布斯高声嚷道，"给我滚出去，我不想让你留在这儿。"

于是，赫罗尔德出去了，双臂放在胸前等着戴上手铐，与此同时，他还恳请得到宽恕，说他一直都喜欢林肯讲的笑话，并发誓说自己没有参与暗杀行动。康格上校将他绑在一棵树上，还吓唬他，说他要再不停止傻乎乎的抽泣，就把他的嘴巴给堵起来。

然而，布斯拒不投降。他觉得自己是在为子孙后代而战。他朝着这群追兵高声吼叫，说在他的词汇里根本就没有"投降"这一说，还提醒对方说，如果他们要"在那古老而光荣的旗子上再染上一滴鲜血的话"，那就为他准备一副担架好了。

康格上校决定用烟熏的方式把布斯给逼出来，于是下令让加勒特的一个儿子把干柴堆在仓库四周。眼见那男孩的举动，布斯便破口大骂起来，还扬言说他要不停下来，就一枪打死他。男孩还真住手了，不过康格上校却借此机会绕到了仓库后面的一个角落，将一把干草塞进墙缝中，随即用火柴将其点燃。

那个仓库原先是用来储存烟草的，只留下了一些仅为四英寸大小的缝隙供通风之用。通过这些缝隙，骑兵们发现布斯正抱起一张桌子在扑灭越燃越旺的火苗——一名演员最后一次出现在聚光灯下，一名悲剧演员在其告别演出中上演最后一幕。

骑兵们一次次收到活捉布斯的死命令。政府不想让布斯当场毙命，而是要让他接受一场大型的审判，然后再施以绞刑。

要不是因为那名半痴半呆的中士的话，骑兵们极有可能活捉住了布斯。这名士兵名叫"波士顿"柯尔贝特，是个狂热的宗教分子。

在场的每个人都被一再警告，没有命令不得开枪。可柯尔贝特后来说他已经收到过无数次的命令，而这些命令都是至高无上的上帝直接下达的。

透过燃烧着的仓库那一道道宽大的缝隙,"波士顿"发现布斯扔掉拐杖,放下步枪,举起左轮手枪,还直奔门边蹦跳过去。

"波士顿"认定布斯会杀出一条血路,边跑边开枪,会不顾一切地为所谓的自由做殊死的拼搏。于是,为了防止任何无畏的流血牺牲,柯尔贝特向前迈开一步,用手臂托着手枪,透过一个缝隙瞄准,在为布斯的灵魂做了最后一次祈祷之后扣动了扳机。

随着一声枪响,布斯发出了一声喊叫,一条腿往空中一蹬,脑袋往前一栽,摔倒在干草堆上,苟延残喘着。

熊熊的烈火正快速在干草上蔓延开来。担心那名可怜的垂死之人会被烧焦,贝克中尉冲进那栋着火的房子,扑向布斯,从他那攥紧的拳头中夺下手枪,将其双手按住,以防其撞死。

布斯很快被抬到了农舍的门廊上,一名士兵匆匆上马,沿着那条尘土飞扬的道路赶往皇家港口去请医生。

加勒特夫人有个妹妹跟她同住,人称哈罗薇小姐,她是一名教师。当哈罗薇小姐意识到躺在门廊冬青藤下那奄奄一息之人正是人见人爱的浪漫派演员约翰·威尔克斯·布斯时,她说此人必须得到温和的关照。于是,她叫人从屋里拖来一张床垫让布斯躺下,之后又拿来她自己的枕头放在他的头下。她把他的头枕在自己的腿上,还给他酒喝。不过,布斯的喉咙似乎已经麻木,再也吞不下任何东西。之后,她拿自己的手绢沾水,一遍又一遍地湿润他的嘴唇和舌头,还为他的太阳穴和前额做了按摩。

这奄奄一息之人感到剧烈疼痛,但却继续挣扎了两个半小时。他恳请让他仰躺着、侧身卧着、趴着,还一边咳嗽,一边敦促康格上校使劲按住他的喉咙,同时痛苦地喊叫:"杀了我吧!杀了我吧!"

在恳请为自己的母亲捎去最后的口信时，布斯断断续续地耳语道："告诉她……我做了……我认为……最正确的事儿……我是为我的国家……而献出的生命。"

随着临终时的那一刻到来，布斯要求帮忙抬起他的双手，好让他看这世界最后一眼。不过，一见自己的双手完全麻木，布斯嘟哝道："废物！真是废物！"这便是布斯临死前最后的遗言。

布斯死了，正值太阳爬上加勒特家院中那些庄严的槐树顶上之时。布斯的"下巴痉挛性地斜掉着，两个眼珠子面向双脚，并开始放大……随着一声汩汩声响以及突然的抽搐，他双腿一伸，脑袋往后一仰"。布斯的生命就此终结。

此时是早上七点钟。跟林肯去世那天的时候仅相差二十二分钟。"波士顿"柯尔贝特射出的那颗子弹击中了布斯脑袋的后部，这一枪比布斯先前射中林肯脑袋的位置大约低了一英寸。

那名医生剪下了布斯的一绺头发，并将其交给哈罗薇小姐。她将这绺头发和带有布斯血迹的枕头保留了下来——她一直珍惜着，直至晚年穷困潦倒之时，最后不得已才将染有血迹的枕套割让一半，用以换回一桶面粉。

第三十一章 真假凶手

就在这些谣言剪不断、理还乱之时,又一起谣言冒了出来:当时士兵开枪射杀的并非布斯本人,布斯早已逃之夭夭。

布斯刚一断气,那些侦探便开始跪在地上对他进行了全身搜身。他们搜出了一个烟斗、一把鲍伊猎刀、一把左轮手枪、一本日记、一个滴满蜡烛液污的指南针、一张加拿大某银行三百美元的汇票、一枚钻石饰针、一副指甲锉、五张仰慕他的美女照片。其中四人是女演员:艾菲·格蒙、爱丽丝·格雷、海伦·韦斯特以及"漂亮的菲仪·布朗",第五位是华盛顿上流社会的某知名女性,出于对其后人的尊重,其名就此略去。

之后,多赫尔迪上校从一匹马上扯下了一张马鞍座毯,从加勒特夫人那儿借来针线,将尸体缝进了座毯里,给一个名为内德·弗雷曼的老黑人两美元,让他将尸体运到波托马克河边,那里有一艘船正等着。

拉菲亚特·C. 贝克中尉曾著有一书,名为《美国特工历史》。在该书第五百零五页上,作者对运送布斯的尸体去河边做了如是描述:"当马车启动时,布斯那伤口的血不再是滴着,而是开始流淌。鲜血从马车的缝隙中流出,滴落在车轴上,使得一路上都留下了可怕的红色血斑。鲜血染红了车上的木板,浸透了整个座毯……一路上,尸体里的鲜血缓慢但却不停地滴落着。"

就在马车的行进过程中，一件意想不到的事发生了。内德·弗雷曼驾驶的那辆陈旧的马车，据贝克回忆，可是个"破得不可思议的"玩意儿，那"咔嗒咔嗒声好像车随时都会散架似的"。在重压以及行驶的作用下，马车在路上还真开始散架了。一颗大螺栓突然断开，整架马车散得七零八落，前后各两个轮子竟分道扬镳了，车厢的前部分咔嚓一声掉落到地上，布斯的尸体突然"前倾，好似在为逃走做最后的挣扎"。

贝克中尉放弃了这架破旧的死囚马车，又从邻近的一名农夫那里征来了一辆马车，将布斯的尸体重新装了进去，接着匆匆赶往河边，最后将尸体放上一艘政府所属的"约翰·S.艾德"号拖船，由其拖往华盛顿。

第二天天刚亮，消息传遍了全城：布斯被击毙。停放其尸体的蒙托克炮艇当时就停泊在波托马克河上。整个首都激动不已，成千上万的人匆匆赶到河边，饶有兴趣但却又麻木不仁地望着那艘装着死囚的船只。

当天下午，特工处处长贝克上校赶紧前往斯坦顿处汇报消息，说他在蒙托克炮艇上逮捕了一群违反命令的平民，还说其中一位妇女剪走了布斯的一绺头发。

斯坦顿感到惊愕不已。"布斯的每一根头发，"他高声嚷道，"都会成为反叛者们珍藏的遗物。"

斯坦顿担心的不仅仅是那些头发成为遗物。他确信,林肯这次遇刺，只是杰斐逊·戴维斯以及南方联盟其他头目们策划并领导的阴谋凶险计划的一部分。此外，他还担心他们会抢夺布斯的尸体，将其用做宣称工具，以此挑起南方奴隶主再次拿起武器，发动一轮新的内战。

斯坦顿下令以最快的速度将布斯的尸体埋掉，而且是悄无声息地埋掉。他必须被埋在无人知晓的地方,哪怕是他的一个小物件、他衣服上的一小片、一绺头发,都不能让南方人用做任何宣传目的。

斯坦顿发出了各种命令。就在当日晚上,随着太阳从一团火红的云彩后面落下山去,两个人——贝克上校及其堂弟贝克中尉——踏上一艘小船,将其划向蒙托克炮艇,然后登上了那艘船,面对岸上那群张口结舌的人做了如下三件事:

首先,他俩抬下布斯的尸体,装进搁在船舷边上的一个松木弹药箱中,然后将弹药箱放到那艘小船上;其次,他俩还往小船里放了一个巨型的球状物以及一根沉重的铁链子;再后来,他俩下到小船上,朝着大河的下游划去。

正如两名特工所预料的那样,岸上那群好奇的人一边激烈地讨论,一边相互推搡着沿河岸飞奔,脚下稀泥飞溅。他们决心要瞅准那艘沉尸的小船,好弄清楚尸体到底会在哪儿沉入河里。

这群人跟踪两名特工划走的小船足有两英里的路程。之后,河面上渐渐黑暗了下来,云团遮住月亮和星星,就是眼力再好的人也无从看到河水中央的那艘小船的影子。

两名特工人员抵达了基斯堡拉尖角,这是波托马克河上最为偏僻的地方之一。贝克上校确信他们两人完全脱离了人们的视线,于是将小船朝某个大沼泽划了进去。那是一个臭气熏天的地方,里面满是灯芯草和各种沼泽地带特有的杂草,是军队抛弃死马、死驴的填埋场地。

在这个可怕的沼泽地,两名特工人员等了数小时,聆听四周声音,以确信没人跟踪他们,他俩唯一能听到的声音只有莎草里传来的牛蛙叫声和水浪声。

时至半夜,这两名特工屏住呼吸,悄无声息且小心翼翼地把小船逆流上划,担心悄声低语,甚至害怕船桨以及河水触碰到船舷的声响会引人注意。

他俩最后抵达一座古监狱围墙边,然后继续划向指定的位置。就在那儿靠近河边的墙体中,有人已预先凿好了一个大洞,以便他俩进入。跟那个地方的某位军官接上暗号后,他俩将一只白色松木棺材移交给了对方,盖子上印有"约翰·威尔克斯·布斯"字样。半小时之后,那只棺材被埋进一个宽敞屋子西南角的浅洞穴里。这间宽大的屋子是政府一家兵工厂储存弹药的地方。坟墓顶部被仔细抹平,如此一来跟四周地面别无二致。

到第二天日出之时,一些激动的人群带着抓钩在波托马克河中打捞,还在基斯堡拉尖角后面的大沼泽地的死驴堆中用耙子耙来耙去,用刺棒到处刺探。

全国上下数以百万计的人都在问布斯的尸体是怎样处理的。事实上只有八人知道答案,也就是起誓绝不说出秘密的那八名忠实者。

围绕整个这一谜团,无稽之谈甚嚣尘上,全国上下不少报纸纷纷做过登载。布斯的头颅和心脏被华盛顿军事医学博物馆收藏——《波士顿广告报》如是说。其他报纸声称,布斯的尸体被藏进大海里。还有报纸宣称他的尸体被火化掉。一家周刊登载出了一名"目击证人"绘制的草图,表明那具尸体是在半夜时分被沉入了波托马克河的河底。

就在这些谣言剪不断、理还乱之时,又一起谣言冒了出来:当时士兵开枪射杀的并非布斯本人,布斯早已逃之夭夭。

之所以出现这一谣言,可能是因布斯生前与死后的相貌大相径庭所致。斯坦顿曾在一八六五年四月二十七日下令,让数名相关人员登上蒙托克炮艇辨认尸体,其中一位是约翰·弗雷德里克·梅医生。此人在华盛顿享有极高的威望。梅医生曾说,当盖着遗体的柏油帆布一掀开时:

让我大为惊讶的是，那具尸体所呈现出的轮廓跟我一生中所认识的那个人完全不一样。我感到极其惊讶，于是随即对巴恩斯将军说道："那具尸体跟布斯毫无相似之处，所以我根本不相信那就是他本人。"……之后，应我的要求，那具尸体被竖着摆放。我站起身来，对着尸体再仔细观察了一个遍，最后勉强辨认出了布斯的五官。不过，相比我先前见到此人那意气风发、精神饱满的样儿，此时摆在我面前的那具憔悴尸体，因风餐露宿以及饥饿而致肌肤发黄、褪色、头发蓬乱、缠结，整个面部凹陷、精瘦，真想不到一个人的尸体跟其生前有如此大的分别。

其他在场见证那具尸体的人连认出布斯的"勉强"程度都没有，于是跟城里的人们谈到了自己心中的种种疑虑。谣言因此不胫而走。

因为政府对尸体的处置秘而不宣，对其掩埋如此之迅速、神秘，加上斯坦顿拒不发布任何消息或者否认那些恶心的传闻，所以事件真相便无从得以澄清。

一家在首都出版的报纸《宪法联盟》声称，前面的整个"表演"就是一场骗人的把戏。其他报纸也都随声呼应。"我们知道布斯逃走了。"《里士满观察家》说道。《路易斯维尔日报》则公开声称，整个"作秀"过程简直糟糕透了，还说"贝克以及同僚恣意密谋欺骗美国财政部"。

这场口水战打得很是激烈。就类似情形而言，证人通常会出现数百人，个个都声称，在加勒特仓库发生的那场枪战很长时间之后，自己亲眼见过布斯，还跟他说过话。布斯在这里、在那里、在各个地方都有人见到过：他逃到了加拿大，跑到了墨西哥，搭乘不同的船去了南美洲,匆匆赶往了欧洲,在弗吉尼亚州做牧师,藏在东方的某个小岛上。

美国历史上流传最广、最难以磨灭且最为神秘的神话由此便诞生了。其流传时间长达四分之三个世纪。时至今日,数以千计的人——其中不乏智商超群的人——仍然信以为真。

甚至在一些高等学府里,还有学者声称自己就相信那一神奇的故事。本国一位著名的神职人士游遍全国东西南北,在面对数以百计听众的每场演说中均声称布斯已经逃脱。就在撰写这一章节期间,笔者还被一位受过科学训练的人庄重告知,说布斯已经成功出逃。

当然,布斯确实被击毙了。这一点是绝对不容置喙的。那个在加勒特烟草仓库被枪击的男子,为了活命,曾千方百计地以各种辩词为自己开脱。尽管他极富想象力,但在垂死挣扎的那一刻,他从没有想到过要否认自己是约翰·威尔克斯·布斯。面对死亡,试图那样否认自己的身份显然太荒谬,也太匪夷所思!

为了再次证明那个被击毙之人就是布斯本人,斯坦顿曾派遣十人前去辨认运来华盛顿的尸体。其中一名便是我们在前面已经提到过的梅医生。他曾给生前的布斯的颈部做过"一个大纤维肿瘤"的切除手术。愈合后的伤口留下了"一个巨大且难看的疤痕"。梅医生通过那块疤痕才辨认出布斯后说道:"从追捕者们提供的尸体来看,与此人生前任何相似的痕迹几乎不复存在。但手术刀在其生前留下的痕迹即便在其死后仍然无从抹去,这无疑能让当时以及未来的所有是非谣言尘埃落定,也就是说谋杀总统的那名男子的身份已确信无疑。"

梅里尔医生,通过不久前曾为布斯镶牙所用的材料,也辨认出了那具尸体的身份。

布斯生前曾住过国民酒店,该酒店的职员查尔斯·道森通过查看纹在其右手上"J.W.B"三个姓名的首字母认出了死者的身份。

华盛顿著名的摄影师加德纳，还有布斯最为亲近的朋友之一亨利·克雷·福特，也都辨认出了布斯的身份。

一八六九年二月十五日，根据安德鲁·约翰逊的命令，布斯的尸骨被挖掘出来，这也得到了布斯亲友的确认。

之后，他的遗骨被运往巴尔的摩，入葬在格林蒙特公墓的布斯家族墓群中。就在其下葬之前，布斯的尸体再一次得到其兄弟、母亲以及认识他的朋友们的确认。

这样一来，不知世人中还有谁在死后像布斯那样被人如此仔细地辨认过！

然而，偏偏就有以假乱真的传奇之事流传着。在十九世纪八十年代，许多人都曾相信弗吉尼亚州里士满的J.G.阿姆斯特朗牧师就是伪装后的布斯，因为阿姆斯特朗生就一双乌黑发亮的眼睛，拖着一条瘸腿，其各种行为如戏剧般引人注目，留着一头长发遮盖脖子后面的伤疤——人们如是说。

不少别的"布斯"出现过，前后不少于二十人。

在一八七二年，在田纳西州大学学生的面前，一名"约翰·威尔克斯·布斯"表演过几场戏剧以及些许动作麻利的演出。这位"布斯"还娶了一名寡妇。他之后厌恶她，还悄悄告诉她，说自己就是那名真正的刺客，声称自己将去新奥尔良接手一笔财富。他消失之后，"布斯夫人"再也没有听到过有关此人的音讯。

在十九世纪七十年代后期，得克萨斯州格兰伯里有个醉醺醺的哮喘病患者，此人还是一家酒吧的老板。他曾向一个名为贝茨的年轻律师坦白承认，说自己就是布斯，还给对方亮出了自己脖子后面的那块难看的疤痕，并把当时的副总统约翰逊是如何指使他杀害林肯，做了一五一十的说明，声称他一旦被抓获，对方承诺会设法让他得到保释。

四分之一个世纪过去之后，在一九〇三年的一月十三日，一名嗜酒如命的油漆工兼瘾君子，名为大卫·E.乔治，服用士的宁自杀身亡。地点是俄克拉何马州艾尼德的大道酒店。不过，在自杀之前，他曾"坦白"自己就是约翰·威尔克斯·布斯。他声称在刺杀林肯之后，他的几个朋友将他藏进了一口箱子，之后送上了开往欧洲的一艘轮船，并在那儿生活了十年之久。

从报纸上获悉这一消息之后，贝茨律师匆匆前往俄克拉何马州，并查看了尸体，于是宣布这个名叫大卫·E.乔治的死者不是别人，正是得克萨斯州格兰伯里那名患有哮喘的酒店老板，即二十五前跟他承认是布斯的那个人。

贝茨让殡葬人员将死者的头发梳成布斯生前的发式，还为那具尸体掉了不少眼泪，请人为它涂上防腐剂，之后将其运回到田纳西州孟菲斯的家中，并在其马厩中存放了二十年之久，其间一直试图从政府那里骗得抓获布斯应付给他的巨额酬金。

一九〇八年，贝茨写了一本荒谬之极的书，其书名为《约翰·威尔克斯·布斯的逃亡及自杀》，又名《林肯遇刺真相的首次披露：布斯作案数年后的完整悔过书》。贝茨这本红极一时的平装书共售出七千册，当时的确引起了不小的轰动。他还开价一千美元，将木乃伊状的"布斯"卖给了亨利·福特，后来作为马戏表演的穿插节目在整个南方巡回展演，每场票价为十美分。

目前，在各类狂欢会以及马戏表演中展示出的布斯头颅达五个之多。

第三十二章 总统夫人的归宿

> 由于孤独、无人陪伴、绝望,玛丽·林肯患上了各种强迫症。有一天,她在佛罗里达州的杰克逊威尔给自己买了一杯咖啡,随后拒绝喝下去,声称咖啡里被人投了毒。

林肯夫人搬离白宫之时,她的生活因陷入严重困境而大出洋相,成为国人茶余饭后的谈资。

就家用开销而言,林肯夫人吝啬得无以复加。按照传统习惯,每届总统在各个季度都会举行几次国宴。不过,林肯夫人却通过辩论,说服其丈夫打破了这一传统,说这类宴会的费用"非常昂贵",还说现在正处于战争时期,大众化接待仪式会更"节俭"一些。有一次,林肯不得不提醒她,说"除了节俭,我们还得考虑到别的方面"。

可是,一旦涉及购买满足其虚荣的衣物、珠宝等之时,她不仅忘了节俭为何物,而且似乎失去理智,非同一般地沉醉于大肆花销上。

在一八六一年,她已经离开了大草原,信心满满地期待着,她贵为"总统夫人",自然会成为华盛顿上流社会那些璀璨群星的中心。然而,让她倍感诧异且羞辱的是,她在那个南方城市里却遭到了傲慢无比的贵族们的奚落和排斥。在那些人的眼里,身为肯塔基人的她已经背叛了南方:她嫁给了一个粗俗、笨拙的"黑鬼爱恋者",而向他们发起内战的正是此人。

此外,在她的身上找不到一点让人喜欢的内在气质。不得不承认的是,这位第一夫人确系一个小气、平庸、嫉妒心强、矫揉造作且待人刻薄的悍妇。

由于自己不能赢得上流社会的青睐,林肯夫人非常妒忌那些社交界里的红人。当时,社交界红极一时的"女王"当属著名的美人阿黛尔·卡茨·道格拉斯,即林肯夫人前恋人史蒂芬·A.道格拉斯的妻子。道格拉斯夫人和萨尔曼·P.蔡斯的女儿在社交界可谓光彩照人,这让林肯夫人妒火中烧。她决心用钱堆出自己在社交圈中的胜利,花钱给自己购买衣物和珠宝。

"要显得体面,"林肯夫人告诉伊丽莎白·科克利,"我必须有钱,必须有林肯先生给不了的钱。他太老实,除了工资之外就没多挣一分钱。因此,我过去欠债,现在也只能如此,我别无选择。"

她的债务高达七万美元。我们知道林肯总统当时的年薪仅为两万五千美元,相比之下,这可是一个非常吓人的数字!仅为了她那些华丽的服饰,林肯总统就得花去两年零九个月的薪酬。

笔者已经数次引述过伊丽莎白·科克利的原话。这位女士是一个才智非同寻常的黑人妇女。在她成为自由之身后,便来到了华盛顿,开了一家裁缝铺。没过多长时间,她便凭着自己的手艺在首都上流社会名人中赢得了不少客户。

从一八六一年到一八六五年,她几乎每天都陪伴在身处白宫的林肯夫人身边,替她做衣服,当她的贴身女仆,她最后不仅成为了林肯夫人的知心朋友兼顾问,而且还是她最亲密的至交。林肯处于弥留之际的那个晚上,林肯夫人不停喊着要找的人便是伊丽莎白·科克利。

就林肯夫人的各种经历,科克利夫人曾写过一本书。就历史而言,她写这本书算得上是一件值得庆幸的事儿。该书脱销差不多有半个世纪之久，好在花上十至二十美元，一些破旧的版本还时不时可从珍本收藏者手中淘到。该书的书名颇为冗长：《背后的故事：先前的奴隶、近为时尚女装裁缝兼亚伯拉罕·林肯夫人密友的伊丽莎白·科克利》或者《三十年的奴隶生活，四载的白宫日子》。

一八六四年的夏天，当时林肯正准备竞选第二任总统。伊丽莎白·科克利如是写道："林肯夫人因为害怕和焦虑几乎达到了发疯的地步。"

为什么呢？她在纽约的一个债主扬言要起诉她，而林肯的那些政敌极可能会得到她欠债的风声，并以此作为残酷大选中的政治杀手锏。这件事几乎搅得她心烦意乱。

"如果他能连任总统，我可以不让他知晓此事，可是，一旦他竞选失败，那么账单就会铺天盖地飞来，到那时，他会全明白的。"夫人歇斯底里地哭了起来。

"我可以跪下双膝，"她跟林肯哭述道，"为你祈祷得到选票。"

"玛丽，"林肯责备道，"我担心你会因自己那难以承受的担忧而受到惩罚的。如果我获得连任，那还好，要是失败了，你必须承受由此带来的失望。"

"那么林肯先生怀疑到你欠了多少债务了吗？"科克利夫人询问道。

林肯夫人的回答，如《背后的故事》第一百五十页所示："噢，上帝！那是不可能的——这是她（林肯夫人）最喜欢用的表达方式——我是不会让他怀疑上的。如果他知道自己的夫人欠债到如此的地步，那他非疯掉不可。"

"林肯遇刺时唯一令人欣慰的是，"科克利夫人说道，"总统至死也对那笔债务毫不知情。"

林肯总统刚下葬一个星期，他的夫人便试图借宾夕法尼亚大街一家商铺出售带有林肯名字首写字母的衬衫。西华德闻讯后赶往那儿，带着沉重的心情将那批衬衫全都买了下来。

当林肯夫人离开白宫时，她带走了二十口箱子以及五十个包装箱。此举引发了不少恶评。

林肯夫人先前就屡次遭到公开的指责，说她以招待波利亚王子为名造出一些开支假账，欺骗美国财政部。她的宿敌们则指出，她来到白宫行政大楼时仅带来几口箱子，可离开时却拉走满满一车的东西……为什么呀？……她是要打劫这个地方吗？难道从白宫洗劫的东西她都要带走吗？

即便在林肯夫人差不多离开白宫两年半之后，即一八六七年十月六日，《克利夫兰先驱报》在谈到林肯夫人时评论道："必须让国人知道，弥补白宫所遭到的洗劫需要十万美元，必须弄清谁是这场洗劫的获益者。"

在这位"玫瑰皇后"掌控白宫期间，的确有不少财物遭人盗窃，但这个账似乎不应算在她的头上，她当然也难辞其咎：她最先做的几件事就是辞退了管家以及不少别的雇员，还说为达到节俭的目的整个地方应由她本人亲自掌管。

她试图管好白宫，但除了门上的那些把手和灶台之外，那些仆人无所不偷。《华盛顿明星报》在一八六一年三月九日曾报道，说来参加白宫首次招待会的许多客人都丢了外套和披巾。之后不久，就连白宫里的陈设家具都在被一车车拖走。

五十个包装箱以及二十口箱子！那里面都装了些什么东西呢？多半近乎于垃圾之类的东西：无用的礼品、雕像、廉价的字画及书籍、蜡烛台、鹿头，外加一些老掉牙的旧衣服、旧礼帽——她多年前在斯普林菲尔德用过的旧物。

"夫人对收藏旧衣物，"科克利夫人写道，"可谓情有独钟。"

就在她打包之时，她那刚从哈佛大学毕业的儿子罗伯特便建议她烧掉那些陈旧的玩意儿。当她对此不加理会之时，罗伯特说道："我希望上帝显灵，让拉着这些箱子前往芝加哥的车子着火，将你那些旧东西一烧而尽。"

林肯夫人乘车离开白宫的清晨，"几乎没有任何朋友为她送行，"科克利夫人写道，"那种寂寞之感可谓令人痛心。"

就连接任林肯的新总统安德鲁·约翰逊都没有跟她告别。事实上，在林肯遇刺之后，此人连同情她的话语都没有写上过一行。他深知林肯夫人瞧不起他，他不过是借此以牙还牙罢了。

尽管从历史的角度看非常荒谬，但林肯夫人坚信安德鲁·约翰逊就是谋害林肯的后台。

林肯的遗孀带着泰德和罗伯特去了芝加哥，其间还在特雷蒙特大楼逗留了一周。她发现那地方房子太昂贵，于是便搬到了名为海德公园的度假胜地，住进"窄小、普通装饰"的几间屋里。

林肯夫人因买不起更好的住宅而哭泣，她拒绝跟以前的任何朋友或亲戚见面或通信，安心教小儿子泰德如何拼写。

泰德一直受到父亲的宠爱。他的真实名字叫作托马斯，由于婴儿时期的他长着一个奇大无比的脑袋，林肯便给他取了"泰德"[1]这个绰号。

泰德通常是跟父亲一起睡觉。小家伙常常待在白宫的办公室附近，睡熟之后，总统便会将他扛在肩上，送回到床上。泰德说话一直都带点口吃，父亲也因此常常迁就他，可这个聪明的小家伙往往也利用自己的这一缺陷挫败、阻止他人试图对他进行的教育。这时的他已经

---

[1] "蝌蚪"的音译。

十二岁了，却不能读书或者写字。

据科克利夫人的记载，在他第一节拼写课上，泰德花了十分钟来争论，硬说"a-p-e"就该拼写为"monkey（猴子）"，因为这个单词配有一副木刻插图，他认为那个插图上画的就是一只猴子。在三个人的齐心协力之下，泰德才承认了自己是错的。

为了说服国会支付给她十万美元，林肯夫人使出了浑身解数，说那是林肯到第二届任期结束时应得的报酬。当国会拒绝她的这一要求后，她用极其尖酸的言辞谴责那些"魔鬼"，说他们用"臭名昭著且卑鄙恶毒的谎言"挫败了她的种种计划。

"那些白发罪人去世之后，"她诅咒道，"专门惩处邪恶及谎言之神灵一定会抓走他们的。"

国会最后支付给了她两万两千美元——这大约相当于林肯履行完当年总统义务该得的薪酬。凭着这笔钱，林肯夫人在芝加哥买下了一栋正面外墙为大理石的房子，并将其装饰一新。

然而，两年之后，不等这位夫人付清这栋房产带来的高额债务，她的其他债主便纷纷吼着要她还债。之后不久，她只得接纳租房者，接着是搭伙者，到最后被迫处理掉那栋房子，然后搬进了一家寄宿公寓。

她的财源日渐枯竭，直至一八六七年九月，用她自己的话来说，她的"生活到了无以为继的地步"。

于是，她将不少旧衣物、镂空织物以及珠宝等打包成捆，头戴面纱，匆匆赶往纽约，并以"克拉克夫人"之名在那儿约会过科克利夫人，还收走了一包旧裙子，乘一辆马车，赶往第七街的那个二手服装商处，试图将这些衣物售出。可是对方开出的价格实在过低。

接下来，她去了百老汇六〇九号，试图接洽从事钻石经纪活动的布拉迪和凯斯商行。店主带着惊讶地神情听了她的故事，然后说道："请听我说,将您的这些个人物品留在这里,我们保证在几周之内让你获得十万美元。"

这话听起来非常诱人。于是林肯夫人应对方要求写下了几封信,信中讲述了自己所面临的赤贫境地。凯斯在共和党领导人面前亮出了这些信件,扬言若不给他现金,他就将其发表出来。不过,他从这些人的口中得到了他们对林肯夫人的评价。

之后,她敦促布拉迪和凯斯商行邮发一万五千份通函,呼吁各地人士慷慨解囊,伸出援助之手。可是要得到知名人士的签名却是难于上青天。

她这时对共和党人怨气冲天,于是转而求助林肯的政敌。纽约的《世界报》是一份民主党人办的报纸,该报曾被政府勒令暂停,其主编还因一次次恶毒攻击林肯总统而被捕入狱。通过该报的一些栏目,林肯夫人声称穷困潦倒,同时坦承自己试图卖掉的不单是一些旧衣物,还有诸如"阳伞套"以及"两款连衣裙"等小物件。

当时正值选举前夕,于是民主党人的《世界报》刊登了林肯夫人的一封信,对瑟罗·威德、威廉·H.西华德以及《纽约时报》的亨利·J.雷蒙德等人进行了大肆的谴责。

《世界报》还假情假意地邀请其民主党读者送来现金,以示关心共和党第一位总统那孤苦伶仃的遗孀。可惜收到的捐款甚微。

接下来,她试图让黑人为她捐钱。她敦促科克利夫人全心全意打点此事,还承诺黑人的捐款如能达到两万五千美元,那么林肯夫人在世期间,科克利夫人每年可得到三百美元的"提成",并在林肯夫人去世之后独享那笔款项。

之后,布拉迪和凯斯商行刊登了出售林肯夫人的衣物以及珠宝的广告。成群结队的人拥入该店,一边把玩那些连衣裙,一边评论,声称它们太落伍了、太"破旧"、"腋下部位以及裙托不整齐"、"内衬有污渍"等。布拉迪和凯斯商行在店里还设有一个认捐簿,期望不买东西的看客可以为林肯夫人捐上些许现金。

最后,万分失望的两位商人将林肯夫人的衣物和珠宝带到罗得岛州的普洛威顿斯,在那儿搞起了一个展览会,入场费为二十五美分。但地方政府没有同意此举。

最后,借助林肯夫人的那些个人物品,布拉迪和凯斯商行的确挣了八百二十四美元,但他们为服务费以及开销扣留了八百二十美元。

林肯夫人为自己发起的捐款活动不仅失败了,而且还给自己引来一场公众谴责的风波。在整个捐款活动中,她本人出尽了洋相,公众的表现也很没风度。

她"玷污了自己、自己的国家以及人们对其不久前故去丈夫的怀念",《奥尔巴尼日报》如是说道。"她是一个撒谎者,是一个小偷。"瑟罗·威德在写给《商业广告报》的一封信中如是指责她。

早在伊利诺伊州时,她多年时间里给人的印象就是"斯普林菲尔德镇的恶妇",她那"五花八门的怪癖常成为人们的谈资","那位有耐心的林肯先生在家里就是个苏格拉底第二",《哈特福特晚报》如是叫嚣道。不过,《斯普林菲尔德日报》在其社论中说:"多年来人们都知道她患有精神错乱症,她的种种怪异之举都应该得到同情。"

"那个令人感到恐怖的女人,林肯夫人,"马萨诸塞州斯普林菲尔德的《共和党人报》如是抱怨道,"让国民深感侮辱的是,她一意孤行,非要将自己矛盾的性格暴露给世人。"

由于受到这些攻击和侮辱,林肯夫人伤心地在写给科克利夫人的一封信中大倒苦水:"罗伯特昨晚过来了,那样子像个疯子,一脸死相,几近扬言要自杀的地步,就因为昨天《世界日报》刊发的那几封信……

我此刻一边写信,一边哭泣。我祈求今天上午就一死了之。只是我的小儿泰德让我不忍寻死。"

原本跟自己的几个姐妹和其他家族成员之间关系就不和,林肯夫人这下又跟罗伯特杠上了,还在信中恶意中伤且藐视对方,其内容十分火暴,那几段因不宜发表而就此删除。

林肯夫人年届四十九岁时,她在给自己黑人裁缝的一封信中如是写道:"除你之外,我觉得自己在这世上连一个朋友都没有。"

在美国历史上,还不曾有任何一位男子像林肯那样受到人们的尊敬和爱戴,恐怕也没有一位身为妻子的女子像林肯夫人受到他人如此的指责。

在林肯夫人试图出售其旧式服装不到一个月时间里,林肯家的房产出售了,财产价值共计十一万零两百九十五美元,由林肯夫人及两个儿子均分,每人获得三万六千七百六十五美元。

林肯夫人随后带着泰德去了国外,避开所有的美国人,过着独居生活,闲来读读法国小说。

不久之后,她又说自己深陷贫困之中,于是请求美国参议院给予她每年五千美元的养老金,结果该议案在参议院旁听席里引起了一片唏嘘声,在议员席中招来了无尽责骂。

爱荷华州议员豪威尔高声叫道:"简直就是一场卑鄙的骗局!"

"林肯夫人过去就对自己的丈夫不忠!"伊利诺伊州议员叶芝叫嚷道,"她还同情反叛行动,她根本就不值得我们给予施舍。"

历经数月的拖延以及大肆声讨,林肯夫人最终得到了每年三千美元的养老金。

一八七一年的夏天,泰德患上了伤寒,在极度的痛苦之中离开这个世界,林肯夫人唯一活着的儿子罗伯特也于同年完婚。

由于孤独、无人陪伴、绝望，玛丽·林肯患上了各种强迫症。有一天，她在佛罗里达州的杰克逊威尔给自己买了一杯咖啡，随后拒绝喝下去，声称咖啡里被人投了毒。

登上前往芝加哥的火车时，林肯夫人给自己的家庭医生发去电报，恳请他救救罗伯特，可罗伯特根本就没生病。那名家庭医生去火车站接她，为了安抚她，还在太平洋大酒店陪她住了一个星期。

在大酒店期间，她经常半夜冲到那名医生的房间，声称有一些鬼怪要杀掉她，说印第安人"正从她的脑袋里往外拔线"，还说"一些医生正从她的脑袋里往外取钢针"。

白天，她在商场里逛来逛去，比如花三百美元买下一幅带有花边的窗帘，可她当时根本没有家，自然也没地方挂那玩意儿。

罗伯特·林肯带着沉重的心情，向芝加哥下属的某县法院申请，要求对自己母亲的精神状况进行审理。十二名陪审员判定林肯夫人患有精神病，于是将她关进了伊利诺伊州巴达维亚的一家私立精神病院。

遗憾的是，十三个月之后，她被释放了出来——未经治疗便被释放了出来。之后，这个可怜无比且疾病缠身的女士前去举目无亲的国外生活，她拒不给罗伯特写信，也不让他知晓自己的地址。

她独自一人生活在法国的波城。一天，为了把一幅画挂在壁炉上，林肯夫人爬上了一架活梯，结果摔了下来，还伤及脊椎骨，此后很长一段时间不能行走。

她后来回国养老，在生命最后的那些日子里，她住在斯普林菲尔德的姐姐爱德华兹夫人家里，时时在说："你现在应该祈祷，好让我能够被带到我丈夫和孩子们的身边。"尽管她当时还有六千美元的现款和七万五千美元的政府债券，但她依然为摆脱因贫穷所致的种种恐惧绞尽脑汁，而且还为时任陆军部部长的罗伯特担忧，唯恐他也跟自己的父亲一样遭人暗杀。

由于她渴望摆脱让她喘不过气的残酷现实,她拒绝接见任何人,关上所有的门窗,即便屋外阳光灿烂,她也会点上一根蜡烛。

"无论我如何敦促她,"她的医生说道,"就是没办法让她走出屋外,去呼吸新鲜空气。"

在那屋里,就在那幽静而柔和的烛光中,她的记忆无疑张开了翅膀,穿过那些残酷的岁月飞回到从前,最后停留在她少女时代那些珍贵时光中,她想象着自己在跟史蒂芬·A.道格拉斯跳华尔兹舞,陶醉在其优雅举止中,聆听他那悦耳的元音与清晰的辅音混合而成的浑厚声音。

有时候,她也想象自己的另一位恋人——亚伯拉罕·林肯——向她求婚的那个晚上。林肯当时的确是个贫穷无比、相貌平常、苦苦挣扎、晚上投宿斯皮德商店阁楼的律师,但她相信,如果她鼓励他努力奋斗,他或许就能成为总统。为了赢得林肯的爱恋,她渴望为悦己者而容。在林肯去世后的十五年里,她尽管一直只穿深黑色的服饰,但每当想起那一刻,她总会悄悄溜到斯普林菲尔德的那些商铺——据她的医生讲——购买"足以装满整箱,之后需要整车才能载走的无数件丝织品、连衣裙等,可这些东西她从未穿过,因而积累到人们担心储藏室地板会塌陷的地步"。

一八八二年的一个平静的夏夜里,这位可怜兮兮、心力交瘁、性情暴烈的女人终于如其所愿地得到了解脱。在经历了一场偏瘫性中风之后,她在自己的姐姐家中去世。正是在四十年前的这个地方,亚伯拉罕·林肯在她的手指上戴上一枚戒指,上面刻着"永恒之爱"。

第三十三章 戏剧性盗尸案

由于种种原因,林肯的遗体迁移多达十七次。一九〇一年九月二十六日,人们最后一次见到林肯的面容。当时的目睹者纷纷表示他看上去神情自若,栩栩如生。

一八七六年,一帮造假的骗子企图盗取林肯的尸体。这是个非常骇人听闻的事件,但记载此事的书籍却较为罕见。

以"大个子吉姆"金尼利为首的团伙是有史以来最为狡黠的造假团伙之一,他们曾让美国秘密警察局大为光火但不知所措。十九世纪七十年代,他们的总部就设在伊利诺伊州那个诚实无欺、盛产玉米和生猪的林肯故乡。

多年以来,"大个子吉姆"手下那群话语轻柔、态度温和的"推佬"——人们当时如是称呼他们——一直在全国各地潜行作案,将面值为五美元的假钞推给那些不辨真假的商户。

他们从中牟取的暴利高得简直令人瞠目结舌。不过,到一八七六年春天,一场致命性的打击正朝这群人袭来。假钞的供源将枯竭殆尽,因为替他们伪造假币的雕版大师本·博伊德已锒铛入狱。

"大个子吉姆"便在圣路易斯和芝加哥两地私下打探,企图发现新的雕刻者以继续制造假币,结果一无所获。最后,他决定无论如何也要将无价之宝本·博伊德从监狱里给捞出来。"大个子吉姆"竟然打起盗取林肯尸体的歪主意，计划将其隐藏起来，然后，等整个北方群情激愤时，再不慌不忙地狠狠敲上一大笔：他打算以本·博伊德获得保释、外加大量黄金作为条件，来交换林肯那圣洁的尸体。

这一计谋存在危险性吗？一点都没有。伊利诺伊州没有给盗窃尸体定罪的法律条文。

于是，"大个子吉姆"在一八七六年六月开始行动起来。他派出密谋者中的五名前往斯普林菲尔德，在那儿开设了一家酒吧兼舞厅，一边以酒吧招待身份做掩护，一边为这次行动做准备。

活该他倒霉的是，他的一个"酒吧招待"在六月的某个周六晚上因喝威士忌而烂醉如泥，然后去斯普林菲尔德的一个红灯区胡言一通。他吹嘘自己很快就能弄到一桶金子。

他还透露了整个计划的细节：在七月四日的前夜，当整个斯普林菲尔德烟火四起之时，他将会去橡树岭公墓，用他本人的话说，去"偷走林肯的那把老骨头"，就在当天夜里晚些时候，他还会把"那把老骨头"埋在横跨桑加蒙河的那座大桥下面的沙洲里。

一小时之后，那家美容院的女老板匆匆赶到警察局，报告了这一骇人听闻的消息。黎明时分，她又把这个消息透露给了另外十几名男客人。不大会儿工夫，全镇的人都知道了这消息。那些伪装潜伏下来的酒吧招待闻讯后便丢下手中的活儿，逃之夭夭了。

然而，"大个子吉姆"并没有因此泄气，只是将计划推迟了一段时间而已。他将其总部从斯普林菲尔德迁到芝加哥的麦迪逊西大街二百九十四号，那儿有他的一个酒吧。在酒吧的前厅，他的手下特伦斯·穆伦负责招待客人；在里屋，他设有一个供造假骗子们秘密聚会的房间；吧台上摆放着林肯的半身塑像。

数月以来,一个名为路易萨·G.思威格斯的小偷一直光顾这家酒吧,并成功骗取了"大个子吉姆"的信任。他说自己曾因盗马而两度入狱,还吹嘘自己是"芝加哥地区掘墓盗尸的头目"。他声称市内各医学院的大部分尸体都是他提供的。此言听起来合情合理,因为盗墓是一件举国惊骇的丑事,而医学院为了得到解剖课所需的尸体,只得从盗墓贼手中获取。那些盗墓贼,压低遮盖双眼的鸭舌帽檐,身背鼓鼓囊囊的口袋,常常在深夜两点潜入墓穴。

思威格斯跟金尼利团伙一道完善了掘取林肯墓的诸多细节。他们打算将尸体装进一个长长的袋子,放进一辆轻便马车的底层,再由多匹快马接力,全速奔向印第安纳州的北部。在那唯有水鸟出没之地,他们打算将尸体隐藏在某个僻静的沙丘堆里,掠过湖面的微风会在顷刻间将其留在沙子上的痕迹一扫而净。

在离开芝加哥之前,思威格斯买来一份伦敦出版的报纸,从上面撕下一角,然后将余下部分塞进麦迪逊西大街二百九十四号酒吧的林肯半身塑像中。十一月六日晚上,"大个子吉姆"团伙中的两名成员带着那张报纸的碎片,登上了一辆芝加哥-奥尔顿的火车,前往斯普林菲尔德。他们打算在盗走尸体后,将撕去一角的报纸留在空空的石棺旁边。发现那片报纸的侦探自然会将其视为破案线索。然后,就在国人狂躁不安之际,其中一名团伙成员会带着以价值二十万美元的金子和释放本·博伊德为归还林肯尸体的条件,前去"拜会"伊利诺伊州的州长。

州长该如何才能确信这自称的代言人不是个冒牌货呢?这名团伙成员会带上那张伦敦出版的报纸,侦探们会拿自己掌握的报纸残片与之进行对接,继而认可其确实为掘尸者的代表。

团伙成员如期到达了斯普林菲尔德。他们选定了思威格斯称为"他妈的优雅之时"——十一月七日这个选举日——作案。数月以来,民主党人一直在谴责共和党人的贪污腐败行为,这给格兰特的第二届执政抹上一片污迹,而共和党人则当着民主党人的面挥舞美国内战这件"血衣"。在美国历史上,这一年的竞选是一场最痛苦的竞选。那天晚上,正当激动的人群围着各大新闻报馆转悠、拥入各家酒吧之时,"大个子吉姆"手下的几个成员朝橡树岭匆匆赶去。此时已是夜晚,四周一片寂静。他们锯掉林肯墓穴铁门上的那把锁,走了进去,撬开石棺上的大理石,接着又将棺材盖子挪开半截。思威格斯被授意将马匹和轻便马车备好在二百码外的一个山坳里。这时,一名团伙成员命令他连车带马匹前来。思威格斯匆匆走下陡峭的悬崖,之后消失在黑夜里。

思威格斯并不是什么盗墓贼,而是一名洗心革面的犯人,此时受雇于秘密警察局,为其充当密探。他根本就没在山坳里备好什么马匹和轻便马车,倒是有八名持枪的警察在墓地的纪念馆里等候他的消息。思威格斯朝那地方飞奔过去,按约定给他们发去了信号:他划了一根火柴,点燃一根雪茄,然后吹了一声暗哨。

那八名警察局的警察各持一把左轮手枪,光着脚从隐藏处一拥而出。他们随思威格斯一道快速绕过纪念碑,冲进黑暗的墓穴中,喝令几名盗墓者缴械投降。

然而,他们却没有得到任何回应。地区警察局局长泰瑞尔划了一根火柴——棺材还在那儿,棺材盖半开着。几名盗墓贼去了哪儿呢?八名警察在公墓的四周展开搜索。此时,一轮明月正爬上树梢。当泰瑞尔冲上纪念碑的平台时,依稀看到两个人影在一群雕像后面虎视眈眈地望着他。在激动和混乱中,他左右开弓,朝他们一阵乱射。对方立刻予以还击。不过,他们不是盗墓贼。原来他是在朝自己人开枪。

与此同时,在一百英尺外等候思威格斯牵马归来的几名盗墓贼,穿过树林落荒而逃。

十天后，他们在芝加哥纷纷落网，被押解到斯普林菲尔德，投进监狱，受到重兵全天候的监守。一时间，此事引发了公众强烈的抗议和不满。林肯之子罗伯特当时已是富商普尔曼的女婿，他聘请了芝加哥最优秀的律师起诉这一盗墓团伙。律师们虽已尽了全力，却费力不讨好。当时的伊利诺伊州并无与盗墓罪相关的法律条款。如果这帮盗墓贼真的盗取了棺材，他们或许早已因此受到了指控，可他们并没有盗走它，也没有将其带出墓穴。于是，几名收费高昂的律师不得已，只能指控对方试图密谋盗取仅值七十五美元的棺材，该罪的最高刑期为五年。但该案在八个月后才得以审理。到那个时候，政治斗争虽仍在进行之中，但公愤已经消逝。于是，在第一轮审判裁定中，四名陪审员投的都是无罪票。在随后的几轮表决中，十二位陪审员相互妥协，最后将这伙盗墓贼送进乔利特监狱服刑一年了事。

由于林肯的朋友们唯恐别的窃贼还会盗走尸体，林肯纪念协会便将遗体藏在一个铁棺里，上面盖了几层木板。铁棺放置在潮湿、黑暗、形如地窖的陵寝后面的一个通道里，时间长达两年之久。在那段时间里，成千上万的林肯朝拜者瞻仰的只不过是一副空空的铁棺而已。

由于种种原因，林肯的遗体迁移多达十七次，之后没有再挪动位置。一九〇一年九月二十六日，其棺材被嵌入一个巨大的钢球里面，埋藏在墓穴地下六英尺深处坚固的混凝土之中。

打开棺材的那天，人们最后一次见到林肯的面容。当时的目睹者纷纷表示他看上去神情自若，栩栩如生。林肯已经去世三十六年，多亏防腐工作者的出色工作，他才跟生前的模样别无二致。只是他的脸庞略显黝黑，他那条黑色领带的一角长出了些许霉斑。

图书在版编目（CIP）数据

人性的光辉 /（美）卡耐基著；曹顺发译.
- 北京：北京燕山出版社，2015.10
ISBN 978-7-5402-3922-0

Ⅰ.①人… Ⅱ.①卡…②曹… Ⅲ.①林肯，A.（1809～1865）—传记
Ⅳ.① K837.127=41

中国版本图书馆 CIP 数据核字 (2015) 第 193494 号

人性的光辉

[美] 戴尔·卡耐基 著
曹顺发 译
翻译统筹 / 刘荣跃　刘文翔
责任编辑 / 尚燕彬　金　东
装帧设计 / 小　贾

北京燕山出版社出版发行
北京市西城区陶然亭路 53 号　邮编 100054
全国新华书店经销
北京盛源印刷有限公司印刷

开本 880×1230　1/32　印张 9　字数 205,000
2015 年 10 月第 1 版　2015 年 10 月第 1 次印刷

定价：32.00 元

版权所有　盗版必究